体育教学管理与技能训练研究

朱世起　陈鹏阳　徐海卫　著

吉林科学技术出版社

图书在版编目（CIP）数据

体育教学管理与技能训练研究 / 朱世起，陈鹏阳，徐海卫著． -- 长春 ：吉林科学技术出版社，2023.6

ISBN 978-7-5744-0676-6

Ⅰ．①体… Ⅱ．①朱… ②陈… ③徐… Ⅲ．①体育教学—教学研究 Ⅳ．① G807.01

中国国家版本馆 CIP 数据核字（2023）第 136470 号

体育教学管理与技能训练研究

著	朱世起　陈鹏阳　徐海卫
出 版 人	宛　霞
责任编辑	孔彩虹
封面设计	树人教育
制　 版	树人教育
幅面尺寸	185mm×260mm
开　 本	16
字　 数	290 千字
印　 张	13.25
印　 数	1-1500 册
版　 次	2023年6月第1版
印　 次	2024年2月第1次印刷

出　 版	吉林科学技术出版社
发　 行	吉林科学技术出版社
地　 址	长春市福祉大路5788号
邮　 编	130118
发行部电话/传真	0431-81629529 81629530 81629531
	81629532 81629533 81629534
储运部电话	0431-86059116
编辑部电话	0431-81629518
印　 刷	三河市嵩川印刷有限公司

书　 号	ISBN 978-7-5744-0676-6
定　 价	80.00元

前　言

　　体育作为人类文化的重要组成部分，是随着人类社会的发展而逐渐形成和发展起来的。据史学家和考古学家的研究，人类早在原始时代就把走、跑、跳跃、投掷、攀登、爬越等作为最基本的生产劳动和日常生活的技能与本领传授给下一代。这是人类教学的萌芽，也是体育活动的萌芽。因此，为了促进体育工作的健康蓬勃发展，就必须加强体育教学管理与技能训练。

　　本书首先讲述了体育教学概论、体育教学管理的建设与发展，其次介绍了体育与健康锻炼的原理，接着讲述了体育课堂教学技能训练、体育说课、讲课模拟教学技能及训练，最后还研究了球类和田径运动的技能教学。本书可供体育教学工作者及相关领域人员进行学习、参考。

　　本书编写过程中借鉴了一些专家学者研究成果和资料，在此特向他们表示感谢。由于编写时间仓促，编写水平有限，不足之处在所难免，恳请专家和广大读者提出宝贵意见，予以批评指正，以便改进。

目 录

第一章　体育教学理论

第一节　体育教学的概念与特点

一、体育教学的概念

（一）体育教学的定义

体育教学是由"体育"和"教学"这两个词语组成的，把教学的概念与体育的理论体系相结合，形成了全新的教学内容与教学方法。在实际的体育教学过程中，体育教学和其他学科一样，不仅具有完整、成熟的体系，而且还需要进行组织活动和管理活动。体育教学与其他学科的教学也有着不同点，如体育教学对教学环境有独特要求，对场地和器材也有不同的需求。由此可见，体育教学并不是思路固定、例行公事的教学活动，他不能把其视为一种休闲娱乐的放松活动，它需要众多因素的共同作用才可以正常、合理、科学地开展。

体育教学的实践过程就是通过学校教育，让学生在教师的管理指导下，通过理论的学习和了解，运动技术和技能的尝试与掌握，从而提高身体素质、保持身心健康、提高运动水平，形成对自然和社会环境的适应能力，培养良好的思想品德，养成终身体育的习惯，塑造自我个性的教育过程。

体育教学的概念目前尚无统一定义，不同学者都有各自的独特看法。潘绍伟、于可红在《学校体育学》中把体育教学定义为"学校体育的重要组成部分，是实现学校体育目标的基本组成形式,体育教学是教师的教与学生的学的统一活动。"龚正伟在《体育教学论》中指出："体育教学论研究的对象是体育教学。体育教学与其他各科教学一样具有共同性，都是一种有目的、有计划、有组织地对学生传授知识和技能，发展智力和体力,培养品德与形成个性的教育过程。"[1]姚蕾在《体育教学论学程》中指出："体育教学是一种以体育教材为中介，使学生在体育教师的指导下掌握体育知识、技术和技能，养成良好的体育锻炼习惯，促进学生身体、心理和社会适应能力健康发展的教育活动。"[2] 人们对新事物的概念界定一般都是通过长期实践中的认识和总结，只有把概念弄明确了，人们才可以进行客观和准确的思考与判断，才能更好地展开深刻的研究，进而得出更加深刻的结论。

任何事物的概念都应具有简洁、科学的特性，如果把事物的目的、功能、价值等问题融于概念之中，则会使其不够简洁。基于相关学者的研究和定义，可将体育教学的概念进行归纳总结。体育教学是以体育实践性知识，即运动技术为主要学习内容的教学活动。需要注意的是，这种定义从一定程度上忽视了体育教学理论的学习。在体育教学中，学习技术、技能和战术的同时也要学习理论知识。在体育学习中，理论性知识的学习不是单纯地通过看教材、上网、看视频或室内理论教学课获得的，而是要把身体技能练习与理论性知识的学习充分结合，或者把体育理论知识的学习穿插于体育课堂教学的动作练习之中。也就是说，在体育教学中，既要重视技术技能的传授，也应该重视传授理论知识。而仅仅依靠阅读教材、论文、期刊、媒体资料或室内理论课等形式来进行体育理论知识学习，从某种程度上来说是不太可靠的。

当然，在体育教学中，体育室内理论课肯定也是教学体系中不可或缺的一环，但它与一般意义上的理论知识学习仍有一定差异。一是在体育教学中，理论课的比例很小，每学期只有两课时左右；二是作为运动技术学习的补充课程，当学生对技术动作具有了一定经验后，再去学习相关的理论知识，这样能够对已经学习了实践知识的学生有更深入的理解。体育教学的上位概念是教学，它指的是"以课程内容为中介的师生双方教与学的共同活动"，其特点是通过各学科系统知识、技能的传授与掌握，发展学生的身体和心理。教学的上位概念是课程，课程概念的覆盖范围比较大，教学是指各科学、各领域内（如语文、数学、物理、英语、体育等）的师生双边活动，在范围上不如课程那么大，更加具体化。因此，体育教学具有明显的学科教学特征，教与学的互动是体育课程的下位概念，与它同一层次的概念有物理教学、数学教学、语文教学等。体育教学是各学科教学的一部分，体育教学应先属于教学，教学活动是体育教学的下属概念，是体育教学的第一本位。

（二）体育教学的内涵

体育教学活动并不是一成不变的，而是一个动态的过程，这一过程中包括知识和技能的传授过程。在体育教学的不同阶段，体育教学的概念、角色等也因为多方面的作用和影响而不断发生着变化。经过多年发展，现阶段体育教学的内涵包括以下三方面。

1. 体育教学是一门学科

在体育教学体系中有着诸多构成要素，其中主要有教学目标、教学内容、教学方法、教学模式、教学评价等内容。体育教学的目标主要是锻炼学生体能、提高身体素质、增进学生身心健康，它是一门相对特殊的课程，配合着德、智、美、劳的发展，促进学生身心的全面发展。体育教学中主要的教学组织形式是课程教学，体育课程教学是指为了实现教学目标，配合德、智、美全面发展，并以发展学生体能、促进学生身心健康为主的特殊课程教学。通过上述界定，明确了学习体育运动的知识与技能，但对学生的活动与对体育运动的体验，情感的反映与社会适应的关注还比较有限。

2. 体育教学是教育的组成部分

体育教学是在体育教师的指导下，从运动科学、生物学、教育学、运动心理学、运动保健学、社会学等学科中吸收知识的精华，在体育与健康方面有规划、有组织、有目标地以身体练习为主要形式的活动，它与德、智、美、劳方面的培养相配合，共同促进了学生身心的全面发展。除了在运动能力上没有比较详尽的要求外，体育运动与体育活动在训练方面的教育都能让学生身心的发展得到锻炼和培养，这也是素质教育的主要内容及方法。

3. 体育教学是活动

体育教学是有组织、有计划、有目标的体育活动的组合。相关学者在研究中也提出了类似看法："现代体育教学是为了使学生能在身体、运动认识、运动技能、情感及社会方面和谐发展的有计划、有组织的活动。"因此，在教学实践中，学生仅仅掌握课本上的理论是远远不够的，体育教学是在亲身参与学习运动技能的基础上，进行动作技能的体育活动，要达到一定的标准，来积累体育感受的体验，通过这种身体的感觉和感触才能学习并掌握技术动作。

二、体育教学的特点

体育教学与其他学科教学有一定的共同点，但也有很多不同点。从体育教学的性质来分析，体育教学与其他学科教学的共性主要体现在以下几个方面。

第一，体育教学是教师与学生的交流及互动。在体育教学过程中，教师与学生的双边活动和其他学科的教学活动一样具有互动性强的特征，教师与学生存在着双向交流。学生在课上的一举一动是公开的，教师的指导对全体学生都会带来或大或小的影响，教师的"教"与学生的"学"是课堂教学对立而统一的充分体现。

第二，班级授课制是体育教学和其他学科教学都具有的上课方式。与其他课程教学一样，体育课的班级组成一般是自然班，但也有打破自然班组合的情况，如在高校体育课的选修课程中，每个教学班的人员组成并不是自然班，有同一个学院、同一个专业各个平行班的学生，也有同一个学院不同专业的学生，甚至有不同学院、不同专业的学生在同一时刻一起上体育课的情况。出现这样的情况是由高校体育教学的特点所决定的，虽然打破了自然班的建制，但实际教学中依然体现出了班级授课的特征。

班级授课制的特点是一个学期内体育课堂教学的班级学生相对固定，且班级内学生的年龄、生理基础、技能水平基本处在同等水平线上。

第三，体育教学的主要目的是为了传授相应的知识和技能，这与整个教育事业的"传道授业"有着同样道理。一方面，相较于其他文化学科，大部分学生喜欢愿意上体育课，并且学校对体育课的要求越来越细致、严格。大家都知道参加体育活动对身心发展具有很好的促进作用，特别是对智力开发具有特殊的意义。

因此，体育教学是对"知识与技能"进行传承的独特方式。不同的是，体育教学传承的是体育文化。结合体育教学的性质，并对其他学科教学进行对比分析，可以总结出体育教学的基本特点。下面就来阐述一下体育教学的具体特点。

（一）师生身体活动的频繁性

在体育教学过程中，由于"身体知识"源于人体不断地思考、操作与实践，因此在体育教学中，需要体育教师反复进行相关技术动作的示范、反馈与指导，而学生要做的则是端正态度，集中注意力观看，之后再进行身体动作的尝试与体验。不通过亲身实践与身体练习，是无法习得相关技术与技能的。所以，在体育课的实际教学过程中，教师与学生进行身体动作教学是很常见的事情，但在其他学科的教学中很难看到。其他学科的课程一般情况下都在室内进行，还必须要求安静融洽的课堂氛围，这样才能对激发学生的思维、产生学习效果起到良好作用；但体育教学则恰恰相反，在活动过程中既有学生强烈的身体活动，也有适当的感情与情绪表达，这些都是外显的行为表现，不仅渲染了体育文化，而且直观地体现了体育运动中积极与阳光的一面。

（二）传承运动知识的操作性

与其他学科明显不同的是，体育运动的知识是"身体"的知识，身体知识对学生认知自我具有重大作用，其重要性需要得到足够重视。身体知识是一种回归人类自身感觉的知识。这方面的理论是人类发展过程中的一种特殊知识，是人们对外部自然知识的追求转向对人体内部知识的追求的结果，是人类面向自我、面向人类人体、面向人类自身的一种挑战。当今，各级别的学校都十分重视学生的主体性，关注学生的个性养成，这种追求人类自我知识的回归不仅显示出体育教学的特殊性，还体现了体育教学知识传承的特殊目标与根本意义。可以满怀信心地认为，在未来，这类知识必将被大部分教育者所接受与认可，并将广泛地应用于人类身心健康的具体研究之中。

（三）学生身心合一的统一性

体育对人自身自然的改造，不仅是外在结构与生理机能的统一，还是身体和心理的统一。体育教学要在传承体育文化的同时还能改变学生的身体形态，并强化学生的心理与社会适应能力的发展。体育教学与其他学科的智育教学所处的情境是不同的，它营造了一种能够直观感触到的教学环境，这些直观明显的、生动形象的、富含情感的教学情境对学生的心理与社会适应能力的健康发展起到了促进作用。

因此，体育教学中的身心发展是一元的，符合辩证唯物论的哲学观点。身体发展是体育教学的基础，心理发展是依靠身体的发展而发展的，心理的发展同时也促进着身体的发展。体育教学中身心合一的统一性主要体现在以下三个方面。

第一，体育教师在教学中选择教学方法时必须要考虑学生的个人情况，符合学生的身心变化规律，使学生在一定运动负荷的要求下，在身体锻炼与整理休息的过程中实现发展身心的目的。在人体开始运动后，机体的生理机能状态会出现变化，各器官进行工作，长期坚持后运动水平就会进一步提升；发展到一定水平时，会固定一段时间；当体内堆积大量代谢物质，如糖原等物质消耗过多后，机体的运动水平就会下降。在体育课程教学中，教师对运动负荷和调整休息有着科学的分配，所以学生的生理机能变化不是直线，而是具有波峰和波谷的曲线。

第二，体育教学的内容在选取上不仅要注重对学生身体各器官与系统、各种运动能力和各种身体素质的正面促进，而且还要注重对学生心理健康及社会适应的培养，要符合心理学、体育美学和社会学等方面的要求。

第三，体育教学要符合学生的年龄特点和心理特点。因为学生尚处于成长发育阶段，在心理上很容易出现变化及波动，思维、情绪、意志等方面的变化会对动作技术和体育技能的学习产生影响。这种生理、心理负荷波浪式的曲线变化规律体现了体育教学具有鲜明的节奏。

因此，体育教师应根据学生的心理特征对教学进行全面设计和组织，在促进学生身心发展的同时，还可以培养学生对体育的积极性、形成对体育项目的兴趣，让体育教学更有效地发挥自身的功能。

（四）教学内容的审美情感性

体育具有艺术感和美感，而体育教学中体现出的美感首先体现在师生运动过程中的形体美与运动美上。学生通过身体锻炼让自己的身形变得更具有美感，形成身体各部分线条的美、身体比例对称的美，在运动的过程中体现出人体结构的美，这些都是体育运动的外在美。其次，体育教学还体现了人类挑战自我的精神之美，也就是内在美。在运动中克服身体和精神的障碍，达到了运动学习的目标；运动实践中体现谦虚、谦让、尊重等良好的道德风范，这些也都是美的表达。除了体育运动的外在美和内在美外，体育教学活动还体现了教学内容的审美性。

每一个运动项目都彰显出了不同的审美特征与美学符号，如球类项目，除了表现出人的运动能力和运动天赋外，还需要具备团队合作、相互协调、互帮互助等人际交往的素质；田径项目更多的是表现人类的力量与速度，同时显现出没有永远的赢家，永不放弃、奋勇拼搏的豪迈气概；健美操项目展示的是柔韧、灵巧、艺术表现、婉约、柔和的美等。

人们在长期的发展实践过程中，各种体育方面的知识和技能通过反复积累得到了运用及发展。首先，体育教师通过长期的总结和提炼，将其准确地传授给学生，让学生去感触与体验，从中感受到美，得到美的启迪，陶冶情操，净化心灵，促使身心的和谐发展。其次，教学是一种思维创造的社会活动，师生共同创造和谐课堂的教学情境给人以意境的感悟与精神上的感化，令人感受到体育教学的美好。同时，在体育教学中教师与学生之间还有一种看不见、摸不着的联系，构成了教与学的统一。在教师在传授知识的过程中，也伴随着师生之间丰富的情感交流。

（五）教学过程的直观形象性

体育教学的过程中体现了鲜明的直观形象性。具体来讲，教师在讲解动作的直观形象，教师在教学讲解中的声音要洪亮、清楚，还要生动形象、通俗易懂地描述了动作技术，把要传授的知识进行艺术加工，把复杂的技术动作诠释得形象、通俗，这样能让学生加深对动作的感知与记忆。同时，体育教师采用特殊的方式进行动作演示，还需要通过直观的动作形象进行示范，具体方式有教师亲自示范、优秀学生示范、学生正误对比示范、教学模具示例、人体模型实例和动作图解等，使学生通过感官形成对动作的基础意识，建立正确的、清晰的运动表象。学生可以通过各种渠道与媒介观看正确的动作示范，获得生动的表象，同时活跃思维，从而达到掌握体育知识、技术和技能的目的，还能发展自身的观察能力和形象思维能力。另外，体育教学的组织与管理也体现了直观形象性的特征。

在体育教学中，每个学生的动作和形态都是直接显露出来的，教师能看得一清二楚；而反过来，教师在课上的一举一动，所有学生也能一览无余。因此，体育教师对自己的言行也要自我约束，因为教师要起到表率和带头作用，对学生的行为具有潜移默化的教育意义；而学生的课堂表现则是直接的、真切的反映，特别是在学生于教学中学习动作的过程中，所表现出来的言谈举止都是真实的情感流露，这一信息正是教师所需要注意与收集的，通过观察、反馈及指导，帮助学生不断进步。直观形象性是体育教学的重要原则，只有坚持直观性和形象性才能使学生更好地理解、更快地学习。

（六）客观外界条件的制约性

体育教学还有一个与众不同的特征，那就是体育课的教学效果更容易受到外界各个方面的影响，更容易遭到客观实际情况的制约，如学生的体育基础素质、体质水平，学生的性别、年龄、生理和心理特点，外界气候条件、运动场地、器材设备等，这些因素都在不同层面对体育教学的质量有着不同程度的影响。

从体育教学的角度来说，体育教学的实施要体现教育的全面性，不仅要根据学生的运动基础进行区别对待，而且还必须对学生的年龄、性别、生理和心理特点等进行全面考虑。因为男生和女生在身体形态、运动素质、机能水平运动功能等方面差异巨大，所以教师在教学设计、教学要求、教学组织等方面根据学生的性别不同要有所区分。如果忽略了学生的差异，在组织、方法和内容上盲目地选择，不仅达不到增强体质、培养身心的目标，还有可能会增加学生的运动负担，造成运动疲劳情况。

从体育教学的环境角度来看，体育课在大多数情况下都在室外进行，而在室外就会有各种客观影响因素，如天气、气温、气候、噪声等。同时，学生在室外有新奇感，心理上更加不受拘束，这种环境会使学生的注意力不集中。还有一些不可控的因素，如学校的各种活动、节假日等，都会对体育教学产生大大小小的影响。同时，体育教学对场地、器材设备条件的要求也是体育课比较独特的一个方面。因此，在教学计划中，从教材内容选择到教学组织方法实施，从一学期的教学计划到每一课时的具体计划，每一位教师都必须考虑到这些客观实际与影响因素，排除各个因素的干扰，提高体育教学质量与效果，同时还要克服严寒酷暑、风雾雨雪等不利条件，培养学生坚持不懈、战胜自我的精神。

第二节　体育教学的本质与功能

一、体育教育的本质

从根本上讲，体育教育的性质是由体育的性质决定的，体育的本质属性是"增强体质、增进健康"，而身心健康是人全面发展的重要内容，体育在促进人的全面发展中起着非常重要的作用。另外，我们对组成体育教育的教育部分做一个详细的认识，广义的教育泛指一切有目的的影响人的身心发展的社会实践活动。狭义的教育是指专门组织的教育，即学校教育，它不仅包括全日制的学校教育，而且也包括非全日制的学校教育、函授教育、成人教育等，它是根据一定社会的现实和未来的需要，遵循年轻一代身心发展的规律，有目的、有计划、有组织、系统地引导受教育者获得知识技能，陶冶思想品德，发展智力和体力的一种活动，以便把受教育者培养成为适应一定社会（或一定阶级）的需要并促进社会发展的人。下面主要探讨一下体育教育的本质。

（一）体育教育促进人全面发展的特性

根据马克思主义教育观的原理，体育是全面发展教育的重要组成部分。体育教育是全面发展人的教育中的一部分。体育教育是以学生身体活动（运动）为根本特征，区别于学校中的德育过程和智育过程，它主要是以身体教育或透过身体教育的角度来实现马克思历史观念中的人的全面发展。

（二）体育教育的社会制约性和服务性

从体育教育的产生与发展过程来看，体育教育会受到一定社会的政治经济的影响和制约，并为一定社会的政治经济服务。现代体育教育更是引起了世界各国的重视。近年来，很多国家都修改和补充了体育教学大纲，加强与改革体育教育，提高体育教育的地位，加强体育师资队伍的建设，投入一定的物力和财力，促进体育教育事业的发展。我国也非常重视体育教育，特别是近 20 余年来，国家出台了一系列的政策文件来加强青少年的体育教育工作。1999 年，中共中央、国务院颁布了《关于深化教育改革、全面推进素质教育的决定》，明确指出了实施素质教育不仅要抓好智育，还要加强体育，促进学生的全面发展和健康成长。要切实加强学校体育工作，使学生养成体育锻炼的习惯。2007 年，中共中央、国务院颁布了《关于加强青少年体育增强青少年体质的意见》。

2011 年，教育部颁布了新版的《体育与健康课程标准》。教育部、发展改革委、财政部、体育总局于 2012 年联合出台了《关于进一步加强学校体育工作的若干意见》。

2016 年，国务院办公厅颁发了《关于强化学校体育促进学生身心健康全面发展的意见》，文件指出要不断改革创新体制机制，还要全面提升体育教育质量，健全学生人格品质，切实发挥体育在培育和践行社会主义核心价值观、推进素质教育中的综合作用。

从以上我国 20 余年来不断出台的加强学校体育的政策文件来看，体育教育已经深受我国政府和社会的关注和支持，体育教育事业在我国迎来了发展的良机。综上所述，社会经济的发展会在一定程度上制约了体育教育的发展，但是良好的社会经济发展会为体育教育的发展提供良好的土壤，促进其健康发展。而体育教育事业的不断推进也会为社会培养一批德智体美全面发展的人才，从而为社会的经济发展提供最好的服务，因此两者是相辅相成的、不可或缺的。

（三）体育教育研究的多维体育观和方法论

随着现代社会的快速发展，人与人之间的竞争越来越激烈。因此，在学校教育中，必须提高体育教育的质量。通过体育教育的方式培养身体强健，意志力顽强，能适应现代社会竞争的，具有综合素质的现代人才。这要求我们必须从多方面，并且用多种方法去研究体育教育，从而提供一定的理论支撑。体育教育的本质应该从生物学、社会学、心理学、人体科学等多维的角度去探究，其本质的理论应该是全面的、系统的、多维的、立体的。现代体育教育的发展已经充分显示出了它的多种功能。随着社会的进步和不断发展，还需要不断更新观念，不断提高研究的方法技能，并从多角度去分析和研究体育教育，这样才能使体育教育不断适应社会发展的需求，并促进体育教育的改革与发展。

二、体育教育的功能

（一）体育教育的本质功能

根据体育教育的本质特征，体育教育的本质功能包括健身功能、健心功能、教育功能。

1. 体育教育的健身功能

（1）提高人体心血管系统的机能。①参加体育运动可以使心肌细胞内的蛋白质合成增加，心肌纤维变粗，从而使心肌收缩力量增强，进而使心脏的每搏输出量增加，心脏的供血能力就会增强。②参加体育运动可以增加血管壁的弹性，从而预防或缓解因血管壁退化引起的疾病，如退行性高血压等。③参加体育运动可以加大人体毛细血管的开放程度，从而加快血液与组织液的交换，以提高机体新陈代谢的水平。④参加体育运动可以显著降低血液中的血脂含量（胆固醇、蛋白质、三酰甘油等），从而有效地预防冠心病、高血压和动脉粥样硬化等疾病。⑤经常参加体育运动可以使人在安静时的脉搏和血压降低。

（2）增强人体呼吸系统的机能。①经常参加体育运动，特别是做一些有氧耐力运动，如长跑、游泳等运动项目，可以使呼吸肌的力量增加，促进了肺组织的生长发育和肺的扩张，从而使肺活量增加。此外，经常性地进行深呼吸运动也可以提高人的肺活量。②参加体育运动后，由于增大了呼吸肌的力量，从而使呼吸深度增加，提高了肺的通气效率，从而提高氧从肺进入血液的能力。

（3）促进人体骨骼和肌肉的生长发育。人从出生到成人，是一个不断生长和发育的过程，而人的生长和发育主要体现在骨骼和肌肉的生长和发育方面。参加体育活动可以促进骨骼和肌肉的生长发育。人身高不断增长的主要是因为人长骨的骺软骨的不断增生，直到其骨化的完成，身高将不会增长。在青少年时期，通过让青少年接受一定的体育教育，参加一些体育运动，特别是一些跳跃类、牵拉类的运动可以刺激骨骼中骺软骨的增生和分裂，从而促进青少年身高的增长。此外，参加体育运动还可以使人的骨骼变粗、骨密度增厚，并且可以增加骨骼的抗压和抗弯折能力。相关医学研究表明，经常参加体育运动，可以增加人体内氧化酶的浓度和线粒体的数量，从而提高人体肌肉的有氧代谢水平,提高肌肉的能量利用能力,从而更好地为机体供能。总之,青少年通过参加体育运动,可以促进骨骼和肌肉的生长发育,从而健康地成长;成年人通过参与体育运动,可以保持骨骼的硬度和韧度,保持肌肉的力量和柔韧,从而健康地生活。

2.体育教育促进心理健康的功能

这里所说的健心功能主要指的是,参与体育运动可以调节人的心理状态,促进人保持心理健康。现代社会极大地丰富了人们的物质生活,但是精神生活不能很好地得到满足,快节奏的生活、高压力的竞争使人们在精神上和心理上出现了一定的问题,出现了如抑郁、焦虑、感情淡漠等心理症状。而在青少年群体中,如恋爱受挫、考试升学的压力、大学生就业的压力等都给他们带来了不同的心理问题,而心理健康对人的整体健康具有重要的意义。

参加体育运动能够调节人的心理状态,促进人的心理健康。主要体现在以下方面:参加体育运动可以刺激人体产生一定的内啡肽,而内啡肽具有调节体温、心血管和呼吸的功能,也可以调节人不良的情绪,振奋精神,缓解抑郁,使人的身心能够保持轻松愉悦的状态。此外,参加体育活动可以增加人与人之间的情感交流,特别是一些集体的运动,可以培养人的团结协作精神,化解人的孤独感和抑郁感。参加体育活动还可以让人获得自信,如在比赛场上的制胜一击、球场上的关键角色的扮演等,都可以让人对自己进行一个重新的认识,在现实生活中的失败或许可以在赛场上获得认可,从而增加自己对生活的信心。总之,参与体育运动是一项非常好的调节人心理的活动,可以促进人的心理健康。

3.体育教育的教育功能

作为一种教育活动,体育教育对人的教育功能是其本质功能之一,主要体现在以下四个方面。

(1)教会人基本的生活能力。人从生下来以后,就缺乏生存需要的基本能力,如走、跑、跳等,这些都需要后天加以学习和训练,而体育教育是最好的途径。体育教师从小就教我们站立、走路、跑步的正确姿势,为我们日后生活打下了坚实的基础,这是人最初始的需求,从这个角度来讲,体育教育不可或缺。

(2)传递体育知识和文化。体育是人类生产生活中不断形成的文化活动,是一项宝贵的文化遗产,因此必须通过一定的活动来传递这种文化。体育教育就是承担这个职责的最好助手。通过体育教育,人们可以学习体育知识,掌握锻炼身体的办法,并且可以让人认识到体育对人的健康的价值,促进人们形成了一定的体育意识,养成体育运动的习惯,从而形成健康的生活方式。通过引导青少年参加体育比赛,观看体育比赛,对体育规则和文化有进一步的认识和了解,从而起到传递体育文化的作用。

（3）促进人的社会化。每一个人都不仅是一个自然人，更是一个社会人，具有很强的社会性。人在经历家庭教育、学校教育、社会教育的共同作用后，人的社会属性逐渐成为第一性，逐渐完成个人的社会化。每个人只有完成社会化，才能不断适应社会的需要，如果一个人不能充分地、完善地完成社会化，那么他就可能会对社会产生一定的危害，因此必须努力促进人的社会化。很多学者都提出了通过体育教育、体育运动来促进人的社会化。这是因为，人在参加体育运动或者体育比赛时，都需要遵守项目的规则和要求。而遵守规则放到社会领域便是遵守法律法规、遵守纪律等。体育比赛中强调的公平公正，如果延伸到生活中，就是追求社会的平等和公正。在参与体育比赛的过程中，需要跟不同的人交往，如队友、裁判、观众等，这些都可以帮助人适应社会中的角色，通过参与和体验，不断改正自己的行为。体育教育是一项非常好的促进人社会化的活动。

（4）进行爱国主义的教育。在体育教育的活动中，体育比赛等活动可以激发人们的爱国热情，是一项非常好的进行爱国主义教育的手段。我们时常能在奥运会、世界杯等世界性大赛的舞台上看到运动员在取得胜利后披着国旗绕场一周的画面，这些都能很好地给观看比赛的青少年传递极大的爱国热情，进行良好的爱国主义教育。国际比赛前的奏国歌仪式总能激发人们爱国的热情，让人们接受爱国主义的洗礼。因此，各种形式的体育活动和比赛是最好的爱国主义教育。

（二）体育教育的延伸功能

体育教育除了本质功能以外，还有一些延伸功能，其延伸功能主要包括娱乐功能和经济功能。

1.娱乐功能

在进行体育教育的过程中，可以感受到体育活动与娱乐的天然联系。体育运动中本身就包含着娱乐的元素。在体育教育过程中为学生安排的体育游戏就含有娱乐的成分。现代的体育教育已经不单单是传统意义上的体育课了。人们在闲暇时间参加一定的体育教育活动，如参加体育培训班接受健身指导等，都可以缓解人紧张的情绪，让人产生快乐的情绪，从而起到娱乐的作用。

2.经济功能

体育教育的经济功能主要体现在以下几个方面。一是，通过让人学会体育技能，参加体育运动，来促进人的身心健康，从而可以为国家和社会健康工作，就像那句口号"每天锻炼1小时，健康工作50年"。一个人只有拥有健康的体魄，才能为社会创造价值，创造经济效益和社会效益。这是体育教育经济功能的间接体现。二是，现代社会已经拥有了很多的体育教育培训机构，是通过培养青少年的体育技能来产生经济效益,这是体育教育的经济功能之一。三是,通过体育教育可以培养一批竞技运动员,而优秀的竞技运动员可以成为体育明星。体育明星具有很强的吸金能力,如一些足球运动员的代言收入可以达到几千万美元,这是他们产生的经济效益,也是体育教育产生的经济效果。

第三节　体育教学的现状与创新

一、体育教学现状

近年来,学校体育教育已经成为了体育教育领域中重点关注的问题,许多专家学者都将研究的目光锁定到这个领域,而高校体育教育更是成为其中的关键。一时间,许多关于改革高校体育教育的理念和方案被提出来。然而在经过更加深入的论证和实践的尝试后发现,其中许多方案的实施存在问题,不能如预期那样给体育教育带来效益上的明显改变。为此,要想提出最恰当和符合我国教育情况的方案就应该先从最基本的高校体育教育现状开始分析。通过对大量相关文献的研究,目前国内外的教育形式可归纳为以下几种类型。

1. 传统守旧的体育教育。

2. 基于学生体育的体育教育。

3. 基于竞技体育的体育教育。

4. 快乐体育教育。

5. 基于个性特征的体育教育。

6. 基于传统项目的体育教育。

7. 基于发展能力的体育教育。

8. 注重体能的体育教育。

9. 基于终身教育的俱乐部体育教学。

目前来看,我国绝大多数的高校体育教学的形式仍旧更多采用传统的体育教学模式。这种模式把走、跑、跳、投等基础运动作为主要教学内容,为了确保教学模式的统一性,追求教学程序循环渐进的结果,会侧重于某一层面,而不能照顾到更加全面的需求。这就是体育教育改革的着手点,但是目前的改革也并不理想,一种改革只是盛行一时,并没有推动改革浪潮的兴起。

目前,随着中国高校体育教育的重要性日益增加,教学目标和教学需求也随之增加。对教育进行改革的同时,还要把素质教育作为教育改革和发展的主题,并与科学技术、经济、文化、社会相结合。因此，高校体育不再是提高学生体质的一种简单方法，而是一种全面的素质教育方式，使大学体育充分发挥个人才智，促进个体发展。基于这样的环境背景，高校体育教育应该具备的功能如下。

1. 增设"野外生存体验""攀岩登山"等新课程，在课程开展的过程中，要适时地增加难度和阻碍，使学生在扫除阻碍的过程中，发散思维，借助团体的力量，共同面对困难并想办法解决，提升他们的适应能力，培养吃苦耐劳的精神，强化团队意识。

2. 课程的设置要以学生的兴趣、喜好为基础，还要添加一些时代元素，要吸引他们参与其中，在体验的过程中感受快乐，要让他们有成就感，培养他们自信、自强、乐观的心态。

3. 提升他们的沟通交流能力、组织能力等，促进身心的健康发展。

二、高校体育教育现状中的问题

高校体育是国民体育的基础之一，是全面发展教育不可或缺的组成部分，它对培养有理想、有道德、有文化、有纪律的社会主义建设人才，增强人民体质，建设社会主义精神文明有着直接或间接的效能，所以党和各级政府历来把它放在相当高的地位。

随着改革的不断深化，高校体育较之以往有了比较大的发展，但同时，必须看到在我国市场经济发展的新的历史时期，社会发展对培养人才提出了更高的要求。在学校教育的内涵和外延的不断扩大和丰富，大众体育的逐步普及和竞技体育飞速发展的社会背景下，作为高等学校教育工作的重要组成部分和培养学生全面发展的主渠道高校体育，从某种角度上看，它的现状已不能满足现如今社会发展的需要。了解高校体育的现实情况对高校体育以后的发展具有重要意义。

卢元镇教授在《中国学校体育必须走出困境》中总结了我国学校体育面临学生体质状况下降、"每天锻炼一小时"不能得到落实、中小学体育课被挤占和体育课低质量、学校体育不能为国家培养竞技运动后备人才和学生运动竞技不能纳入国家比赛体制四个方面的困境。这些情况除了体育课被挤占在高校体育没有涉及之外，其他几个方面的困境也同样是高校体育面临的现实问题。但是，现实中的高校体育不仅仅面对这几方面困境，还面对其他诸多影响高校体育良性运行方面的困境，如有来自教育制度方面，也有来自体育理论和实践矛盾等方面，具体来说有以下几方面。

（一）大学体育功能的弱化

学校体育是促进青少年全面发展的重要内容，对青少年的思想品德、智力发育、审美素养的形成都有不能代替的重要作用，是进行爱国主义、集体主义教育，弘扬民族精神、传承民族文化的重要途径。大学体育是我国各个大学必不可少的一门基础课。

体育课目的在进一步增进学生的身心健康，努力提高学生的体育活动能力，使学生在校期间能精力充沛、更好地进行学习，为将来建设祖国、保卫祖国打下良好的基础，真正变成德、智、体全面发展的人才和接班人。体育的功能可以总结为七个方面，即健身功能、娱乐功能、促进个体功能、社会感情功能、教育功能、政治功能、经济功能。

当前我国高等学校体育课主要有三种主要形式：一是普通体育课。主要进行全面身体锻炼，这类课大多在大学一年级开设。二是专项体育课。为满足学生不同的爱好和个性发展，进一步提高某项体育运动技术、技能，使之在全面发展的基础上有所特长，有利于开展终身体育。这类课一般在大学二年级开设。三是保健体育课。这是为体弱或患有某种慢性疾病的学生开设的，带有医疗性质的体育课。目的是通过适当的体育活动，来改善学生的健康状况，使其早日恢复健康。体育课的内容和方法皆视学生的具体情况而定。

从大学体育实施的情况来看，大学体育功能并没有得到完全发挥，甚至还有弱化的现象。其中，从大学生体质的健康状况来看，体育总局发布的 2010 年全国学生体质和健康调研结果表明，大学生身体素质会继续呈缓慢下降的趋势。[4] 增强大学生体质健康是大学体育基本而又重要的功能，但是大学体育实施效果并不理想。

到 2020 年，我国已经进行了 6 次全国范围内的学生体质健康测试，结果显示：现代疾病和青年人缺乏体育锻炼相关。我国中小学生及大学生的体质健康水平表现出明显的不协调，具体表现为形态发育水平提高，体能素质差；高身材、低素质等特点。另外，我国学生近视率一年比一年高，尤其是小学生、初中生近视率上升幅度明显；肺活量、爆发力、速度、耐力等素质水平呈持续下降趋势。

（二）体育课程实际地位低下

体育课程的实际地位低下是相对于体育课程法律地位来说的。高校体育课程的主要组织形式为体育课堂教学，高校体育的法律地位也同样奠定了高校体育课堂教学的法律地位。但法律体系下的高校体育在具体实施中出现了较大的不同，高校体育课程在课程建设、资源配置、课程实施等方面和其他学科课程相比，投入明显不足，不仅影响了体育课程教学的顺利进行，还影响了体育教育质量。

多年来，因为受传统体育教学思想的影响，很多人错误地认为体育教学就是要学习运动技能，通过跑跑跳跳、锻炼身体来增强学生体质，从而严重忽视了体育理论知识的学习和教学。

国家在体育教学方面安排了小学—初中—高中—大学十多年的体育课课时，并制定了《学校体育工作条例》系列法规文件。中国高等学校普通体育课教学大纲和中小学相比，主要有以下特征：①教材内容按运动项目分类，强调"田径是各项运动的基础"，把田径作为重点教材。女生规定学习篮球和排球，男生在篮球、排球和足球中必须选择两项。②规定了男女分班上课，对病弱学生开设保健课或医疗体育课。③没有具体划分年级要求，各校自行编订教学进度。中国高等学校普通体育教学大纲规定体育课是一门基础课，并列为考试和考查科目。根据学生的运动成绩、学习态度和掌握体育知识、技能的情况，来评定学生体育课的成绩。许多高校在中共中央及教育部门政策的大力扶持下，组建学校的体育管理机构以及体育教师在职前和任职后的培训机构，并组织大量的专职研究者制定各种各样发展条件的标准，完善了体育课程教学制度。但很多学生在毕业时就和体育告别，十多年的体育教学并没有使终身体育概念深入人心，也没有培养出体育锻炼的技能和良好的习惯。

（三）高校体育教材和教学内容陈旧

我国高校体育教材大多针对传授体育竞技技能编写，教学内容千篇一律、很久不变，没有体现出当今社会发展对体育教学培养真正需求的内容，和时代不相符，实用性比较差。体育课的内容、教学配置形式和考核方式的设计，以及课外体育活动内容安排和实施办法，当前有相当一部分院校基本上还是在使用五六十年代的运作模式，在培养目标上力求统一性，教学内容安排上强调系统性，考核标准注重竞技性，教学形式体现规范性，学生练习要求纪律性，所以这样的模式显得呆板、机械，以至于使高校体育的主体—学生的体育意识和能力在客观上造成障碍，使教师的主导作用和潜力难以发挥。

体育教材的编排多数以运动项目的单项教学和训练为主，不仅背离了现代体育教学的培养目标，还在一定程度上忽视了多数学生的参与需求。很久以来，我国高校体育一直沿用竞技运动教材体系，采用培养运动员的教学训练模式来给大学生上体育课，因为过分注重技术动作的规范，对完成动作的质量标准有些高，被挺大一部分同学视为"负担"，从而使他们对体育运动失去兴趣，这和高校体育教学的目标相"脱离"。无论运动训练还是体育教学，如果采用同一种运动技能教学模式，实施一个教学质量标准，就会忽视不同教学对象对体育运动需要的个性。普通学校体育教学中不分情况照搬竞技运动教学模式，一定会导致偏离教学基本目标，进而使高校体育陷入为形而上学的沼泽。此外，体育教材的编排多数以运动项目的单项教学和训练为主，背离了现代体育教学的培养目标，在一定程度上忽略了大部分学生的参与需求。最后，教材的编写没有考虑到学生特点、个性和兴趣的培养，不利于学生依据教材知识形成一套适合自己的锻炼方法和锻炼习惯。

三、高校体育教学创新

21 世纪的高等学校体育，创新是教学改革最强烈的呼唤，也是时代的最强音。学校体育不仅有培养和发展人的创新意识、创新精神、创新能力的任务，而且学校体育的发展也要靠改革和创新来实现。当创新方法真正落实到教学实践中，一个很重要的问题是对过去的教学模式、教学内容、教学方法进行积极的反思，提高了教师对教学过程的反思意识。

（一）构成高等学校体育教学创新的基本条件

教学创新从本质上看，应是教师的一种能力，是一种在传统教学方案基础之上的提升，是在对传统教学过程不断质疑的过程中，教师对教学过程的一种逆向思维和发散思维。因此，高师学校要实现体育教学创新的目标，必须明确创新的指导思想，创新应具备以下基本条件。

1. 提高体育教师的教学研究能力是实现教学创新的根本出路

体育教师要积极投身于教学实践与改革中，改变自己的职业形象，改变体育教师的职业形象，这要靠体育教师自己的努力，积极增强科研意识、参与学校的教学改革，不断进行反思，设计和运用切合实际的教学方法，才能使教学处于一种创新状态。从自然观察的角度看，任何外来研究者都会改变课堂的自然状态，如想要达到观察的目的，又不改变原有的气氛与状态，做到原汁原味，就只能依靠教师。体育教师从教学实践出发，可以拥有更多的研究、创新机会，充分利用实践机会，大胆改革，创新先进的教学模式和教学方法，才能获得本身的生命力和尊严。

对于教学创新来讲，意味着体育教师要确信自己有能力构建新的知识结构，积极改进自己的教学实践。因为学校教学改革和创新的关键在于教师，改革和创新的任务最终还是要落实到教师身上。改变体育教师的职业形象，就必须下大力气提高体育教师的教学研究能力。以改革创新为契机，来促进教师大量涉猎和收集教育教学的信息，提高理论素养，增强情报意识，使教师较快地接受先进的教育思想、理论和观念，进一步拓宽知识面。教学创新是教师的一种积极的教学实践活动，是教师对教学改革的一种强烈愿望，是自觉自愿的行动。

2. 提高体育教师的教学效能感是实现教学创新的动力源泉

教师的教学效能感是影响教师素质提高的一个重要因素。也就是说，一个满足于现状、教学效能感不强的教师，很难在教学中有创新。

从现阶段高师体育教学面临的困境来看，如何满足当前学生对体育的需要，如何实现教和学的完美统一，除了受学校教学模式、目标、课程、教法和教学环境、教学条件等诸多因素的影响外，还会受到教师主观因素的影响，教师的教学效能感便是其中之一。教师的教学效能感是教师教育信念的重要组成部分，自我效能教师的教学效能感更多地表现在教师的师德和人格方面。高师学校要推动教学改革和创新的不断深入，加强教师师德的培养，将是未来教师竞争的焦点。

3. 拓宽教师继续教育的渠道、提高教师的教学能力是创新教学的基础

高师学校体育教师继续教育的必要性和必然性已经成为了共识，在加强对教师继续教育的措施上，要采用灵活多样的方法，应重视对教师所学课程的正确引导，立足本职工作，把教学实践与所学课程结合起来，引导工作和学习相互促进。重视学科理论、理论素质的培养，重视教师教学艺术和技术的训练。改变教师继续教育的观念，更重要的是在选用教材方面，能够编制一套包括参考资料性的阅读教材、适合自学的通俗理论教材、适合答疑性的高层次结构导论式教材在内的继续教育的专门教材。只有这样，才能把教师的学习和工作有机地结合起来，促进教师教学能力的提高。教学创新需要教师专门的教学能力，教学能力是教师最基本的能力，是教师能力的综合表现，能力是知识内化的结果，知识是能力的基础。拓宽教师继续教育的渠道为进一步提高教师教学能力和教学质量，积极进行教学创新打下坚实的基础。

（二）反思性教学对高师体育教学创新的启示

反思性教学是近些年西方一些发达国家兴起的新的教学实践。20世纪初反思性文化的出现强化了教学主体的反思意识，给教育工作者以极大的启示。随着心理学和伦理学以及教育理论等的进步，人们认识到把增强教师的职业道德感或责任感作为反思性教学的基础，教师对教学的"合理性"追求，成为教学主体反思自身行为的动力。反思是教师自觉的行动，教师在长期的教学实践中，借助反思不断探究和研究如何解决教学问题。

1. 立足教学实际，创造性地解决教学问题

创新是对传统、常识、常规与秩序的修正、超越和发展。其实，教师和学生都是创新教学实践活动的主体，唤醒学生的主体意识，弘扬学生的主体精神，就必须在教学实践活动中，为学生创设一个宽松、民主、和谐的教学氛围。教师针对问题设计教学方案并加以研究，通过解决问题，进一步提高教学质量。立足教学实际，实施创新教学，培养学生的创新精神和创新能力，要重视学生创新智力品质的培养，又要抓学生创新非智力品质的培养，在教学的各个方面都要重视学生的创新。

2. 立足"两个学会"，加速教学过程的整体优化

由于反思性教学以"两个学会"为目的，因此体育教师在教会学生掌握运动技术的过程中，要让学生树立终身锻炼的思想，学会自我锻炼的方法。教师学会教学，本

身就是一种不断学习和创新的过程，学会教学是为了更好地满足学生学习的需要，是教师对教学内容的进一步理解。

3.增强教师的职业道德感

教师的职业道德感不仅是反思性教学的重要基础，而且也是教师创新教学的基础。教学创新要求教师要有更高的职业道德感，才能对教学中出现的问题进行思考，进而想办法来解决。教师要关注和研究同行在同一问题上的研究成果，在教学实践中要加以推广和改进，只要有利于本地区学生的实际情况，有利于学生的发展，能够提高课堂教学效果，就是一种创新。

从一定程度上讲，提高教师的职业道德感比提高教师的技术、技能更为重要。体育教学是一种积极的、主动的让师生共同活动的过程，体育教学的过程也蕴含着创新教育的过程，改变教师的教育观、教学观、质量观、学生观，必须重视教师全面素质的发展。提高教师的自我效能感和教学效能感，使教师真正从"运动技术型"向"技术理论型、学者型"转变。

第四节　体育教学改革的发展历程与趋势

一、学校体育教学改革的发展历程

（一）学校体育教学的改革历程

改革开放以后，我国学校体育进入新的发展时期，表现出思想的多元化与实践的多样化。在指导思想方面，随着 20 世纪 80 年代初以增强体质为主导思想的确立，以往以传授运动技术、技能为中心的思维模式得以改观并逐渐被打破。

1990 年《学校体育工作条例》的颁布施行使增强体质、增进健康的主导思想再次得到确认，增强学生体质、增进学生健康作为学校体育的首要目标，已逐渐取得了共识；随着思想的解放及认识的深入，快乐体育、终身体育、成功体育等多种学校体育思想也相继出现。由于认识不断深入，对学校体育的结构功能与体育教学的结构功能也有了新的看法，明确了体育教学与学校体育在过程、任务、内容及评价等方面的差别，促进了学校体育实践的发展。随着基础教育向素质教育的转轨，从社会、生物、心理等多维看待学校体育的观念逐步形成，重视体育意识、习惯与能力的培养为终身体育打基础，并将学校体育看作终身体育一个子系统，学校体育思想也逐渐形成。在体育教学方面，由于明确了体育教学与学校体育的区别与联系，所以逐步确立了以体育知识、技能教学为主的指导思想，并注重卫生保健知识及体育健身基本原理的教学。

在认识上逐渐注意到体育知识、运动技术、运动技能的区别，明确了增强体质与运动技术、技能及运动项目技能的关系。为处理好体育教学中运动技术、技能与增强体质的关系，1996年国家教委根据课程论研究的进展，颁发了《体育两类课程整体教学改革的方案》，将体育课程分为学科课程和活动类课程两部分，并对两类课程的目标及要求做出了规定。

体育课教学以追求运动技能提高的模式在认识上被打破。在体育教学的内容上，坚持健身性与文化性相结合的原则，在注意健身性时，也会考虑内容的文化性，并注意对一些竞技运动项目做"教材化"处理；坚持民族性与世界性相结合的原则，在继承教学内容以现代项目为主的同时，还要重视对民族传统体育内容的引入；坚持统一性与灵活性相结合的原则，教学大纲规定的选修内容比例逐渐提高，使教学内容在统一基本任务与要求的指导下，表现出较大的灵活性。在课外体育方面，重视课间操、课外体育锻炼与课余运动训练。在内容上提倡丰富多彩，以发挥地区、学校的特色、传统，注意组织形式多样，重视校内与校外的结合，体育俱乐部的形式也开始出现。在课余训练方面，提倡为国家培养体育后备人才，重视课余训练和小学、中学、大学的"一条龙"制度建设。

（二）学校体育教学的改革趋势

从总体看，随着素质教育的深入以及对学校体育功能认识的深化，学校体育的发展将会有以下几个方面的趋势：①在指导思想上，更注重社会需求与学生需求的结合，注重个性的发展，注重科学化与社会化发展，注重体育意识、兴趣、习惯和能力的培养，注重体育与卫生保健的结合，注重体育教学与课外体育的结合，以求整体效益的获得；②在学校体育内容上，注重健身内容与竞技文化的结合，并注重竞技文化的"教材化"及多种变式的引入，健康及运动文化知识将更多地融入教学内容，地方性、民族性的体育内容也将更多地走进学校；③在组织形式上，学生体育俱乐部及学生体育团体将受到更大程度的重视，校内外体育组织形式间的联系也会得到加强；④在课余训练及竞赛方面，随着学校体育的发展及运动训练体制的改革，学生课余运动训练与竞赛将会有更大发展，并表现出多层次性的特点。上述发展变化，将对体育教师提出更高的要求，也将对旧有的体育教育专业的培养模式、课程模式进行改革。

二、体育课程改革历程与趋势

2001年，国家教育部颁布了义务教育《体育（与健康）课程标准》。2003年，又相继颁布了高中《体育与健康课程标准》（以下简称《课程标准》）。[5]这昭示着新的体育教育思想和理念将成为我国基础教育体育课程改革和发展中的主旋律。基础教育体育课程的改革对高校体育教育专业的课程改革提出了新的思考和要求。因为高校体育教育专业是培养基础教育体育教师的"母鸡"，理应主动适应基础教育体育课程改革和发展，加大、加快高校体育教育专业课程改革的步伐。"体育课程教学改革"对高校体育教育专业培养目标和课程设计有什么影响？这些影响的程度如何？以什么方式施加这些影响？都牵扯到一个基本问题，即"对第八次体育课程教学改革的基本认识"的问题，只有把这一问题梳理清楚，才能对上述疑问有清晰的认识，才能明确地回答，有效地解决。

（一）对第八次课程改革的基本认识

基础教育体育课程在课程理念、课程内容、教学方法、教师的行为等方面都发生了重大变化，强调"健康第一"和"以学生发展为本"的指导思想，重视课程内容的时代性和地方特色，要注重教学方法的多样化，关注教师的职业专业化过程，特别是强调体育课程在增进学生的健康和促进学生全面发展方面的重要功能和价值。淡化体育教育专业中的竞技化教学倾向，牢牢树立"健康第一"的指导思想；丰富课程内容，应体现时代特征和地方特色；提倡多样化的教学方式，重在培养学生的实践能力和创新能力；提高学生未来的职业专门化意识，强化体育的健身育人功能。

（二）新课改对体育教育专业的直接影响

高等教育体育教育专业是培养中小学体育教师的摇篮，由此基础体育教育与高等体育教育专业有着血脉一体的内在联系；基础体育教育改革必然对体育教育专业发展产生较大的牵引作用，这些作用主要表现在如下方面：

1. 是否承认知识、运动技术对体育教育专业的影响：淡化、轻视运动技术，直接导致了学科与术科比例的失调，术科学时比例过小。这是在课程设置上导致学生运动技能下降的根源。

2. 是否承认教师的地位和作用对体育教育专业的影响：否认体育教师的地位和作用，必然会降低体育教育专业学生的学习动力和兴趣，易导致学业无用论的结果。

3. 是否承认教材研究对体育教育专业的影响：否认教材研究的实质，即反对教材的完整性、系统性和规范性，易降低体育教育学科的科学性，进而引起体育学习的不完整、不深入。

4. 是否承认身体素质的提高对体育教育专业的影响：否认身体素质的提高就是否认体育锻炼的效果，就是把身体素质与健康割裂，将扰乱体育教育专业的学生对两者的正确认识。

三、现代体育教育的发展趋势

（一）"健康第一"的体育教育思想

健康是当今时代的主题，也是我国目前提倡的生活理念。接受一定的健康教育，对每一个人的成长和全面发展都至关重要。健康教育和学校健康教育的概念是1800年由美国的教育家霍列斯曼首次提出的。世界教科文组织也曾表明：每一位孩童都应当享有健康学习的权利，要注重提升他们的健康观念和具体的实践能力，提高全世界范围内民众的健康水平。所以，为了顺应时代的发展，社会的需求，在未来的教学活动中，要借助体育教学这一途径，强化对学生身体健康的教育，达到强身健体、提升品德素养、促进身心全面发展的教育目标。体育教育和健康教育两者是紧密相连且彼此促进的。基于此，未来的体育教育理念更要注重"健康第一"思想的贯彻，在体育教学中融入健康的元素，让学生意识到健康的重要性，掌握强身健体的方法，调动对体育的积极性。我国最新版的《体育与健康课程标准》中，也提出了"健康第一"的理念，强调促进学生健康成长是体育课程的最终目标。本书第二章第二节现代三大体育教学思想内容中会详细介绍"健康第一"的教学思想，在这里就不详细展开了。

（二）以素质教育为主线的体育教育

现代教育已经逐渐发展成为了真正的素质教育，素质教育注重个体在各方面的发展，体育教育是素质教育的一个重要手段。其本质内涵在于让学生参加体育锻炼，参与体育比赛，提高自身身体素质、心理素质、社会适应能力以及人格等方面的综合素质。在实行素质教育的过程中，身心健康素质是学生发展其他素质的重要基础。让受教育者参与一定的体育教育，使他们拥有优美的身材、强健的体质，身体机能也得到强化，并有助于平和心态和定期锻炼习惯的养成。因此，体育教育应该以素质教育为主线，不断提高自己的教育品质，丰富自己的教育内容，为培养全面发展的人才做出贡献。

（三）以创新性和快乐性为特征的体育教育

现代教育越来越注重对个体创新性的培养，创新是一个民族发展的动力源泉，有没有创造性思维也是衡量一个人综合素质的重要指标。因此，在素质教育发展的今天，任何教育都离不开对创新性的培养，体育教育也不例外。

因此，体育教育工作者应该在日常的体育活动中，注重培养学生的创造意识、能力和精神，通过一些体育项目中的技战术来训练学生的创造性思维，在体育教学中，让学生自己创造性地做出一些动作，如让学生自己创编徒手操，自己布置场上的战术等，不断提高学生的创造意识和创造能力。随着体育教育的不断发展，人们不断探索体育教育的形式。其中，日本出现了快乐式的体育教育，该模式流传到我国后，深受广大师生的喜爱，并且也在一定程度上缓解了学生的厌学情绪。

快乐教育模式的含义可以从三方面进行理解。①激发了学生的参与热情，提升了他们对体育运动的喜爱度。②这种教育模式可以说是通用的，适用于任何群体，对每一个学生来说，都会起到促进作用。③顾名思义，快乐体育一定会给学生带来很多乐趣，会让学生感受到体育运动的意义和价值，会让他们变得更自信。从以上分析来看，现代体育教育越来越重视创新性在体育活动中的培养，而快乐性也日渐成为体育教育中的一个重要特征，这两个特征将会不断促进体育教育的发展和完善。

（四）以终身体育为目的的体育教育

"终身体育"的思想是 1965 年由法国成人教育家保罗·朗格朗提出的。苏联学者提出"终身体育"就是培养与发展学生从事体育活动的能力和学习的主导能力，让学生在学习时代学会"一技之长"，养成与掌握终身进行体育锻炼的习惯和方法，使之终身受益。这种思想的确立极大地丰富了体育教育的思想，也促进了体育教育的发展。[6]

终身体育的含义包括两个方面的内容：一是指人从生命开始至生命结束中学习与参加身体锻炼，使终身有明确的目的性，使体育成为人在一生中始终不可缺少的重要内容；二是在终身体育思想的指导下，以体育的体系化、整体化为目标，为人在不同时期、不同生活领域中提供参加体育活动机会的实践过程。

终身体育倡导人们不仅在学生阶段参与体育运动，而且更应该在人生的每个阶段都参与运动，也许每个阶段参与的运动项目不同，但都是为了促进身心健康的全面发展。因此，体育教育过程应该以培养人终身参与体育为目标，帮助其形成运动技能的同时，也要促进其形成运动健身的意识，激发其参与运动的永久兴趣，让受教育者充分认识到终身参与体育的意义和作用，这应该是体育教育的最终目的。

（五）探索"体医结合"人才培养模式

"体医结合"从表层进行理解就是体育与医疗的结合，即按照医学的理论体系将体育健身方法进行科学化归纳，使之处方化。在"体医结合"思想中体育具有健康（预防）、治疗、康复的作用。随着全民健身上升为国家战略，"体医结合"将成为推动健康中国建设，增进人民健康的重要战略依托。

北京体育大学副校长胡杨在接受《中国青年报》记者采访时表示，健康、医疗相关课程体系是体育专业院校社会体育指导员培养的薄弱环节。他还表示，体育专业院校的运动康复和运动人体专业的学生缺少体育技能实践能力，且专业知识主要为运动训练和运动损伤方面知识，缺乏健康、医疗方面知识，致使这部分体育人才很难即时转入医疗健身行业。

结合当前社会发展对体育人才的需求，体育专业院校应抓住机遇，探索"体医结合"人才培养模式，拓宽人才培养新领域，培育体育专业院校新的办学特色。在"体医结合"思想中体育具有健康（预防）、治疗、康复的作用。

体育专业院校在探索"体医结合"人才培养模式过程需要注意两方面：首先，探索"体医结合"人才培养形式及人才类型；其次，调整"体医结合"课程支撑体系。在"体医结合"形式方面，结合"体医结合"的指导思想以及大众的需求培养体育人才，主要包括传统中医学与体育的结合，竞技体育中的体能训练方法手段、身体监测、康复治疗手段在大众健身中的应用，民族传统体育与医学结合等形式。传统中医学与体育结合在成都体育学院中已经开展，并发展成为了学校的特色专业；竞技体育训练方法与大众健身方式相结合，北京体育大学与首都体育学院也已经进行了实践探索，两个学校将竞技体育中的体能训练和身体功能的训练方法应用到了大众健身和中小学体育课程之中，引起了强烈反响。

在传统体育与医学结合方面，北京体育大学成立了民族民间体育和体育养生专业，将导引术和太极拳等传统体育与健身、养生相结合。在体医结合人才培养课程体系方面，体育专业院校应当增设健身和医疗方面的课程内容，同时针对运动康复专业运动技术基础薄弱的问题，增加相关相关技术实践课程的学习。

（六）社会需求导向下的多元化人才培养模式探索

现阶段，国家体育人才市场呈现出体育产业、高质量大众健身指导人才严重紧缺与体育专业院校培养的体育人才就业难的两极分化状态，反映出了体育专业院校人才培养目标与社会需求的矛盾问题。由此体育专业院校应遵从社会发展需求，探索多元化的人才培养模式。

根据高等教育对人才培养类型的划分，体育专业人才可以划分为应用型人才、研究型人才、复合型人才。相应的人才培养也分为三种模式：应用型人才培养模式、研究型人才培养模式和复合型人才培养模式。应用型人才培养模式强调以社会服务为培养方向，更注重理论知识和实践知识的掌握。

应用型人才培养模式是当前体育专业院校本科专业人才培养的主要方式。以社会需求为导向培养应用型体育人才，需要体现出"厚基础、宽口径""理论与实践并重"的培养方针，通过多种必修课程和选修课程来拓宽学生的理论基础知识面，同时应当紧跟社会发展及时增加新兴知识，以适应不同的社会需求（如运动康复专业应增加健康、医疗课程，以适应"体医结合"人才需求）。另外，要注重学生的实践技能与实际操作能力的培养，以适应工作岗位的需求（如体育教育专业、运动康复专业的运动技术能力）。

研究型人才培养模式侧重对理性、学术与知识等目标追求。研究型体育人才培养要注重创新、专业、博学的发展方向，创新是指要把握专业和学术发展前沿动态，不断探索未知领域；专业指在体育某个专业领域有较深的研究和建树；博学指掌握深厚的体育学科专业知识，具有较强的学习、研究和实践能力。研究型人才培养模式主要适用于研究生层次体育人才培养。复合型人才培养模式是应用型和研究型人才培养模式的结合，兼顾社会需求和科研导向，主要适用于办学类型定位于研究教学型的体育专业院校。

（七）办学过程开放化：办学社会化与交流国际化

在办学主体多元化发展以及高等教育市场化、国际化发展的时代背景之下，中国高等体育教育的单一办学体制已经呈现出了多种弊端。由此高等体育专业院校应实行开放化办学，提高体育专业院校的市场化和国际化办学水平。首先，体育专业院校要面向社会，提高服务国家和区域经济发展的意识，加强与地方企事业单位的合作交流，拓宽办学资金来源；增加与地方科研机构、高等学校、兄弟院校的科研、教学合作，提高学校的科研、教学水平；加强与国家、地方体育局的合作，增加对体育事业的科技、教育、训练方面的支持。其次，在国际化办学方面，体育专业院校在前期办学成果的基础上，要继续扩大对外交流合作的范围和深度，在进行学术研讨、科研项目合作、体育项目引进、跨国课程开设、留学生培养等方面增加合作，提高高等体育专业院校的办学质量，增加在国际高等学校的竞争力，加快"双一流"建设的步伐。

第二章　体育教学管理的建设与发展

在现代学校教育教学中，体育已成为其中重要的组成部分。随着现代教育改革的不断深化，以及在"终身体育""健康第一"等教学思想的指导下，体育教学在现代学校教育教学中的地位与日俱增。对体育教学进行有效管理，已成为当下亟待研究的课题。因此，本章就体育教学管理体系的建设与发展进行研究。

第一节　体育教学管理的基本知识

一、体育教学管理的概念与原理

（一）体育教学管理的概念

体育教学管理是一项系统的、综合性的工作，是具有一定管理权力的组织和个人对体育教学的人、财、物、信息和时间等方面进行的综合性管理。具体而言，其管理包括控制、监督、组织、协调、计划等方面。

体育教学管理是一个系统的过程，并且其工作内容也涵盖了体育事业的各个方面。体育教学管理是一项综合性的活动，各个子系统与体育管理总目标保持着一定的一致性。在体育教学管理过程中，各个系统之间是相互影响、相互制约的关系，共同促进了体育教学管理总体目标的实现。

体育教学管理是一个周期性的活动，一般可将其分为三个阶段。第一阶段为计划阶段，这是体育教学管理的首要阶段。这一阶段主要的工作包括对教学和管理中的问题进行分析和预测，确定体育教学管理的目标，并进行相应的决策等。第二阶段为管理的实施阶段，这是管理过程的中心环节，这一阶段的重要工作包括教学管理的组织、指导、协调、检查和监督。第三阶段是体育教学管理的最后阶段，这一阶段的主要工作包括对体育教学管理开展对比、总结和评价等。这三个阶段构成了体育教学管理的周期，三者之间相互促进、相互联系。

（二）体育教学管理的原理

1. 系统原理

管理是一个大的系统，系统中包含着多个要素，这些要素之间相互依存、相互联系。它们是按照一定的结构动态地相互结合在一起，依据整体目标的要求进行组合。通过对系统理论的运用，细致系统地分析管理对象，从而使现代科学管理的优化目标得以实现，这就是系统原理。

根据系统原理，可以总结出体育管理的管理原则。将这些原则应用于体育管理，可以促进体育管理工作的顺利完成。

（1）"整—分—合"原则。具体来说，就是对整体工作进行详细的了解，并在此基础上分解整体，由多个基本要素组成，然而对每个要素进行明确的分工，规范每项工作，进行责任制的建立，然后进行科学的组织综合，最终提高管理功效。

（2）相对封闭原则。管理系统具有系统各要素之间的关系、相关系统外部之间的关系两大基本方面的关系。使系统内的管理手段、措施构成一个连续的封闭回路，进而构成完整的管理，形成有效的管理运动。

（3）优化组合原则。对体育教学系统各要素的组合（组织、目标、人才、环境的优化组合）要科学，只有这样才能提高教学管理系统整体的效益。

2. 人本原理

人本原理是指一切管理活动均应以调动人的积极性、做好人的工作为根本，要求管理者在管理活动中做到以人为本。

人是管理活动的核心和主体，在体育教学管理系统中，要以人为本，重视人的工作态度、工作动力、工作能力的观察和挖掘，根据人的能力水平安排工作，从物质、精神、信息等方面为工作人员提供动力支持，使人性得到最完善的发展，以促进体育管理活动的顺利开展。

3. 效益原理

体育教学管理要想实现管理效益的最大化，就必须在对各个环节、工作进行管理时，都要以提高效益为中心，科学、节省、有效地使用有限的人力、财力、物力、智力和时间、信息等资源，这就是效益原理。

从本质上讲，管理的根本目的就是效益。因此，体育教学管理也要重视社会经济效益的实现，确定管理活动的效益观。要从不同的主体和不同的角度去评估管理效益，并在管理过程中及时协调影响管理效益的各因素的关系，以促进最佳效益的实现。

4. 动态原理

动态原理是指系统管理目标的实现受人、财、物、时间、信息等因素的影响，再加上管理对象的变化，系统的计划、组织、控制、协调等各个环节必须相应地进行变化，以对管理对象的变化进行动态的适应，从而保证管理目标的实现。

在体育教学中，动态原理要求管理者在管理中要给予下级一定的权利，保证管理的弹性，以便及时采取应对措施，保证管理活动的正常进行。此外，还要重视管理过程中反馈信息的收集与控制，通过信息的反馈，来控制未来的行进速度，并最终实现管理目标。

二、体育教学管理的特点与要素

（一）体育教学管理的特点

1. 阶段性

学生的年龄特点以及体育教学的年度教学特征，这些因素对体育教学管理具有重要的意义。在管理过程中，应根据不同的教学阶段开展相应的阶段性体育教学管理工作。因此，体育教学管理，阶段性是其鲜明的特点。需要指出的是，虽然体育教学管理具有一定的阶段性特点，但是各个阶段之间还具有一定的连续性特征，管理工作要循序渐进，逐步提高。

2. 教育性

体育教学是我国教育系统的重要组成部分，对于学生体质健康水平的改善和学生素质的提高均具有重要的作用。因此，体育教学管理也呈现出了一定的教育性特点。在体育教学管理过程中，应坚持"以人为本"的原则，促进学生各方面的发展和提高。

体育教育是教育的一个重要组成部分，因此体育管理也必然离不开一定的教育性。我国体育教育教学的总体目标是"以人为本"。因此，体育管理也应突出"育人"的特点，在育人的基础上去调动管理者的积极性、主动性，从而为体育管理效益的不断提高创造条件。

3. 系统性

体育教育管理系统运行过程中会面临多方面的问题，很好地分析和解决相应的问题是促进体育管理系统获得发展的重要推动力。在体育教学管理过程中，应坚持系统性原则，从管理工作的整体进行把握和控制，进行科学、合理的宏观调控，使系统的各方面都能够良性发展，从而形成一个强有力的整合系统。具体而言，学校体育教学管理包括人、物、信息、时间等四个方面，对其管理也是在这四个维度上开展的。在体育管理过程中，应灵活协调这四方面的关系。

4. 方向性

体育教学管理应具有一定的方向性，科学的理论作为开展工作的指导思想，并且贯穿于管理过程的始终。具体而言，就是要在体育教学管理过程中，坚持马克思列宁主义、毛泽东思想、邓小平理论、"三个代表"重要思想、科学发展观、习近平新时代中国特色社会主义思想作为指导思想，全面贯彻和执行党的教育方针，为实现学校教育的总目标服务，这也是体育管理方向性的体现。

（二）体育教学管理的要素

体育教学是一项涉及多方面的复杂活动，为了更好地对其管理工作开展了研究，有关学者对其基本要素进行了如下几方面的划分。

1. 体育教学管理的对象

体育管理的对象即为各种管理活动的承受者，但是它不仅仅是人，还包括财、物、时间、信息等各方面的因素。在体育教学管理中，管理对象所指的人主要是基层学校体育工作的操作者；对财产的管理则主要是指对体育教学经费的管理，保证体育教学经费能够合理使用，并创造一定的经济效益；对物的管理则主要是对体育教学过程中所使用的场地、器材设备进行的管理，科学合理地使用这些设备，还要尽可能提高其使用效率；对时间的管理则是对体育教学的时间和进度进行科学、合理安排，以提高单位时间内的办事效率；对信息的管理则主要是在体育教学过程中的各方面信息，如学生的各项生理指标、运动成绩等。通过对这些信息进行有效整合、存储来提高体育教学工作的效率。

2. 体育教学管理的主体

体育教学管理的主体一般为管理活动中承担相应的管理职能的人或是相应的组织，即为学校体育教学管理机构。管理者在体育教学的管理过程中处于主导性的地位，负责体育教学管理过程中的计划制定、实施以及相应的监督、检查等方面的工作。体育管理主体主要是指在体育管理活动中承担管理职能的人或组织。具体来说，体育管理主体即体育管理者或学校体育管理机构。体育管理者主要包括了基层组织管理者和中上层领导者，他们在管理活动中处于主导地位，负责制定计划、组织实施和指导检查等各项工作。管理者根据相应的管理办法来构建相应的管理机构，对教学过程实施科学的管理活动。体育管理机构中管理者的个体素质以及由这些管理者组合起来所形成的集体素质结构，对体育的发展起着十分重要的决定作用。

3. 体育教学管理的手段

所谓体育教学管理的手段，是指管理者为实现体育教学管理的目标所采取的方法和措施。体育管理手段是体育管理活动赖以进行的条件和方式，其主要包括宣传教育手段、行政手段、法规手段、经济手段等。

一般而言，人是体育教学管理中的核心要素，体育管理的目标、计划、决策方案等的制定和实施都需要人的参与来实现。因此，人是体育教学管理的核心，对体育教学管理目标的实现有着重要的影响，应通过多种手段，来提高人的积极性和主动性。

第二节　体育教学人员、活动及风险管理

一、体育教学人员的管理

（一）体育教学过程中体育教师的管理

体育教师是实现体育教学目标，以及保证体育教学质量的最为关键的因素。因此，在体育教学管理中，必须要重视体育师资队伍的相关管理。

1.体育教师管理机制的建立

（1）约束管理机制的建立。通过建立相关的约束管理机制，有助于在规章制度统一的情况下，对体育教师的教学行为进行有效的规范，促使其能够更好地完成教学任务。约束是对体育教师思想行为的规范。服从学校的约束也是体育教师教学水平和基本素质得以体现的一部分。

①着装的约束。由于体育的特殊性，为了在体育教学中能够更好地保护学生的安全，完成教学任务，因此体育教学在体育教师和学生的穿着方面提出了相应的要求。在具体的体育教学中，体育教师要起到模范带头作用，上课要穿着运动服。这种服装不仅有助于树立体育教师挺拔、精神、干练的形象，而且也有助于体育教师在进行讲解示范时表现出的技术动作标准、优美，同时还是体育教师顺利组织与完成教学任务、降低运动损伤的重要基础。对体育教师上课着装情况可以定期或不定期抽查，并将抽查结果作为对教师教学质量进行评价的重要参考。

②言行的约束。作为一名体育教师，必须要遵守善待学生、为人师表的职业道德。在体育教学中，体育教师通过言谈举止便能够将自身具有的专业水准和文化修养直接表现出来。体育实践作为一个教学过程，是通过学生执行动作来完成的。体育教师在这个过程中需要采用合理的教学方法和组织方式使学生练习的积极性得到充分的调动。这就要求体育教师要成为体育方面的鼓动家和指挥家，使学生为完成各种练习的能力得到有效的调动。在课堂上对学生的教育，体育教师要通过采用丰富的语言和自己高超的技艺来完成，做到时刻爱护和关心学生，不动粗、不体罚，不说粗话、脏话。通过采用听课和收集学生的反馈意见，来对体育教师的教学质量进行评价。体育教师通过这些反馈意见来进行及时的纠正和指导。

③教案的约束。与其他学科的教师相比，体育教师由于环境的特殊性，无法手捧教材上课，这就要求体育教师要非常熟悉教学内容，这也是体育课的独特之处。但这并不是说体育教师上课不需要提前制定教案，学校要对体育教师的教案进行定期的现场检查，并将检查结果作为对教师教学质量评定的重要参考因素。

④时间的约束。作为一名体育教师，按时上下课，遵守时间约束是其必备的基本素质。体育教师在教学实践过程中，在对学生进行纪律教育的同时，自身要做到对课堂教学时间的遵守，课堂每一分钟都要珍惜，要充分利用课堂教学中的有限时间让学生能够学到更多的知识，获得更多的体育锻炼体验。要对体育教师的上课秩序进行检测，并将检测的结果作为对教师教学质量评价的重要参考因素。

（2）激励管理机制的建立。为了更好地培养体育教师的创新能力，使主动性和能动性得到充分的调动，能够促使他们进行创造性工作，促进体育教学质量不断提高，这便是激励。

①激励教师编写教学教案。作为上课必备的资料，教案的编写是每一个体育教师都应具备的最基本的能力。为了更好地激励体育教师编写出质量高的教案，可以向其提供一些教案范例和教案格式，并采用优秀教案评选的方法，将教案作为评价体育教师教学质量的重要参考依据。

②激励教师并提升教师素质。体育教师基本素质的增长是通过长期的辛勤劳动和汗水换来的，不是自然增长的。现阶段，可以根据学生身体素质测评、运动员比赛名次、教师公开发表论文数量、教师获省级以上的奖项等对教师的素质进行综合测评，并积极创设条件鼓励体育教师提高自身素质，如可以通过健全竞聘上岗、教师挂牌上课、学生选教师上课等激励机制，对教师进行优胜劣汰，使体育教师产生危机感，促使他们始终保持不断学习的精神、不断创新。[1]

③激励教师提高教学质量。体育教师所有教学准备活动的最终目的就是为了促进教学质量的提高。为了更好地激励体育教师钻研组织教法，可以采用集体听课、集体评课、竞赛课、公开课等形式，促使体育教师不断提高课堂教学的质量。

2.体育教师工作量计划的制定

就目前来看，若想根据学校体育工作计划对体育教学人力资源进行合理的分配，就需要对体育教师工作量计划进行制定。在对体育教师管理方面，一些学校没有将学校体育工作开展的工作量纳入学校体育课时工作量范畴内，这就造成了学校体育教学工作量与教学实践存在着很大的出入，使体育师资队伍的结构安排存在不合理现象。由此来看，为了使体育师资队伍的价值得到最大程度的发挥，就必须对每一位体育教师的工作任务进行合理安排，合理分配不同体育工作量任务。总体来说，体育教师工作量计划的制定要从以下几个方面进行考虑。

（1）在校全日制学生和继续教育学生的必修和选修体育课。

（2）课余体育运动训练和课外群体活动指导。

（3）学校内外相关的体育竞赛活动。

（4）对于学生的相关达标测试等。

3. 体育教师的培养、培训与考评

体育教师的培养、培训与考评是整个体育教育事业发展的质量保障系统，是体育教学改革发展的要求，它对各级、各类体育教育的质量和国家体育事业的成败都有着直接的影响。

（1）体育教师的培养。

①体育教师的培养机构。就目前来看，师范类教育系统的体育院系以及全国体育学院系统的体育专业院校是我国进行体育教师培养的主要机构。全国第五次师范教育工作会议于1996年7月召开，会议决定了要对中等师范学校进行压缩并逐步取缔，从而实现从三级师范教育体系逐步转变为二级师范教育体系。这些年来，在教育和体育事业的大力推动下，很多综合类大学相继成立了体育院系，从而为体育教师的培养做出了非常重要的贡献。

②体育教师的培养模式。所谓培养模式是指在一定的教育理论和教育思想的指导下，为了保证培养目标的顺利实现，在培养过程中所采取的某种标准的运行方式和构造样式，在不断的实践过程中逐步形成了一定的特征或风格，有着非常明显的规范性和系统性。

③体育教师的培养目标。1999年我国颁布了《中共中央国务院关于深化教育改革，全面推进素质教育的决定》2001年又颁布了《国务院关于基础教育改革与发展的决定》，2003年教育部也相继印发了《全国普通高等学校体育教育本科专业课程方案》，2020年颁布了《关于全面加强和改进新时代学校体育工作意见》从此我国体育专业院校和高等师范院校便有了更明确的体育教师培养目标。

a. 对于体育教师来说，其必须要对体育专业所需要的基本知识、基本技能和理论进行熟练地掌握。

b. 对马克思教育理论进行熟练掌握。

c. 具有相应的科研能力。

d. 具备一定的问题分析和解决能力

e. 具有从事体育教育工作的能力。

f. 具备一定的外文期刊阅读能力。

g. 能够更多地了解体育专业相关的科学成就。

④体育教师培养课程的设置。合理的培养课程设置有助于提高体育教师培训的质

量。在通常情况下，体育教师培养课程可以划分为国家类课程、专业基础课程、专业理论课程、专业技术课程及专项训练、实践类课程。[2] 体育教师的培养在培养系统中主要表现出以下特点：体育类院校以教学为主，开设门类非常多；师范类院校更加注重教育类课程，重点突出师范性。

（2）体育教师的培训。

①体育教师的培训目标。

a. 对体育教师的职业化信念予以强化，提高了体育教师的师德修养水平以及思想政治素养。

b. 促使体育教师具备一定的现代教育观念和意识。

c. 掌握体育专业相关的教育理论和专业理论，还要熟练掌握教学规律和学生的学习规律。

d. 熟练掌握现代教育技术和基本教学技能，并在教学实践中进行灵活运用。

e. 掌握相应的体育科研方法，使体育教师能够开展理论研究和教改实验。

②体育教师的培训形式。常见的培养形式主要有研修班、培训班、课题研究、教研活动、个别指导以及社会考察、教学实践。

③体育教师培训课程的设置。为了更好地满足体育教师专业的发展需要，要做好相关课程的合理设置，为学校体育工作的顺利开展提供保障。在设置相关培养课程体系时，要将当前体育课程中对体育教师新的期待作为参考的主要依据，同时要将体育教师素质教育能力提高和体育课程内容选择的最优化作为指导。

④体育教师的培训模式。常见的体育教师培养模式主要有三种，即院校培训、岗前培训和校本培训，具体如下。

a. 院校培训。院校培训主要包括短期进修培训和学位课程培训。前者的培训时间相对较短，一般为几天或几个月；后者的培训时间相对较长，一般在 1 ~ 3 年。

b. 岗前培训。岗前培训主要是针对新教师，常用的方法主要有两种：一种是由相关的师范院校或教师进修学校来对新教师进行脱产培训；另一种是通过组织培训班，由老教师对其进行帮助、传授和带动。

c. 校本培训。校本培训的基本单位是教师任职的学校，校长是第一负责人。这种培训方式有着很强的针对性，其出发点是师生的实际需求，可以将教学实践与科研进行有机结合，这样有助于体育教学秩序的正常维持，因此被广泛应用。

（3）体育教师的考评。在体育教师管理中，对体育教师进行客观考评也是其中的一项重要工作。只有建立起健全的体育教师岗位责任制、业务档案管理制度、教师工作量制度和考核奖惩制度，才能顺利实现对体育教师考评的公正、公平、客观，从而为实现制度化、规范化的体育教师考核工作打下了良好的基础。

5.体育教师的引进及学术交流

一方面，要根据学校体育教师的定编、教师离退休情况、课程需要等对高层次的体育专业教师进行有计划地引进；另一方面，要根据学校的具体学术交流规定，对经费进行合理的安排，鼓励体育教师更多地参加相关的学术交流活动，从而能够更好地促进体育教师综合素质以及科研水平的快速提高。

（二）体育教学中学生的管理

在体育教学中，对学生的管理主要体现在教学组织形式、课堂控制以及对学生课堂违纪行为和偶发事件的预防与控制三个方面，具体如下

1.教学组织形式

目前，体育课堂的教学组织形式大致分为两类，即班级教学和分组教学。这两种教学组织形式的划分对体育课堂上对学生的管理和教学有着积极的作用。它们都是以集体教学为基本形式，重视学生的多样化、综合化和个性化发展。具体来说，在体育教学中既要进一步完善班级教学，又要重视施行分组教学，以弥补班级教学制的不足。

（1）分组教学。分组教学是把一个班级根据某种形式分成若干个小组，然后由教师以小组为单位进行指导的教学形式。在教学实践中，分组形式的优势主要表现在两个方面：一方面，分组教学模式保留了班级教学的长处；另一方面，分组教学能解决对于部分学生区别对待的问题，有助于体育教师根据不同小组的不同特点进行有针对性的教学指导。

在体育教学的组织和实施过程中，体育教师既可以以学号为依据对学生进行分组，也可以以性别比例为依据对学生进行分组，还可以对全体学生进行随机抽号分组。但不管是哪一种分组，体育教师都应在教学开始前为每个小组指定一名组长，小组长一般为这个组中对课堂内容掌握较好的学生，在教学中应充分发挥小组长的模范带头作用。

（2）班级教学。班级教学又称班级授课制，它是现在体育课堂教学的最为基本的一种形式。这里的"班"有广义和狭义之分，广义上的班是在对班级进行改造后形成的集体或团队；狭义上的班只是传统意义上的"行政班"或"自然班"。

2.课堂控制

在体育教学过程中，为了使体育课堂教学活动按计划有条不紊地进行，体育教师必须认真掌控学生对于课程内容的接收情况，同时还要重视对课堂体育教学活动效果的监控，并随时将课程上已经达成的目标与预先设定的教学目标进行对比。一旦出现完成目标与预设目标滞后或存在偏差的情况，就应该积极采取措施使课堂教学活动回到正确的轨道上来。

体育教师应采取积极有效的措施对课堂教学活动进行管理控制，具体来说，教师可采取以下措施加快教学进程或是纠正教学偏差。

（1）引导控制学生的思维集中到课程上。

（2）在教学开始前明确本次课堂教学的具体目标。

（3）客观、科学地衡量教学实际达成的目标情况。

（4）认真分析教学偏差产生的原因，有针对性地采取纠偏措施。

3. 对学生课堂违纪行为和偶发事件的处理

在教学课堂上，正确处理学生的一些违纪行为或课堂偶发事件是教师课堂管理水平高低的重要衡量标准之一。

（1）对学生课堂偶发事件的处理。教学活动中的偶发事件具体是指在教学过程中由学生或第三方人为、非人为等因素造成的在教师预料之外的偶发性事件。例如：在体育教学实践中，学生在折返跑训练中由于动作幅度过大而导致脚踝关节的扭伤，学生在做跳山羊练习时山羊支架的意外倒塌等都属于偶发事件。

体育教学的特殊性要求体育教师根据经验在教学开始之前对课堂教学组织与管理做出周密、严谨的准备，对各种可能会出现的问题进行预案，但是，偶发事件具有不确定性，在教学中发生不可避免。在体育教学过程中，一旦有偶发事件发生，体育教师首先要保持冷静，并迅速反应，及时控制，果断处理，争取将伤害降到最低。

（2）对学生课堂违纪行为的处理。体育教师应在学生出现课堂违纪行为之前积极预防。在体育教学活动开始之前，教师应凭借自己的教学经验采取积极有效的措施，在学生课堂违纪行为发生前就做出预防性的管理，避免或减少学生违纪行为的产生。具体来说，教师可以通过以下措施来预防学生课堂违纪行为的发生：①明确体育课堂教学常规和行为标准；②在体育教学中重视促成学生的成功经验；③尊重学生、爱护学生，建立和谐的师生关系。

二、体育教学活动的管理

课堂教学是体育教学的主要教学活动，要加强对体育课堂教学的管理是体育教学管理的工作重点和难点。

（一）体育课堂教学文件的管理

体育教学文件是指国家的教育方针，包括上级部门颁发的各种有关教学的法令、条例、规定、指示、规划、制度和体育教学大纲，还包括学校体育教学的工作计划、教学进度安排、单元教学工作计划和教案等。

体育教学文件在体育教学中具有非常重要的作用，是体育课堂教学的指导性文件，是体育教学活动开展的重要依据，因此对体育教学文件的管理是体育教学管理的一项非常重要的内容。

1. 学习研讨

学习研讨是对体育教学文件进行管理的第一步，具体是指对提出教学文件管理的指导性意见，并组织学习研讨。对体育教学文件进行管理的主体是体育机构和体育教研室（组）。

在制定具体的教学文件前，体育机构和体育教研室（组）必须按照上级主管部门对本校体育教学活动的有关要求，对体育教学文件的制定方向给予指导性意见，也就是要在体育教学文件中体现教学的指导思想、任务、质量和时间等。另外，体育机构和体育教研室（组）还应组织学校的体育教师仔细分析研究教学计划，尤其是应对教学大纲进行仔细研讨，以便能够结合学生的实际情况和《国家体育锻炼标准》《体育合格标准》等相关制度的要求，制定出符合本校校情的体育教学文件。

2. 具体制定

制定具体的体育课堂教学文件是在学习研讨之后进行的。具体来说，相关部门和人员在进行仔细研讨之后，应就教学文件做好具体的规划，然后进行教学文件制定的准备工作。在准备工作完成后，体育教师或教学小组就可以开始正式的进行各类教学计划文件的制定。

在体育课堂教学文件的制定过程中，体育机构或教学主管部门需要印制一份统一的教学计划表格，以便使制定过程更加规范，也有助于制定后检查工作的开展。计划文件初步制定完成后，学校应组织具体部门进行集体讨论与审议，协调与调整教学计划中场地器材的安排和各年级教材出现的时间顺序等。在计划文件制定完成后，学校还应依照规定的手续将其交给教研室（组）负责人审核批准，以便于进一步实施。

3. 逐项实施

体育教学计划一旦经过审核批准就可以开始实施了。在实施体育教学文件和计划的过程中，体育教学工作者必须严格规范执行过程，不能随意变动。教研室负责人、教学小组长等还应就计划文件的落实情况进行检查。假如发生特殊情况阻碍教学计划的正常实施，可向教研室（组）申述，有关领导应考虑具体情况，及时合理地调整计划，使之符合客观的体育教学实践。

4. 分类整理

分类整理是对体育课堂教学文件的后续管理。在体育教学实践中，凡是制定并完成的各项教学计划学校都应进行分类整理，并存档保管，以备日后的查询、参考与研究。

（二）体育课堂教学过程的管理

1. 备课管理

（1）体育教师的备课管理。体育教师进行教学，必须要备课。对备课的管理主要体现在对教师的个人备课提出明确的要求上。教师在备课时，要做好以下工作。

①钻研教材。一方面，体育教师要研究教学大纲（课程标准），还要根据本学科总的教学目标及各单元、本节课的具体教学目标领会教学的基本要求，把握教材的体系范围与深度；另一方面，体育教师应研究多项教材的重点与难点，及其前后的联系，并加以总结。

②了解学生。体育课堂教学要想充分促进学生的发展，课堂教学活动就必须切合学生的实际。因此，体育教师要全面了解学生的知识基础、身体健康状况、认知能力、运动能力水平，以及学习态度、兴趣需要及个性特征。

③组织教法。体育教师要根据教材性质、教学任务的要求，以及学生的情况、场地器材条件，设计合理的课堂教学方法，来确定教学活动的类型和结构。

④编写教案。教案即为课时计划，是对师生课堂上预期的教学活动的设计和描述，也是对每一堂课具体深入的教学准备，它是教师进行课堂教学的直接依据。教案的编写应注意以下几点。首先，教案的编写应根据教学大纲的要求和学校的有关规定进行。体育教师应根据学生的实际情况，如体育基础、体育骨干、伤病情况等备课，同时还要考虑到场地、器材的实际情况等，并如实详细记录；其次，教师的教案应该规范，备课的详略程度应当合理，任教班级体育教学目标应该明确确定，或者合理分解等；最后，备课文字精练、准确，教法运用正确。

⑤准备场地器材。在上体育课前，体育教师应自己或组织学生帮忙准备好场地、器材，这是上好体育课的物质保证。另外，教师还要认真地规划场地和布置器材。

（2）学校对体育教师的备课管理与支持。学校应定期与不定期地检查教师的教案或者对教师的教案进行评比。同时，在教师个人备课的基础上，还要组织适当的集体备课，注意建立必要的集体备课制度，科学、合理、规范、恰当地确定每次集体备课的主题。此外，在拟定集体钻研教材、教法时要抓住重点，统一必要的体育课堂教学的基本要求等。

2. 上课管理

（1）体育教师的上课管理。体育教师既是体育课上的教学者又是管理者。因此，体育教师还决定体育课的管理质量。体育教师对体育课的管理工作主要包括课堂常规的建立、做好思想政治工作调动学生的积极性、课的合理分组、教学方法手段的运用调度、运动密度强度的掌握、场地器材的运用、安全措施的运用，以及教师本人和学生的着装要求等。

（2）学校对体育教师的上课管理与支持。体育教学活动的相关管理者对体育教师的上课管理具有重要的影响作用，为了使体育教师顺利地完成上课管理，管理者应给予以下几方面的支持。

①要对体育课的教学给予与其他文化课程一样的关心与支持，并提出一定的要求。

②应积极主动地深入课堂，去观摩或听课，以便加强对体育课的检查与督导。同时，应积极组织一定的示范课、公开课、研究课等多种课型，开展体育教学的业务研讨，还要加强对体育课的检查督导。

③要尽最大可能为体育课提供必要的条件，帮助体育教师及时解决教学过程中产生的各种问题，为体育教师创造良好的教学环境。

（3）课后管理。在体育教学课结束时，体育教师应提出下次课的任务，组织学生收回器材、整理场地，并按时下课。

当体育教学课结束后，体育教师应总结本次课程的内容，认真开展课后小结，及时听取学生的反馈意见，以便不断地改进教学工作。

（三）体育课堂教学的考核管理

体育课堂教学考核是体育教学过程中的一个非常重要的环节，主要包括以下几个方面。

1.体育教师对体育课成绩考核的管理

对学生体育课成绩的考核管理，体育教师主要从以下几个方面着手。

（1）根据学校相关机构和体育教研室的具体要求，体育教师要对体育课成绩考核进行认真的组织实施。

（2）对于体育课程成绩考核的方法和标准，体育教师要熟练掌握，并在测评的过程中做到公平、公正、合理。

（3）在考核结束之后，体育教师要及时地将学生所得成绩进行登记，并根据学校的规定程序将成绩报送到学校相关部门。

2.体育教研室（组）对体育课成绩考核的管理

体育教研室（组）对大学生体育课成绩考核的管理主要是按照体育教学大纲和教学计划的相关规定，结合学生的实际情况进行的，具体如下。

（1）体育教研室（组）组织讨论并制定体育课成绩考核的项目、内容、评分标准、计分方法和评定总成绩时各种内容所占的比例等。

（2）体育教研室（组）对体育教师进行检查和监督，要求体育教师必须正确对待考核工作，制定出合理的、科学的评分标准与方法，统一评定尺度，认认真真地完成体育课成绩的考核。

（3）体育教研室（组）应积极地审核各班的体育课成绩登记表，尽快报送教务部门，及时建立学生的成绩档案。

（4）体育教研室（组）应根据有关规定审核并组织体育成绩不及格的学生进行补考。

第三节　体育教学质量管理体系的构建

一、体育教学质量管理体系构建的具体要求

（一）构建体育教学质量评估体系

作为学校内部体育教学质量的监控体系，以及为体育教学质量提供重要保证的重要环节，进行教师教学质量评估是学校教学的主要管理部门经常采用的对教学质量进行管理的主要方式。学校的基本任务就是教书育人，而促进教育质量不断提高也是其中永远不变的主题。其中，教学质量的提高是促进教育质量不断提高的重中之重，这也是现代教育进入到大众化阶段所产生的社会共识。为了促进现代教学质量的不断提高，相关教育主管部门制定并推行了相应的教学评估制度，同时地方教育部门也将《学校体育工作条例》这一评估制度进行了很好的贯彻。以上这两个评估制度现已成为了促进我国体育教学质量不断提高的关键举措。在现代学校教学中，长久以来都是根据对人才进行培养的定位与目标，来尝试建立起一个自我约束、自我完善的监控体系和内部教学质量保证。在对体育教学质量进行管理方面，对体育教师教学质量进行评估方面已成为学校教学相关管理部门最主要、最常采用的方式。

（二）构建质量管理反馈系统

在质量管理方面，信息是其中最为主要的依据，为了确保学校质量管理体系能够得到正常的运转，就需要构建一个内外信息沟通的反馈系统。组建"教学督导员队伍""教学信息员队伍"，同时还可以借助问卷调查、学生座谈会、网上信箱、网上评教、编制《教学通信》等途径。对教学与管理方面的信息进行收集与反馈。此外，在固定的时间还要在教育质量评估和监控例会上对有关教师、学生、专家的质量信息进行汇总，从而促进体育教学工作质量得到不断提高。这样才能对教师上课的质量和学生的各种需求进行及时、便利、高效的了解和掌握。

（三）设定质量管理目标体系

同其他学科相比，体育学科具有一定的特殊性，并且每个学校的体育教学发展实际情况存在较大的差距，公共体育普遍发展相对缓慢。这就要求各学校要通过分析具体的实际情况来制定质量目标。所制定目标的内容要包括体育服务质量的全部内容，每一项内容都应规定具体的标准，其中包括定量和定性的规定。所制定的目标要符合实际，切实可行。

二、体育教学质量管理体系建构的程序

（一）对体育教学质量监控体系进行总体策划和设计

所谓对教学质量进行监控的体系，是指为了更好地保障体育教学质量，在教学过程中所采取的一系列的教学管理机制和教学质量监控机制，在这些机制的正常运作下，更好地巩固和提高了体育教学质量。这个体系的主要内容包括教学质量监控与管理的激励、竞争、创新、约束机制，教学质量评价、教学质量监控的组织体系，教学的基本条件，教学管理的规章制度，教学环境的建设，以及决策、运行、指挥、条件保证和仲裁督导等诸多结构。

对于体育教学质量来说，一个完整的质量管理体系主要包括以下三个方面。

（1）负责对体育教学过程质量进行监控的体育相关部门在内部所进行的自我评价及相关监控系统。

（2）教育部以及省教育厅中有关的权威专业评估机构。

（3）以结果评价为主的包括大众传播媒体在内的民间评估机构。

（二）编制体育教学质量管理文件和实施、运行质量管理体系

通过体育程序文件、作业文件以及质量手册三级文件的建立，促使学校体育教育管理模式更加文件化和制度化，进一步明确各个工作岗位的主要职责、权限以及岗位之间的相互关系，从而能够更好地确定各项工作的程序。在工作过程中，由于各个工作有着各自不同的内容，每个人应根据作业文件以及程序文件的详细要求来做，不能单单依靠领导的责任心以及多年的工作经验来进行协调和管理。只有这样才能使学校各项工作中的每一个环节和管理层面的准确性和高效性得到有效保障，从而更好地避免了工作的随意性。这样会使更多感性的东西逐渐上升到更为理性的层面，以保证各项工作都能做到"有法可依"。在对体育教学质量关系体系进行调试运行阶段，自查是不可缺少的一个环节。要经常进行自查，从而使体育教学质量管理体系能够得到正常而有效的运转。

（三）对质量管理体系进行持续改进

学校体育所追求的目标，是通过对质量管理体系进行调整、保持和完善，从而形成的一个能够让学生满意，并且能够保持持续发展的质量管理体系。在对学校体育质量管理体系进行贯彻实施的过程中，学校的各级管理者需对该体系进行关注并持续改进，针对现行的质量管理体系运行情况采用系统的方法进行分析与评价，取其精华，去其糟粕，并确定需要改进的目标，通过多渠道、多途径找出最有效地解决问题的方法，从而实现这些目标。

第三章　体育与健康锻炼原理

第一节　体育锻炼对增强体质的作用

人体是由神经系统、循环系统、呼吸系统、运动系统、消化系统、排泄系统、生殖系统、内分泌和感觉器官等组成的。各器官的良好运转是身体健康的重要反映。体育活动亦是人体各器官系统通过协调配合所完成的，同时，体育锻炼又可以对各器官系统的活动产生良好影响。

一、体育锻炼对运动系统的良好影响

人体运动系统包括骨、关节、肌肉三部分，各种运动都是骨骼肌收缩产生力量作用于骨骼，骨骼绕着关节运动所完成的。可见，在人体运动中骨骼肌的收缩是原动力，人体运动与肌肉工作关系密切，体育锻炼可以对运动系统产生良好的影响。

（一）体育锻炼对骨骼的良好影响

人体长期从事体育锻炼，可以改善骨骼周围的血液循环，加强骨骼细胞的新陈代谢，使骨径增粗，骨质增厚，骨质的排列规则、整齐，并随着骨骼形态结构发生良好的变化，骨的抗折、抗弯、抗压、抗收缩等方面的能力会有较大的提高。

（二）体育锻炼对关节的影响

科学、系统的体育锻炼，既可以提高关节的稳定性，又可以增加关节的灵活性和运动幅度。体育锻炼可以增加关节面软骨和骨密质的厚度，并可使关节周围的肌肉发达、力量增强、关节囊和韧带增厚，因而可使关节的稳固性加强，使关节的抗负荷能力加强。在增加关节稳固性的同时，由于关节囊、韧带和关节周围肌肉的弹性和伸展性提高，关节的运动幅度和灵活性也会随之大大增强。

（三）体育锻炼对肌肉力量的促进

1. 能增加肌肉的生理横断面

决定肌肉力量大小的解剖学因素是肌肉的发达程度，衡量肌肉发达程度的指标是肌肉的生理横断面。生理横断面的大小说明了肌肉中肌纤维的数量和肌纤维的粗细程度，生理横断面越大，肌肉越发达，肌肉力量越大。通过负重力量练习可使肌肉生理横断面增大，从而达到增大肌肉力量和健美体型的目的。

2. 能加长肌肉的初长度

肌肉收缩前的长度称为肌肉的初长度。在一定范围内，肌肉的初长度越长，收缩时发挥的力量越大。例如，投掷标枪前的引枪、踢球前腿的后摆等训练就是为了使肌肉收缩前具有一定的初长度，使肌肉收缩力量增大。

3. 能提高大脑皮层运动中枢兴奋过程的强度

适度增强运动中枢兴奋过程的强度，能增加肌肉收缩的力量。研究表明，训练水平高的运动员，由于其中枢神经系统的兴奋过程得到了改善，可动员 90% 的运动单位参加工作，而训练水平低的运动员只能动员 60% 的运动单位参加工作。参与工作的运动单位越多，肌肉力量自然越大。

4. 能增加中枢神经系统对肌肉运动的调节机能

人体在完成任何一个运动动作时，并不是由某一块肌肉来单独完成的，而是由分布在关节周围的肌肉群来共同完成的。若中枢神经系统调节协调性好，则可使参加工作的运动单位尽可能多地同步收缩，需要调动更多的原动肌参加工作，调节对抗肌适当放松，这些都有利于增加肌肉收缩力量。

（四）体育锻炼对肌肉形态结构的改善

肌肉在神经兴奋的传导作用下产生收缩。肌肉收缩的力量大小，除和神经兴奋刺激强弱有关外，还与肌肉中肌纤维的数量多少有关。一条肌纤维所发挥的力量一般为100—200 毫克。在经过锻炼后，一条肌纤维发挥的肌力可提高 100 倍，伸缩速度可提高 60 倍。通过体育锻炼，肌肉收缩活动得到加强，血液供应增加，肌肉内蛋白质等营养物质的吸收与储备增多，能使肌纤维变粗、肌肉横断面积增大、肌肉变得粗壮、收缩力增大。通过体育锻炼和训练，肌肉体积明显增大。不同的运动项目对各部位肌肉的影响不同。肌肉体积的增大是由于肌纤维增粗。肌纤维增粗的主要原因是肌纤维内部结构发生了变化。如肌纤维内的肌原纤维增粗，肌球蛋白增加，收缩物质增多；同时，肌浆网发达，肌红蛋白及营养物质都有所增加。肌原纤维有收缩功能，增粗的肌原纤维，收缩能力大增。肌原纤维增粗是其内部的肌球蛋白微丝和肌动蛋白微丝增多的结果。肌球蛋白和肌动蛋白是肌纤维收缩的物质基础。不同的运动项目对收缩物质的影响不同，力量性训练对骨骼肌体积的影响明显超过了耐力性训练，这也是力量性训练能够显著增大肌肉体积的主要原因之一。力量性训练可使肌肉结缔组织明显增加，主要表现在肌内膜和肌束膜均增厚，肌腱和韧带也明显增粗。上述变化都能提高肌肉的抗拉力性能。在骨骼肌表面和肌纤维之间都有脂肪存在，脂肪多会对肌纤维的收缩形成阻力，降低肌肉工作效率。通过训练，尤其是耐力性训练，可减少肌肉中的脂肪成分。

二、体育锻炼对心肺功能的促进

（一）体育锻炼对心脏功能的影响

心血管系统的机能状态，受人体运动状态的影响，也可对长期的运动刺激产生相应的调整、适应。运动生理学的研究早就证实了人体心脏工作能力对于不断增大的运动负荷可产生适应性变化。Astrand 在有关人体生理机能的比较研究中，揭示了坚持体育锻炼所带来的包括心血管系统在内的"节省化、高效化"的机能改善情况。

经常参加体育锻炼的人，心肌细胞能获得更充足的氧气和营养供应，因而心肌细胞出现营养性肥大，使心脏重量增加，容积增大，搏动更有力。一般人心脏的重量约为 300 克，而运动员心脏可增至 400—500 克；一般人心容积约为 700 毫升，而运动员可达 1000 毫升以上。生理学家曾对一些 40—50 岁坚持长跑锻炼的人的心脏做检查发现，由于长跑锻炼的良好作用，这些人的心脏检测数据均类似于不进行锻炼的 20 岁左右年轻人的心脏数据。一些专家认为，坚持运动可使心脏推迟衰老至少 10—15 年。经常锻炼的人，由于心肌收缩强有力，每搏输出量增大，因而安静时心率比一般人慢。一般人每分钟心率 75 次左右，运动员会减慢至每分钟 40—60 次，这也是心脏功能良好的表现。

（二）体育锻炼对呼吸系统的良好影响

进行体育锻炼时由于肌肉活动需要更多的氧气，因而呼吸次数增加，呼吸加深，肺通气量大大增加。如安静时每分通气量为 6—8 升，而剧烈运动时可达 70—120 升。因此，在体育锻炼中，对呼吸系统提出了更高的要求。经常锻炼能使呼吸肌力量增强，可使呼吸器官得到很好的锻炼，胸廓活动性加强，肺泡具有更好的弹性。例如，一般人在安静时，由于需氧量不多，只需要大约 1/20 的肺张开就足以满足需要，因此肺泡活动不足。而体育锻炼时，由于需氧量增加，促使大部分肺泡充分张开，对肺泡弹性的保持及改善十分有益，有助于预防肺气肿等疾病的发生。体育锻炼对呼吸系统的影响主要表现在以下方面：

1. 增强呼吸肌的力量

经常参加锻炼可使呼吸肌纤维增粗，毛细血管增多，物质代谢加快，力量增大。同时，安静时不常用的辅助肌（腹肌、肩带肌、背肌）都随运动强度的增加而参与到呼吸工作中来，使整个呼吸肌的力量和耐力都得到发展，从而提高呼吸系统的功能。

2. 肺活量增大，肺通气能力提高

经常参加体育锻炼，特别是做一些伸展扩胸运动，可使呼吸肌力量增强，胸廓扩大，有利于肺组织的生长发育和肺的扩张，使肺活量增加。另外，在体育锻炼时，经常性的深呼吸运动，也可促进肺活量的增长。坚持锻炼者呼吸次数少但吸入的空气多，并且流通空气量更大，可达 150 升 / 分或更多；而不坚持锻炼者是 120 升 / 分或更少。经过大量实验证实，经常参加体育锻炼的人，肺活量值都会高于一般人。由于呼吸肌力量增大，使胸廓扩张能力增强，从而肺活量也就随之增大。肺通气量（单位时间内呼出或吸入肺内的气体总量）可从平时的 9 升 / 分增加到运动时的 70—150 升 / 分。

3. 改变呼吸频率，使肺通气效率提高

经常锻炼者安静时每分钟呼吸 8—12 次，甚至 4—6 次，就能满足人体的需要，不锻炼者则需 12—18 次才能完成人体需要。体育锻炼由于加强了呼吸力量，使呼吸深度增加，以有效地增加了肺的通气效率。在体育锻炼时如果过快地增加呼吸频率，会使气体往返于呼吸道，使真正进入肺内的气体量反而减少。研究表明，一般人在运动时肺通气量能增加到 60 升 / 分左右，有体育锻炼习惯的人运动时肺通气量可达 100 升 / 分以上。

4. 提高人体在特殊状态下的工作能力

通过锻炼，人体呼吸系统在缺氧状态下的机能适应能力会高于一般人。如高空环境、空气稀薄、气压低等特殊环境条件。1960 年我国登山健儿经过艰苦训练，在没有携带氧气补充的条件下，克服重重困难，登上了世界最高峰珠穆朗玛峰，创造了人类登山史上的奇迹。

5. 对呼吸系统的疾病有预防和治疗作用

经常锻炼可使新陈代谢更加旺盛，心肺功能加强，身体抵抗力提高，呼吸道毛细血管更加密实，呼吸道黏膜的分泌能力、上皮细胞的纤毛活动能力、肺内吞噬细胞的吞噬能力得到加强，从而能及时消灭和清除呼吸道的病毒，起到预防和治疗疾病的作用。

三、体育锻炼对神经系统机能的改善

人体在运动中，躯体各部位在空间所处的位置、肌肉收缩的情况，运动场上的情况等，每时每刻都在发生变化。这些变化可被内外"感受器"所接收，并产生神经冲动，经传入神经传向中枢部位，到达大脑皮层的相应感觉区，产生特定的感觉，在中枢部位经分析与综合，对体内的变化做出判断，据此发动、制止或修正动作。

从事任何一项体育锻炼，都是在神经调节的控制下完成的，都是在神经系统调节下肌肉收缩、放松协调活动的结果。同时在身体活动中，呼吸、循环系统要相应的加强工作，以保证运动中氧和血液的供应，这也是神经系统对呼吸、循环系统进行调节的结果。运动中的各项运动技术（生理学上称为运动技能）的掌握，更离不开神经调节。运动技能的生理本质是一种运动条件反射，比简单条件反射复杂得多，它是视觉、听觉、触觉、肌肉本体感觉等多种感觉的综合，到最后通过肌肉活动而建立起来的条件反射。

经常参加体育活动可以使人的头脑清醒，思维敏捷。大脑虽然只占人体重的 2%，但它所需要的氧气却要由心脏总血流量的 20% 来供应，比肌肉工作时的所需血流量还要多。进行体育活动时，特别是到大自然中去活动，可以改善大脑供血、供氧情况，促使大脑皮层兴奋性增强。

另外，进行体育活动是调节大脑皮层兴奋和抑制过程的积极有效措施。因为，人体神经系统的活动就是兴奋和抑制过程的相互转换。在人体进行运动的过程中，需要肌肉不停地做出收缩和放松的反应。这一过程本身就是对神经系统兴奋与抑制机能很好的锻炼，从而使人的动作敏捷，反应灵敏迅速，思维灵活，精细果断，同时也可以改善神经系统对心血管系统、呼吸系统、运动系统等器官系统的调节功能，更好地保证学习与工作效率。

第二节　体育锻炼的原则

体育锻炼的原则是体育锻炼客观规律的反映，也是安排锻炼计划、选择锻炼内容、运用锻炼方法必须遵循的基本原则。只有正确地理解和运用体育锻炼的原则，才能使体育锻炼获得最佳效果。

一、自觉积极参与原则

体育锻炼是一个自我锻炼、自我完善，并需要克服自身的惰性、战胜各种困难的过程。体育锻炼的参加者必须明确锻炼的目的，自觉积极地参与体育锻炼。

首先，要充分认识体育锻炼的价值和健身作用。其次，要培养良好的体育锻炼的兴趣，激发锻炼的积极性，主动自觉地从事体育锻炼。

二、目的性原则

目的性原则也称主动积极性原则或意识性原则，是指运用宣传或其他手段，动员广大群众在充分理解身体锻炼目的、意义的基础上，自愿、主动、积极地进行身体锻炼活动。贯彻目的性原则要求有以下几方面：

（一）提高体育意识，强化体育价值观念

研究结果认为，推动体育行为有赖于人们体育意识和价值观念的确立，而后者又依靠于两个重要的前提条件，即人们对身体重要性的认识和对体育的作用的认识。通过调查表明，城市居民对上述两方面的认识是比较明确的。然而，也要看到，从对体育作用的了解和锻炼知识的获得，到坚持不懈的身体锻炼，过程是十分复杂的。其环节主要包括学习体育锻炼知识与方法—形成体育意识—确立体育价值观—实施体育行为—获得体育效绩。由此可见，体育意识和体育价值观念对明确锻炼目的、促进锻炼行为具有十分重要的意义。我国体育人口的数量不足，参加体育活动的积极性不高，一个重要的原因就在于人民群众的体育意识和体育价值观念不强。这是我国推动全民健身运动必须要解决的一个问题。

（二）明确目的，强化动机

目的是人们行动所要达到的预期结果，动机是促使行为发生的内在力量。人的一切行为总是从一定的动机出发，而动机的产生则是为了满足人们的各种需要。

要强化身体锻炼的目的和动机，首先要认真的分析引起锻炼者个体动机的各种需要，从而加以因势利导。不同年龄的锻炼者有着不同的锻炼需要，如强身需要、保健需要、娱乐需要、健美需要和参加比赛的需要等等，其核心应该是引导增强体质，促进个体身体完善的方向上来。同时，也要把明确目的与树立正确的人生观联系起来。只有树立积极进取、健康向上的人生观，才会找寻各种途径不断地充实自己，锻炼身体才会真正成为生活的内容之一。

（三）培养兴趣，形成习惯

身体锻炼的积极性首先来自正确的目的和动机，同时，对体育运动本身的兴趣也是极其重要的。当人们对身体锻炼有着浓厚兴趣时，总会以积极的态度和愉快的心情去进行锻炼活动，并乐此不疲，与此同时，人体生理机能也会发生良性变化，如体内的血糖上升，肌力增加，关节活动幅度增大；反之，如果缺乏兴趣，则极易疲劳，如体内出现血糖下降、肌力减退等现象。

兴趣能够诱发自觉，但自觉的锻炼还必须形成锻炼的习惯。这是兴趣不断被强化，锻炼行为长期坚持的结果。只有把身体锻炼纳入个人活动计划，形成生活制度的一部分，才能形成稳定的体育锻炼条件反射，肌体也会形成新的生物节奏，身体锻炼才能持之以恒。

（四）检查评价，激发动力

一方面，身体锻炼的效果是逐步取得并呈波浪式发展的，并不与锻炼活动同步，锻炼者本身的感觉并不明显。另一方面，人的情绪、心境容易受世事境遇的影响，有时也会对锻炼效果做出不切实际的判断。如果对体育锻炼评价为正向效果，则会对行为产生增力效应；反之，如果评价身体锻炼无效或为负向效果，则会对行为产生减力效应，以至于完全停止。因此，要通过多种形式对身体锻炼效果加以检查与评价，并以此作为调动锻炼积极性的有力手段。

在体育锻炼实践中，往往会通过医务检测、素质和成绩测验、定量负荷测验、自我感觉、参加比赛等多种形式，对锻炼效果加以评价。对各项检测的结果，要运用体育专门知识和科学的态度正确地分析，客观地评价。要注意总结个人锻炼中的经验教训，扬长避短，以果求因，摸索适合自身特点的锻炼内容、负荷、手段和方法。

三、身体全面发展原则

体育锻炼的目的是追求身心的和谐发展，使身体形态、机能、身体素质及心理素质等方面得到了全面协调的发展。身体各系统都是相互联系、相互制约的，身体某一方面的发展必然会影响到其他方面的发展，因此锻炼的内容和方法力求能全面影响身体，使身体各器官和机能都能得到锻炼，相互促进，共同提高。大学生年龄多处在17—23岁之间，是身体发育逐渐成熟的阶段，具有一定的可塑性，所以在体育锻炼中贯彻全面性原则尤为重要。

身体全面发展原则是指身体锻炼过程中，运用多种内容、方法和手段，统筹兼顾，使身体各部位、各器官系统的机能，各种身体素质和活动能力以及心理品质都得到了全面均衡的发展。贯彻身体全面发展原则要求：

（一）合理选择和全面搭配身体锻炼手段

各种身体锻炼手段都能对人体产生某种特定的影响，但同时又具有一定的局限性。比如，长跑练习对内脏器官和下肢的锻炼比较有利，而对发展力量则显得不足；单双杠练习有利于发展上肢力量，但对下肢及内脏器官的锻炼效果稍差。这就要求在选择锻炼内容时要统筹安排，全面照顾。一方面要注意选择那些对身体各方面有全面发展的锻炼项目，发挥其全面锻炼的效能；另一方面，也可将某些锻炼手段加以组合搭配，并发挥其互补作用，保证全面锻炼身体；同时，亦可根据一年周期的不同季节，交替采用某些运动项目，促进身体的全面发展。如在冬春季节进行滑冰、打球、长跑等，夏秋时节进行游泳、体操等。

（二）做好准备活动与整理活动

准备活动的目的是为了锻炼活动做好充分的准备，同时负有促进身体全面发展的职能。因此，除使肌体发热外，还应十分注意使身体各部位、各器官系统得到充分活动，常伴以徒手操、柔韧性练习等多方面内容。整理活动不仅要求使肌体缓慢地恢复到相对安静状态，而且也要求对身体各部位施加全面的影响，并对某些活动不足的身体部位和环节加以弥补。

（三）内外结合，形神一致

身体锻炼从外在表现来看，是由身体各组织所实施的肌肉活动，而实际上，它是在中枢神经系统的指挥下，由身体各组织、器官和系统相互配合共同完成的。因此锻炼时必须内外结合，形神一致。

首先，锻炼中不仅要注意练习动作的准确优美，而且还要特别注意身体内部器官和系统的反应，如出现呼吸过于急促，胸部胀闷，有窒息感，就应考虑及时调整运动强度和练习节奏。身体有某些疾患者在运动不适时更应注意。

其次，内外结合还应讲求锻炼卫生，避免因不合理的安排而损害内脏器官。如为保护心血管系统，在激烈运动后不能因肌体疲劳而马上静止休息；大强度运动结束后不能立即大量饮水，以减轻心血管系统的负担。

最后，形神一致是中国传统养生体育的一贯原则。为此，要求锻炼中意念要专注，精神要集中，使思想与动作紧密结合。不仅要讲究生物锻炼效果，而且尤其要注重精神上的享受和心理上的修炼，使身体锻炼获得物质和精神的双重效果。

四、循序渐进原则

循序渐进原则是指在实施增强某种体能的锻炼方案时应逐渐增加负荷。需注意的是，在实施某种锻炼方案开始的4—6周内通常应缓慢地增加负荷。在接下来的18—20周的锻炼期间，锻炼者可逐步增大负荷。要想获得最佳的体能状态，增加负荷不易太慢或太快。负荷增加太慢会限制体能水平的提高，增加太快则可能造成长期的疲劳和损伤。由于运动量太大而引起的肌肉或关节损伤被称为过度锻炼损伤。锻炼引起的损伤可能是由一次短时间高强度的练习造成的，也可能是由一次长时间低强度的锻炼造成的。贯彻循序渐进原则要求如下：

（一）逐步养成锻炼习惯

养成锻炼习惯是锻炼循序渐进的基础。有规律的进行身体锻炼，可使身体形成较为稳定的生物节奏。良好的生物节奏，可保证每一次锻炼对身体产生良好的后效，并为下一次锻炼提供基础。下一次锻炼在新的基础上展开，并为之后的锻炼创造条件。如此反复进行，既获得身体锻炼实效，又养成锻炼习惯。要养成锻炼身体的习惯是需要毅力的，特别是在锻炼初期，一定要战胜自我，坚持不懈，认真执行锻炼计划。在经过较长的时间（大约3—6个月）后，便有可能形成新的生物节奏。

（二）稳步提高负荷

对青少年来说，锻炼负荷应呈逐渐增加的趋势。如果总是维持同一种负荷，这种负荷就是锻炼效果不良的习惯性负荷。要达到体育健身之效，必须经常变换负荷的性质和强度，循序渐进地增加负荷，保持锻炼负荷与肌体承受能力相一致。对青少年来说，由于身体处于生长发育过程中，其运动负荷应呈逐渐上升相；对中年人来说，身体机能和适应能力处于稳定状态，其运动负荷趋向应保持稳定，呈相对稳定相；而对老年锻炼者来说，其总的运动负荷趋向是循序渐退的，呈逐渐下降相。盲目地增量或减量，不利于取得预期的身体锻炼效果。

（三）不断更新和完善锻炼内容和方法

健身锻炼的动作，属于运动性条件反射，反复练习对巩固动作技术是有好处的，但简单重复的动作又较为枯燥。健身锻炼需要新异刺激，锻炼内容要丰富多样，锻炼方法也要不断推陈出新，形成不断更新和完善的动态锻炼系统。但要注意的是，内容和方法的更新和完善要根据自身条件和实际可能，循序渐进地进行。

（四）加强体质和健康监测，预防伤害事故

伤病将影响身体锻炼的连续性和循序渐进性，严重时必须中断锻炼。因此，锻炼时要随时注意安全，讲求锻炼卫生。要定期进行体质测试和身体检查，以及时发现病患加以治疗。当疾病痊愈后重新锻炼时，要调整原先的锻炼方案，再逐步加大并达到预期的运动负荷。

五、积极恢复原则

人体机能的提高是通过负荷—疲劳—恢复—提高这样一个循环往复的过程而实现的。这是人体机能提高的一个最简单的过程模式。

由于循序渐进原则要求锻炼者在身体活动时增加运动强度和运动量，故其身体会产生疲劳。因此，要想从锻炼中获得最大收益，那么在下一次锻炼之前必须注意休息，以使体力得以恢复。两次锻炼之间的休息阶段被称为恢复阶段。

两次大运动量锻炼之间究竟要休息多少时间呢？对大多数人来说，休息一两天就足够了。如果两次大运动量锻炼之间如果得不到足够的休息时间，就可能会引起过度锻炼的疲劳综合征。

六、区别对待原则

区别对待原则是指在体育健身过程中，要根据锻炼者不同的年龄、性别、身体条件、运动基础、职业特点等，合理地选择练习内容、手段和方法来安排运动负荷，做到区别对待，因人而异，使健身锻炼具有针对性。贯彻区别对待原则要求如下：

（一）注意锻炼者的年龄特点

全面发展是锻炼的前提。少儿时期处于生长发育阶段，由于骨骼硬度小，韧性大，不宜进行过多的负重练习，非对称练习也要适度。由于少儿心肺功能不够完善，不要过分从事剧烈运动，要少做憋气动作和静力性练习。

青壮年时期是人的体质的发达期，运动适应性强，能承受较大的练习强度，可从事多种锻炼活动。

中老年时期，由于人体各组织器官逐渐老化，疾患增多，运动器官机能减弱，关节韧带的灵活性差，不宜完成幅度过大、用力过猛的动作。锻炼时易发生骨折。最适宜的项目是负荷适中、节奏轻缓的练习。

（二）注意锻炼者的性别特点

男女的身体差异是十分明显的。男性肌肉发达，约占体重的 42%，女性只占 36% 左右，故男性运动负荷应比女性大，适于完成力量、速度、跳跃等动作，女性则适于完成平衡、柔韧等动作。从心理上看，女性偏爱轻盈、优美，富于韵律的动作；男性则偏爱刚健有力、对抗性强、有一定冒险性的动作。锻炼时要注意因势利导。

（三）注意锻炼者的身体和健康状况

身体和健康状况是确定身体锻炼内容方法和负荷的主要依据。锻炼前要通过体质检测、医学诊断或病史调查等手段，掌握锻炼者的健康情况和水平。对于患有高血压、冠心病等心血管系统疾病的人，应在医生指导和严格监督下进行锻炼。对于其他疾病的患者，也应了解其病患部位和程度，以便"对症下药"，也可采取专门性的练习，或因病情重而暂时中止练习。

（四）考虑锻炼者的职业特点

由于社会分工不同，不同职业者劳动性质差别较大，有的从事体力劳动，有的从事脑力劳动，有的从事混合性劳动；从劳动强度来分有大、中、小强度；至于劳动姿势和劳动环境，则是千姿百态，难以尽言。要根据不同职业者的劳动特点，来制订出有针对性的切实可行的锻炼方案。比如，脑力劳动者工作时经常维持弯腰伏案的姿势，颈部前倾，脑供血受阻，颈、背、腰部肌肉易酸痛；由于低头含胸，易造成肺部活动受迫，呼吸机能降低，肌肉缺乏活动，体力下降等。针对这些症状，就应以动作舒展的运动性户外锻炼为主。对不同特点的体力劳动者，锻炼手段也应具有特异性：对劳动中负担较重的部位和肌群的锻炼应以舒展和放松练习为主；对劳动中负担较轻或基本无负担的部位和肌群，可适当加大活动强度；注重身体各部位和身心协调发展。

（五）注意地域和季节特点

我国幅员辽阔，不同地区地理气候条件、体育的地区特色等均有不同。锻炼中要强调因地制宜，从各地实际情况出发，有针对性地进行安排。我国居民进行身体锻炼多在室外，受季节气候制约较大，因此，要依据自然环境的变化，来调整和变更锻炼计划和锻炼活动。

七、注重安全原则

从事任何形式的体育锻炼都要注意安全，在身体锻炼过程中应做到以下几点：

1. 体育锻炼前，做好充分的准备活动。

2. 体育锻炼中，注意力要集中，避免玩笑打闹。

3. 不在有危险性或安全隐患的地方进行锻炼。如不在马路上或工地上踢球、跑步；进行健美操等活动时，要避免在沥青、水泥地等过硬地面上进行；在野外游泳应加强安全保卫措施；等等。

4. 加强医务监督，对于患有各种慢性病的人群，在进行体育锻炼时要严格控制运动强度和运动量，严防意外事故发生。

以上各原则是互相联系、互相制约的，在实际运用中应综合权衡，不可顾此失彼，只有科学地、有目的地、全面地贯彻这些原则，才能不断促进健康，取得预期效果。

第三节　体育锻炼的方法

在体育锻炼时我们不仅要遵循体育锻炼的基本原则，而且还应掌握正确的锻炼方法，以达到体育锻炼的目的。

一、重复锻炼法

在运动锻炼的过程中，用多次重复同一练习，两次（组）练习间安排相对充分休息，从而增加负荷的锻炼方法叫作重复锻炼法。此方法的关键是一次练习后，间歇时间应当充分，这样可以有效提高锻炼者的无氧、有氧混合代谢能力，还可以提高各种技术应用的熟练性与肌体的耐久性。重复次数的多少不同，对身体的作用就不同，重复次数越多，身体对运动反应的负荷量就越大，但如果重复次数不断持续增加，可能使身体承受的负荷超过极点，乃至破坏身体的正常状态而造成损害。

运用重复锻炼法的关键是要掌握好负荷的有效价值（最有锻炼价值负荷量下的心率），并据此调节重复的次数。通常认为，普通大学生的负荷心率在130—170次／分的范围内较为适宜。

二、间歇锻炼法

在运动锻炼的过程中，对多次锻炼时的间歇时间做出严格规定，使肌体处于不完全恢复的状态下，反复进行锻炼的方法叫作间歇锻炼法。该方法的关键是间歇时间严格控制，使肌体处于不完全恢复状态，要求每次练习的负荷时间较长、负荷强度适中。此方法可使锻炼者的心脏功能明显增强，通过调节负荷强度，可使肌体各机能产生与锻炼项目相匹配的适应性变化，以提高有氧代谢供能能力，增强体质。

同重复锻炼方法一样，间歇的时间也要依据负荷的有效价值去调节。一般说来，当负荷反应（心率）指标低于有效价值标准时应缩短间歇时间，而高于有效价值标准时可延长间歇时间。实践中，一般心率在130次／分左右时，就应再次开始锻炼。间歇时不要静止休息，而应边活动边休息，如慢速走步、放松手脚、伸伸腰或做深而慢的呼吸等。

三、连续锻炼法

在锻炼的过程中，为了保持有价值的负荷量而不间断地连续进行运动的方法叫作连续锻炼法。此方法要求负荷强度较低、负荷时间较长、无间断地连续进行运动。从增强体质出发，需要间歇就停一会儿，还需要连续就接二连三地进行下去，所以不能仅讲究间歇，还要讲究连续。连续、间歇、重复都是在整个锻炼过程中实现的。连续、间歇、重复等各因素有其各自独特的作用，连续的作用在于持续保持负荷量不下降，需要维持在一定的水平上，使身体充分地受到运动的作用。

连续锻炼时间的长短，同样也是要根据负荷价值有效范围而确定，通常认为在140次/分左右的心率下连续锻炼20—30分钟，可使肌体的各个部位都长时间地获得充分的血液和氧的供应，因而能有效地发展有氧代谢能力，发展耐力素质。

四、循环锻炼法

循环锻炼法是练习前设立几个不同的练习点（或称作业站），练习者要按照既定顺序和路线，依次完成每个练习点的练习任务。即一个点上的练习一经完成，练习者就迅速转移到下一个点，下一个练习者依次跟上。练习者完成了各个点上的练习，就完成了一次循环。这种练习方法就叫循环锻炼法。其结构因素有每点的练习内容、每点的运动负荷、练习点的安排顺序、练习点之间的间歇、每遍循环之间的间歇、练习的点数与循环练习的组数。

循环锻炼法对技术的要求不高，且各项目都采用比较轻度的负荷练习，因此连起来简单有趣，有效地提高不同层次和水平的练习者的运动情绪和积极性；可以合理地增大锻炼过程的密度；可以随时根据情况加以调整，做到区别对待；可以防止身体局部负担过重，延缓疲劳的产生，交替刺激不同的体位，有利于综合锻炼，从而达到身体全面发展的效果。就大学生而言，锻炼时既要发展四肢，也要发展躯干；既要运动胸背部，又要运动腰腹部；既要追求形态的健美，也需要注意机能、素质的全面发展。为此，就必须科学地搭配运动项目。根据已有的经验，该方法一般选择6—12个已为锻炼者掌握的简单易行的项目为宜。

五、变换锻炼法

通过不断变换运动负荷、练习内容、练习形式以及条件，以提高锻炼者的积极性、适应性及应变能力的方法称作变换锻炼法。此方法可以有效地调节生理负荷，提高兴奋性，强化锻炼意识，克服疲劳和厌倦情绪，以达到提高锻炼效果的目的。如刚参加锻炼时，可多做些诱导性练习和辅助性练习。随着锻炼水平的提高，应加大练习的难度，如用越野跑代替在田径场的长跑等。由于锻炼条件的变化，可使锻炼者的大脑皮层不断产生新异的刺激，提高兴奋性，激发锻炼者的兴趣，从而提高肌体对负荷的承受能力，提高锻炼效果。另外，不断地对锻炼的内容、时间、动作速率等提出新的要求，可有效地调节生理负荷，使肌体不断产生适应性变化，以达到更好的锻炼身体的目的。

六、负重锻炼法

负重锻炼法是使用杠铃、哑铃、沙袋等重物进行身体运动来锻炼身体、增强体质的方法。负重的方法既适用于锻炼身体，又适用于各项运动员进行身体训练，还适用于身体疾患者的辅助康复。

一般来说，为增强体质而进行负重锻炼，应该采用最大摄氧量和最大心排血量以下的负荷。因为过大的负荷可能给心血管和呼吸系统带来不良的影响，为了保证这种锻炼方法对身体的良好作用，在运动负荷价值阈范围内（心率在 120—l40 次 / 分）可以多次重复或连续。

第四节　体育锻炼方法的选择

在正确掌握科学锻炼身体的原则的基础上，我们应该学习如何科学地制定符合自身特点的锻炼计划及锻炼方法。为了使锻炼收到良好的效果，应合理安排锻炼的时间、内容及方法。制定锻炼计划是参加体育锻炼不可缺少的一个重要环节。锻炼计划一般分为阶段计划和每次锻炼计划。阶段锻炼计划主要是对一段时间的锻炼地点、时间、内容、方法和运动负荷等进行合理、全面、系统的安排。每次锻炼计划主要是对每一次锻炼内容、时间分配、重复次数、练习强度和密度、准备活动、整理活动等进行科学、具体的安排。计划的制定应包括选择有益的锻炼内容，合理安排锻炼的次数、时间和运动负荷，列出注意事项等。

一、选择有益的锻炼内容

锻炼的内容要根据锻炼者想达到的目的去选择。如为了提高心肺功能和发展耐力的素质，可选择走、跑、跳绳、骑自行车、游泳、滑冰等练习；为了增强肌肉力量，促进肌肉发达、体形健美，可选择用哑铃、实心球，还要结合健身器械进行力量性练习。

二、合理安排锻炼的次数

锻炼的次数是指每周锻炼的次数。一般安排每周至少锻炼 3—4 次，即隔日一次。运动负荷较大时，两次间隔时间可长一些。此外，锻炼者在锻炼地可进行自我医务监督，身体出现异常时应及时调整运动负荷或者停止锻炼。

三、锻炼的时间

每次锻炼持续的时间，一般为 30—60 分钟。锻炼时间与运动负荷有关，运动负荷大则锻炼时间短，运动负荷小则锻炼的时间应相对长一些。每次锻炼的程序可安排如下：首先做快走、慢走相结合的准备活动 10 分钟，然后再进行慢跑有氧运动 20 分钟（心率达到 110—130 次 / 分），接着做柔软体操 10 分钟，进而做提高腹肌力量的仰卧起坐 10 分钟，最后 10 分钟可做放松体操及走步等整理活动。

四、运动负荷

运动负荷对运动效果、安全有直接的影响，运动负荷合适与否，是制定和执行计划的关键。一般是常用运动中的心率来测定运动负荷。做法之一是用 220（或 200）减年龄，作为运动中的心率数。但比较精确的是采用最大心率的 60%—90% 作为运动中的适宜心率，相当于 57%—78% 的最大耗氧量的心率值。健康人在锻炼时的心率应达到最大心率的 60%—90%；老年人、弱体质人的心率可达到最大心率的 60% 或以下。

由于体育锻炼的类型多种多样，可以选择不同的项目进行锻炼。负荷有大小之分，锻炼的持续时间和频率因人而异。与锻炼者本身也有很大的差异，如年龄、性别、基础健康状况、人格特征等，因此，必须具体问题具体分析，因材施教，不同的人选择不同的锻炼方法，才能使体育锻炼取得最大的效果。

第四章　体育课堂教学技能训练

第一节　体育课堂教学技能分类与形成

教学技能是教学技术或方法有目的、熟练完成的教学行为，即教学技术能够完成，并且可观测的教学行为方式。体育教学技能就是为了实现体育教学的目标，在体育理论与教学理论的指导下，通过不断练习而逐渐形成的，是可以熟练完成体育教学任务的行为方式。体育教学技能概念内涵强调技能是通过不断练习而形成的，其技能形成的标志就是能够熟练完成教学任务。

一、体育教学技能的分类

为了改进教学技能分类中的不足，顺应体育与健康课程改革对体育教师而提出的新要求，完善体育教学技能分类体系，在前期研究成果基础上研究体育教学技能分类非常有必要。

科学合理的体会教学技能分类，有助于体育教师深刻认知教学技能，使科学训练有效并形成教学技能，从而提高教学质量，为教学技能更科学、更适用的分类提供参考。

（一）体育教学技能的以往分类

我国对体育教学技能的分类研究较少，学者们现有研究中大都结合了体育教学独有的特点，对体育教学技能进行了分类。

有的学者依据体育课程教学的特殊性将教学技能可以分为以下几种：组织教学技能、动作演示技能、语言运用技能、活动创编技能、纠正错误技能和测量评价技能。有的根据体育课教学行为方式和教学特点将体育教学技能分为导入技能、讲解技能、动作示范技能、教学组织技能、人体语言技能、诊断纠正错误技能、结束技能和教学设计技能。有的着重介绍了从事体育教学工作所需要的实践技能——体育教学实践技能，从宏观上将体育教学实践技能分为体育教学计划编制技能、体育课堂教学实施技能、说课与模拟上课技能、体育教学反思技能。

（二）体育教学技能的重新分类

体育教学技能的重新分类遵守分类原则，在现有分类基础上，取长补短，借鉴国外教学分类注重师生互动、可观察性和可测性等特点，突出一般学科教学和体育学科特点，保证分类的科学性，避免交叉、增强实践指导作用。依据体育课教学活动即教师指导、学生练习、教学组织、观察休息、保护与帮助5大部分将体育教学技能进行重新分类，分别为：教学内容编制技能、学习指导技能、活动组织技能、帮助保护技能和负荷调整技能。体育教学这5种教学活动之间分别独立，所以据此分类的体育教学技能不存在交叉混乱的情况。根据体育课教学活动将体育课堂教学技能分类，提高了教学技能分类对体育教学活动的指导意义，不仅凸显了体会教学技能分类的实践价值。将教师指导和学生练习分开描述，而且充分体现了新课改中以"教师为主导""学生为主体"原则，避免了分类中的交叉，以教师指导确定了学习指导技能，以学生练习确定了练习内容编制技能。体育课强调互动性和安全性，保护与帮助技能非常重要，不可或缺。体育教学的特点就是使学生身体承受一定的运动负荷，这既是增强技能提高技能的必要因素，又是能给学生带来伤害的潜在因素，运动负荷调控技能熟练运用，将有效提高教学效果，也能有效预防运动负荷导致的过大伤害。

根据体育教学5项活动将教学技能分成5个教学技能类，各类还包括许多子类。内容编制技能包括内容选择、内容改编、内容安排等技能，活动组织技能包括课堂常规贯彻、活动分组实施、队列队形调动、场地器材使用等技能，学习指导技能包括内容讲解、问题导引、活动提示、身体示范、媒介展示和效果评价等技能，保护与帮助技能包括安全措施落实、技巧摆脱危险、助力完成动作、外部（信号、标志物、限制物等）手段运用等技能，负荷调控技能包括心率水平预计、练习疲劳判定、练习密度调整、练习强度调控等技能。

二、体育教学技能的形成

（一）体育教学技能形成的感知过程

1.感知的特点与作用

感觉是人脑对直接作用于感官客观刺激物的个别属性的反映，知觉是人脑对直接作用于感官客观刺激物的整体反映，二者统称为感知。知觉的产生必须以各种形式的感觉存在为前提，通常二者是融为一体，合称为感知觉。个体的一切心理和行为都源于感知活动。

感觉具有随环境和条件变化而变化的特点，在感觉的基础上，知觉表现出了整体性、选择性、理解性、恒常性的特征。整体性是主体在过去经验的基础上把多种属性构成的客观刺激物知觉作为一个统一整体的特性。在这个过程中，主体利用过去经验、知识解释知觉对象的特性即为理解性。知觉是在一定的客观条件下进行的，主体会根据当前的需要选择刺激物的一部分作为知觉对象，这反映了知觉的选择性。而当客观条件在一定范围内改变时，主体的知觉映像在一定程度上仍然保持着稳定，这就叫作知觉的恒常性。

感觉和知觉作为两种不同层次的心理过程，属于感性认识阶段，个体的一切心理和行为都源于感知活动。感知技能是知识和技能学习的起点，任何技能学习均源起于主体的感知活动。主体使用多种感官去感知同一个知觉对象，将不同感官获得的信息传递到大脑，从而获得对事物的全面认识，这对于技能的学习起着至关重要的作用。如果将知识或技能的学习比作一扇门，那么感知技能就是打开这扇门的第一把钥匙。

2. 体育教学技能形成的感知阶段

（1）选择适应阶段

选择适应阶段是体育教学技能形成的开始阶段，练习者在这个阶段首先会对体育教学技能产生笼统的、不精确的综合印象。在教师讲解下或者通过一些体育教学技能训练的形式或途径，如体育教学观摩等，练习者会将各部分技能知觉整合成一个整体，即体育教学技能。经过此阶段，练习者对体育教学技能建立整体的感知映像，要深化这种认识还需要进一步的理解和加工。

（2）理解加工阶段

理解加工阶段是指根据知觉的形成过程，在个人对知觉对象理解的前提下，迅速对获取的信息进行理解加工的阶段。在这一阶段，教师通过言语的指导和提示唤起学习者过去的经验，补充知觉的内容。学习者根据以往经验、知识，进一步对体育教学技能的各个组成部分，进行比较精确地分析，如教师对于教案设计的讲解，可以加深学习者对课的类型、教学目标、教学方法等内容的理解。在此基础上，理解体育教学技能各个组成部分之间的关系和联系，如教学内容编制技能与其他各技能之间的关系，从而构成新的综合，使教师对于体育教学技能的感知更清晰、更精确。

（3）巩固恒常阶段

通过前两个阶段，练习者已经对体育教学技能形成了一定的感知映像，但是这种映像是不稳定的。在巩固恒常阶段，学习者将变化的客观刺激物与经验中保持的表象结合起来，巩固前阶段对体育教学技能的感知，建立起对于体育教学技能恒常性观念。

3. 体育教学技能感知训练过程

（1）感受性变化

感受性指感觉器官对适宜刺激的感觉能力。主体的各种分析器的感受性会随外界条件和自身机体状态不同而发生相应的变化，具体表现为适应、对比和相互作用。体育教学技能形成的过程是提高知觉分化水平的过程，在这个过程中需要多种感知觉的共同作用，需要充分调动主体的视知觉、触知觉、深度知觉、肌肉知觉、节奏知觉和空间知觉等来促进其体育教学技能的形成，可以通过微格教学等多种技能训练形式，来提高学习者的感受性变化。

（2）整体理解性

整体理解性是指知觉的对象有不同的属性，由不同的部分组成，我们把它作为一个有组织的整体，并用自己过去的经验予以解释和标志。体育教学技能由教学内容编制技能、活动组织技能等多种维度的技能组成，学习者通过感知将这些技能知觉作为一个整体，即体育教学技能。这种整体理解的特性一旦形成，即使一定范围内发生变化，知觉形象并不会因此发生相应的变化，这有助于学习者通过纷繁复杂的现象把握体育教学技能的本质和规律。

（二）体育教学技能形成的心智过程

1.心智的特点与作用

心理学上将心智定义为人对已知事物的沉淀和储存，是通过学习而形成的合乎法则的心理活动方式。从心智的定义可以看出，心智决定了主体认识事物的方法和习惯，具有指导主体思考和思维方式的特性。此外，心智过程会影响主体的行为结果并不断强化，体现了心智的修正特征。

主体器官感受到外部刺激后会根据以往经验做出分析，在这个过程中心智就会发挥作用。首先，它是主体获得经验的必要条件，主体接收信息刺激后，经由个人运用或观察得到进一步的回馈，若自己主观认为是好的回馈就会保留下来，从而形成经验。其次，心智对解决问题起着直接的调节与指导作用，主体对于问题的解决必须经过判断问题的性质、选择表征的形式、确定步骤、执行等一系列的心智动作才能实现。最后，心智是主体技能形成与发展的基础之一，技能是在获得知识、掌握技术的基础上，通过迁移、概括、系统化而形成的，这个过程中心智过程是必不可少的。

2.体育教学技能形成的心智阶段

（1）原型定向阶段

心智活动的原型，即心智动作的"原样"，也就是外化了的实践模式或"物质化"了的心智活动方式或操作活动程序。原型定向阶段是使主体掌握操作性知识的阶段。主体通过了解心智活动的"原样"，即体育教学技能的构成要素，建立起初步的自我调节机制，从而知道该怎样做、怎样去完成，为实际操作提供内部的控制条件，明确学习的方向。在内容编制技能、活动组织技能、学习指导技能等体育教学技能的训练时，应使学习者理解各部分的构成要素，建立初步的自我调节机制。内容编制技能的训练中，原型定向阶段只是技能形成的开端，要真正形成技能，还需要进行实际操作。

（2）原型操作阶段

原型操作阶段是指依据心智技能的实践模式，把主体头脑中所建立的各种活动程序计划，以外显的操作方式付诸实践。学习者在原型操作过程中，依据前一阶段形成的体育教学技能定向映像做出相应的学习或实践行为。与此同时，练习者践行体育教学技能的行为也会在头脑中形成反应，进行在感性上获得完备的映像，这种完备的映像是技能形成的内化基础。因此，掌握各维度的技能时，应通过模拟上课、说课等多种训练形式或途径增强练习者将技能付诸实践的能力。

（3）原型内化阶段

如果说在原型操作阶段，主体外显的操作方式是一个由内而外、巩固内化的过程，那么在原型内化阶段，主体以外的操作方式付诸的实践会进行一次由外向内的过程，即主体心智活动的实践模式（原型）向头脑内部转换，使技能离开身体的外显形式而转向头脑内部。练习者在此阶段，对体育教学技能进行加工、改造，使其发生变化，认识由感性水平上升到理性水平，逐渐定型化、简缩化。

3.体育教学技能心智训练过程

（1）原型模拟

原型模拟首先需要确定其实践模型，即确定体育教学技能的操作原型或操作活动的顺序。因此，确立模型的过程实际上是把主体头脑中观念的、内潜的、简缩的经验外化为物质的、外显的、展开的心理模型的过程（也称为物质化过程）。为确立技能的操作原型，必须对整个体育教学技能系统进行分析：①对系统进行功能分析，分析系统对环境的作用，其中包括作用的对象、条件及结果；②对系统进行结构分析，分析体育教学技能系统的组成要素及组成要素之间的相互关系；③将功能分析与结构分析有机地结合起来。在拟订假设性的操作原型后，还应通过实验来检验这种原型的有效性。在实验中如果能取得预期的成效，则证明此假设原型是真实可靠的，这种经实验证的原型就可以在教学上应用。反之，如果在实验中假设原型不能取得预期成效，则对此原型必须予以修正或重新拟订。可以通过参与体育教学技能大赛、微课教学等多种活动，加强检验，提高练习者此阶段的能力。

（2）分阶段练习

由于体育教学技能涵盖了教学内容编制、活动组织等多种技能，且每一种技能是按照一定的阶段逐步形成的，所以在训练时必须分阶段、分类别进行，才能获得良好的成效。分类别进行是指体育教学技能中的每一维度技能，往往是多种心智动作构成的，一种技能的某些部分可能在其他技能的学习中已经形成，则这些已经形成的部分就可以在心智水平上直接迁移，而不经历上述三个阶段。分阶段进行是指在某类别技能中，有些内容是主体已掌握的，有些是未曾掌握的，那就必须针对那些未掌握的进行分段练习，注意做好新旧内容间组合关系的指导。

（三）体育教学技能形成的操作过程

1. 操作的特点及作用

从教育心理学角度讲，操作是指学习者能迅速、精确、流畅和娴熟地执行操作、很少或不要有意识地注意的一种学习过程。

知识与技能必须经过操作才能最终掌握，在这个过程中，操作便现出了以下作用。首先，操作是主体变革现有知识和技能不可缺少的心理活动因素，操作过程是主体对现有经验总结的过程，是在长期学习过程中积累起来的，借助于这个过程，主体才能更好地提升经验，革新现有知识。其次，操作是技能形成和发展的重要构成要素。操作过程是使主体顺利完成某种实践任务的行动方式，因此，主体对于某一技能的掌握必须经历操作过程。

2. 体育教学技能的操作阶段

（1）定向阶段

操作定向也叫"行动定向"，指在了解操作活动结构的基础上，在头脑中建立起操作活动的定向映像过程。体育教学技能的操作定向是指在了解体育教学技能构成及各部分作用的基础上，在头脑中建立起的各维度教学技能结构及教学动作的映像过程。操作必须在主体的、实际的操作活动中才能进行，所以操作的主体必须在操作前了解操作的结构，在头脑中建立起操作活动的映像，然后才能知道在进行实际操作时做什么和怎么做，必须事先进行定向。此阶段的作用在于帮助练习者建立初步的自我调节机制，只有练习者在对"做什么"和"怎么做"有明确的了解之后才能进行相应的活动，才能更快、更好地掌握有关的活动方式，促进体育教学技能的形成。

（2）模仿阶段

操作的模仿也叫作"行动的模仿"，指仿效特定的动作方式或行为方式，是获得间接操作经验不可缺少的一种学习方式。根据现代心理学的研究，模仿可以有多种形式，可以是有意的或无意的，也可以是再造性和创造性的。就体育教学技能而言，模仿的实质是将头脑中形成的定向映像以外显的实际动作表现出来，是在定向的基础上进行的，是技能掌握的开端。通过模仿，练习者把对技能的映像转变为实际行动，将头脑中各种认识与实际操作联系起来。具体表现在以下两个方面：一是通过模仿检验已形成的技能映像，使之更加完善和充实，有助于技能映像在技能形成过程中发挥更加有效、稳定的作用；二是可以加强个体的技能感受，从而更加清晰地了解技能结构，加强技能实施的控制。

（3）联合阶段

操作联合阶段是指把模仿阶段反复练习固定下来的各维度技能相互结合，使之定型化、一体化。练习者在模仿阶段只是初步再现定向阶段所提供的行为方式，但对于复杂的体育教学技能而言，要准确地掌握并在一堂课中较好地运用各部分技能，还应掌握各维度技能的相互衔接，这在模仿阶段是难以实现的。通过联合，各部分技能之间相互协调，技能结构逐步趋于合理稳定，初步概括化得以实现。此外，在联合阶段，个体对技能的有效控制也逐步增强，保证了其联系性和有效性。因此，联合阶段是体育教学技能形成过程中的关键环节，它是从模仿到自动化的一个过渡阶段，也为自动化活动方式的形成打下良好的基础。

（4）自动化阶段

就某一技术动作的掌握而言，操作自动化是指通过练习所形成的动作方式，对各种环境变化的条件具有高度的适应性，从而使动作的执行达到高度的完善化和自动化。其内在机制是在大脑皮质中建立了动力定型，即大脑皮质概括的、巩固的暂时神经联系。就体育教学技能的掌握而言，主要是指在体育教学中教学技能的执行过程中不需要意识的高度控制，执行者可以针对不同的教学内容、不同的学生以及不同的教学环境等，灵活、熟练地运用教学技能，完成教学任务。这是体育教学技能形成的高级阶段，是由于操作活动方式的概括化、系统化而实现的。

3.体育教学技能操作训练过程

（1）操作定向

操作定向是体育教学技能掌握过程中的一个必要环节，它的作用在于初步建立起操作的自我调节机制，进而不断调整学习者已经建立的技能表象。练习任何技能都必须以表象为基础，而熟练的操作技能都包含着非常清晰、准确的动作表象。因此，在训练过程中实施者要利用精准的示范和语言讲解，帮助练习者建立起这种自我调节机制。准确的示范与讲解可以使练习者不断地调整头脑中的表象，并形成更准确的定向映像，进而在实际操作活动中调节技能的执行。

（2）操作模仿

大量实验都证明，模仿练习是形成各种操作技能不可缺少的关键环节，只有通过应用不同模式的模仿练习，才能使学习者原有的技能映像得以检验、校正、巩固，并发展成为熟练的技能铺平道路。体育教学技能由多种维度的技能组成，较为复杂，在模仿阶段，要注意整体练习与分解练习相结合，如先加强学习者对活动组织、学习指导等技能练习，再通过模拟上课等方式将各部分技能联合在一起进行练习。此外，模仿练习应与实际练习相结合，并加强反馈。模仿练习是练习者增强自我体会、自我调整的一个过程，在实际练习中做出相应的调整，从而获得提高。在这个过程中要注意信息的反馈，充分而有效的反馈在操作技能学习过程中的作用是非常关键的。

（3）操作整合

操作整合即把构成整体的各要素联结成整体。操作的整合是体育教学操作技能形成的其中一个阶段，为掌握复杂的操作系列所必需的。因为体育教学技能的操作不仅要求确切地把握每一个维度，同时也要掌握各操作技能间的动态联系。在操作整合阶段，条件不变时，练习者对于技能的把握较稳定，但当条件变动时，会发生对自己的错误不能意识、感觉的现象，很难对动作进行有意识地调节或控制，难以维持技能的稳定性、精确性。因此，此阶段的训练主要是进行专门的训练，提高练习者技能的清晰性和稳定性。

（4）操作熟练

操作熟练是体育教学技能掌握的高级阶段，是指通过练习形成的活动方式，以增强技能对各种变化着的条件有高度的适应性。教学技能的熟练是在反复练习的基础上实现的，但这种反复练习并不是机械地重复，在练习过程中要不断根据练习效果提高练习的目标与要求。通过参与体育教学技能大赛、示范评比课、集体备课等体育教学技能训练形式或途径，可以有效增强练习者对于体育教学技能的操作熟练程度。例如，能控制课堂秩序是活动组织技能训练最基本的要求，在达到这一要求后还要力求学习气氛轻松活跃，做到活而不乱。另外，虽然练习的强度和密度都对技能的熟练起到促进作用，但要注意合理地分配练习时间，要根据各维度技能的难易程度以及练习者的掌握情况进行时间分配。

第二节　体育课堂教学技能训练过程与原则

一、体育教学技能训练的过程

体育教学技能训练的过程是指为完成体育教学技能训练的目标所进行的启动、发展、变化和结束，并在时间上连续展开的程序结构。体育教学技能训练的过程由动机激发、目标设计、训练形式途径和方法构成，明晰训练过程有助于练习者理解技能训练的基本原理，认定训练目标，履行训练计划，了解训练形式途径和方法。

（一）体育教学技能训练动机的激发

体育教学技能训练动机是指推动个体参与体育教学技能训练的内部心理动因。体育教学技能训练动机具有始动、选择、强化和维持的作用，对体育教学技能训练的效果产生重要的影响。

1.体育教学技能训练动机的重要性

（1）对训练行为具有始动作用。动机是行为的原始动力，对行为起着始动作用。动机理论认为，动机的始动作用是由诱因引起的。诱使体育教学技能训练的外部因素有很多，例如新课改对教学实践的要求、教学竞赛展演的竞争、职称评定的压力等，均可促进体育教学技能训练动机的初始动能。

（2）影响训练行为的选择。在体育教学技能训练动机的作用下，训练行为指向与体育教学相关的内容编制、学习指导、活动组织、保护帮助、运动负荷调控等技能的学习过程，影响着训练行为的选择，决定着个体从事体育教学技能训练的努力程度。

（3）强化训练意识，促进教学能力的可持续发展。体育教学技能是体育教学从业人员的核心素养之一，通过技能训练，体育教学技能训练的动机得到激发，能力得到提高，强化了技能训练与自我更新的主动意识，促进了体育教学能力的可持续发展。

2.体育教学技能训练激发动机的方法

教育心理学研究表明，激发动机需要从影响动机的两个要素即内部需要和外部诱因入手。因此，体育教学技能训练动机的激发，是根据体育教学技能的学习目标，通过设置特定的教学情境，满足体育教师体育教学技能的需求的过程。具体来讲，要从以下几个方面来激发体育教学技能训练的动机：第一，设置合理的具体的体育教学技能学习目标；第二，增强体育教学技能的主观感知，提高教学胜任能力；第三，开展各种形式的教学技能展演竞赛活动，增强教学活动的愉悦体验；第四，及时反馈，开展建设性评价，获得满足感和成就感。

（二）体育教学技能训练的形式和途径

体育教学技能训练不仅是技术行为能力提升的过程，更是心智技能和情感体验的历程，通过了解各项体育教学技能的基本要素，分析其运用时常见的错误与问题，从而选择行之有效的训练形式和途径，使体育教学技能的提高事半功倍。体育教学技能训练的形式和途径有很多，在教学实践中较常见的以个人训练自我活动为主的形式有：微格教学、教学观摩、教案设计、模拟上课和说课。以集体配合完成的训练途径有：微课教学、体育教学技能大赛、示范课评比、集体备课和跟岗培训。

（三）体育教学技能训练的方法

1.感知训练方法

人体通过感知建立与外在世界的联系，并形成直接经验。人在间接经验知识学习过程中，也常需要借助身体的感知，使知识转化成能够被感知的事物或代码，以帮助理解和吸收。所以感知是认识的基础，它为获得直接的体验以及建立抽象概念提供了实质性的内容。随着感知的经验越来越丰富，感觉越来越敏锐，认知活动也就越广泛和深入。因此，体育教学技能的形成和建立首先从体育教学技能的感知觉开始。体育教学技能的感知觉训练是指通过观察、聆听、体验等方法，获得体育教学技能的主观感知，是体育教学技能形成的基础。

2. 心智技能训练方法

现代教育理念对体育教学的要求越来越高，其中心智技能的地位越来越重要，不仅要熟练掌握体育教学的操作技能，还必须从事教学内容编制、负荷调控等以脑力劳动为主的工作，并具备一定分析问题和解决问题的能力。因此，心智技能训练主要包括分析能力训练和解决能力训练。

（1）评课法。评课法能提高分析问题的能力，它既可以通过课后自评的形式，对体育教学内容编制是否合理、活动组织是否有效、保护与帮助的方法是否正确、负荷调控是否科学等进行反思，也可以听取专家和同行的意见，或者对公开课或网络视频课进行分析和评价，通过多种路径提高教师分析问题的能力。

（2）设疑法。设疑法是指设置特定的教学情境和问题，让练习者拟订解决问题的方案。例如，对于体重较大和身体素质较差的学生如何设置运动负荷，不同水平的学生如何进行活动组织更加有效等。

（3）纠错法。纠错法是指找出体育教学过程中不合理的地方，并提出解决问题的方案。例如，队列、队形的设计与调动是否过于烦琐，负荷安排过大或过小如何进行调整等。

3. 操作技能训练方法

操作技能训练是体育教学技能训练中最重要的一个环节，根据操作技能形成的过程和规律，操作技能训练的方法包括表象训练、模拟训练和实战训练三种方法。

（1）表象训练。表象训练是指将与特定教学任务有关的体育教学知识或技能，在头脑中重现的训练方法。通过表象训练，能够有效地建立与教学任务有关的认知结构，从而确立教学活动初步的调节机制，表象训练的基础是通过对体育教学活动的观察、体验及反思来完成的，是体育教学技能形成定向阶段最有效的训练方法。

（2）模拟训练。在表象训练的基础上，本着从实战出发的训练原则，设置具体的教学情境，分别对体育教学内容编制、活动组织、学习指导、保护帮助及负荷调控进行针对性的模拟练习，增强练习者的实践能力。

（3）整合训练。整合训练是指将各项体育教学技能综合起来应用到教学实践中的训练方法。设计完整的体育课或者教学单元，将不同的体育教学技能应用到实践教学中，形成前后连贯、相互协调、合乎教学法则，优质高效的教学技艺。

二、体育教学技能训练的基本原则

体育教学技能训练的基本原则是广大体育教师在长期教学实践中积累的经验概括和总结，对体育教学技能训练具有普遍的指导意义。

（一）理论研究与教学实践相结合原则

理论研究与教学实践相结合原则是指在体育教学技能训练理论的指导下，紧密结合体育教学实践，有效地进行体育教学技能训练。

体育教学的过程是复杂的，课堂的教学行为也千变万化。体育教学技能训练必须要理论先行，了解并掌握体育教学技能形成的规律。形成正确的认知，在科学的理论指导前提下，才能顺利地开展。否则，技能训练的效率将难以保证，甚至走弯路。理论研究要与教学实践相结合，在教学实践中，通过教学设计、课堂教学等具体教学环节发现教学中教学技能存在的问题。因此，二者相结合才能有针对性地改进强化，从而提高训练效果。

（二）单项技能训练与综合训练相结合原则

单项技能训练与综合训练相结合原则是指注重提高单项体育教学技能的同时，还要将单项技能不断融入综合训练之中，使各单项技能有机整合，实现整体优化。

一般来讲，单项技能训练是指针对一项或以一项为主的体育教学技能的训练。综合训练是指同时涉及多项体育教学技能的训练。在综合训练中，训练环境、程序、内容、目标和手段等相对于中项技能训练会更复杂，更接近体育教学的实际，难度更大，更具挑战性。单项技能训练与综合训练相结合有利于提高体育教学技能水平。

（三）个人训练与团队训练相结合原则

个人训练与团队训练相结合原则是指根据体育教学技能训练的实际需要，合理的采用个人训练或团队训练的形式，整合个人训练的自主灵活以及团队训练的责任、竞争意识强等特点，有效提高体育教学技能训练水平。

个人训练主要以个人自主学习，自主训练为主，强调自为、自律、独立训练。团队训练是指以团队的形式进行体育教学技能训练，强调团队整体的训练以及团队整体的进步。个人训练与团队训练相结合，有利于促进个人及团队整体体育教学技能水平的提高。

（四）传统手段与现代手段相结合原则

传统手段与现代手段相结合原则是指根据体育教学技能训练的实际需要，合理的采用训练手段，既要积极利用体育教学技能的现代训练手段，也要恰当采用传统训练手段，传统手段与现代手段互相补充，有效提高体育教学技能的水平。

传统体育教学技能训练手段主要是指师徒传授、教学观摩等，现代体育教学技能训练手段是指微格教学、多媒体技能培训系统等。传统手段与现代手段都有各自的优势和不足，传统手段与现代手段相结合，能够实现优势互补，会极大地增强体育教学技能训练实效。

以上对体育教学技能训练的4个原则进行了分析。实际上，4个原则是相互联系、相互影响的，在运用过程中，既不能夸大某一原则，也不应低估其他原则，只有综合考虑并结合实际，灵活而有创造性地运用，才能发挥原则的指导性作用。

第三节　体育课堂教学技能训练模式

体育教学技能训练的模式是依据认知科学理论建构，将技能的形成提升到认识论和方法论的高度，以行为主义、认知主义、建构主义、人本主义学习理论为基础，对体育教学技能训练模式的含义、结构和要求进行了深入解析。体育教学技能训练模式起着承上启下的作用，既要将技能训练的基本原理贯彻到具体模式中，又要为训练实践活动提供理论指导、操作程序和策略分析。没有一种模式是普遍有效的、最优的，熟练掌握体育教学技能，需要应用不同的训练模式，也就是要根据自身具备的能力条件和技能本身的实际特点，选择运用不同的或多种体育教学技能训练模式，考虑训练策略，设计实施方案，掌握相应的体育教学技能。

一、程序训练模式

体育教学技能的程序训练模式以行为主义学习理论为基础，主要目的是促进体育教学技能形成的快速高效、准确规范。

（一）程序训练模式含义与特征

1. 程序训练模式含义

程序训练模式是指按照程序排列的体育教学技能内容作为为外部刺激因子，运用相应的方法不断练习，进而掌握并达到技能自动化水平的训练过程范式。行为主义学习理论把人类学习归结为与外部环境相互作用的反应系统，即"刺激—反应"（S—R 联结）系统，通过控制外部刺激就能控制和预测行为，进而控制和预测学习效果。程序训练模式中体育教学技能与练习者技能习得之间，是直接的、纯粹的直线型关系，反复、明确的体育教学技能刺激，有助于学习者的技能习得，有益于自动化操作规范的学习与形成。

2. 程序训练模式特征

根据体育教学技能的程序训练模式概念分析，程序训练模式具有以下特征。

（1）程序性

把体育教学技能分解成许多小的项目，按照一定的顺序排列起来，对每一个项目都必须熟练掌握、操作和运用，经过审核通过，再进入下一步的学习。

（2）对应性

反复、明确的体育教学技能刺激有助于技能习得，有益于自动化操作规范的学习与形成。体育教学技能与技能习得之间，是直接的、纯粹的、一一对应的直线型关系。

（3）渐进性

程序训练模式的训练计划编排体现了学习活动循序渐进的特点，每一个练习项目都是下一个项目的前提和基础，只有对前一个小项目完全理解和掌握了，才能进行下一个小项目的练习。

（4）稳定性

程序训练模式中的操作步骤与节奏安排等都是固定的，必须严格执行，不可随意变更。

（二）程序训练模式结构

1. 结构要素

在早期的学习研究者看来，人类的行为都是通过条件反射建立新的刺激反应联结而形成的，学习的实质是条件反射形成和巩固的过程。因此，程序训练模式的结构要素包括训练目标、措施手段、训练步骤和评价标准。

2. 过程

（1）设定训练目标

明确且合理的训练目标对于程序训练模式来说是极为重要的，体育教学技能操作自动化是显著的训练目标。体育教学技能必须纯熟、流畅，才能在体育教学过程中运用自如，提升教学效率和效果。

（2）确定训练的措施手段

程序训练模式多适用于体育教学技能训练的初级阶段，以及单项的、基础的技能训练，例如，口令提示、队列队形变换、讲解示范、保护帮助动作等，可以采用分解、重复、循环等练习手段进行训练；对于综合技能也可以采用观摩、评价、模拟、比赛和理论讲解指导等方式，通过教学观摩、跟岗培训、微格训练、体育教学技能大赛等途径，反复训练直至技能达到自动化。

（3）制定训练步骤

训练步骤包括训练内容、时间序列和连接形式。将体育教学技能分解成若干的小项目，并按照一定的顺序呈现，通过既定次序，完成一整套的训练任务。由初始到技能形成之间可划分为多个小项目（以4个为例），训练顺序可以是直线式（基础项目—递进项目1—递进项目2—高级项目），可以是分支式（基础项目—递进项目1—小项目1.1—小项目1.2—递进项目2—小项目2.1—小项目2.2—小项目2.3—高级项目），也可以是跳跃式（基础项目—递进项目2—高级项目）。例如，通过"跟岗培训一周"提高体育教学技能，步骤可以是直线式的，"看课—评课—撰写培训日志—模拟上课—示范课—专家评比"，其中模拟上课是难点，可以通过"模拟课前准备、模拟学习指导、模拟教学组织"等分支式小项目的形式达成。

（三）程序训练模式要求

1. 合理编排，循序渐进

将体育教学技能按照操作的难易程度分级，由低到高、由简单到复杂，进行小步子的逻辑序列编排，使每一个正在学习和掌握的项目成为后一个练习项目的基础或相关部分，关注不同训练项目之间的衔接，按部就班的严格遵照程序训练模式的步骤顺序进行训练。

2. 区别对待，自定进度

训练安排必须严格履行程序设计要求，不能随意变更练习的顺序，但应注重个体差异，根据自身的掌握情况调整练习进度，使训练速度与能力保持一致。依据个体对技能形成的难易感受，可自行调控训练步调，采取分支式、直线式或跳跃式的训练步骤。

3. 反复练习，巩固强化

把体育教学技能分解成片段知识、单个技术或单元项目，遵循预定程序组织训练活动，反复训练，加深记忆，达到自动化操作水平。反复练习不是简单的重复，而在反馈基础上，调整练习重点，攻关难点，直至熟练掌握。训练安排有既定的步骤和计划，可无限次反复练习，也只有通过检验和修正多次反复练习才能达到技能自动化的效果。

4. 适时反馈，自修为主

程序训练模式重视环境刺激对个体行为的影响，容易忽视内部心理过程，循规蹈矩的按套路训练，积极性和主动性有时难以发挥。因此，对训练的效果要适时验证和反馈，认识到自身的不足，自觉提高或降低训练强度，培养主动获取知识的方法、思维能力和创新精神，以及自学、自修的能力和习惯。

（1）研定评价标准

确定检查与考核的内容及形式，程序训练模式的评价以阶段性评价为主，每完成一个小项目的训练，都要对其进行诊断和总结。例如，是否能够熟练的调动队伍、调整队形；讲解示范是否流利自如；是否能流畅的完成课堂教学；在体育教学技能大赛中取得的名次等。

（2）反馈调节

反馈调节阶段需要及时、适时和有重点地呈现反馈的信息，使体育教学技能的程序训练模式形成畅通的回路，对训练的目标、内容、计划和方式进行反思，科学调控训练的程序安排和练习次数。如果在训练过程中，发现对某个小项目的习得出现困难，可以返回至前一个步骤加强练习之后，再重新进行此项目的训练。

二、探究训练模式

体育教学技能的探究训练模式以认知主义学习理论为基础，认为学习在于个体内部认知的变化，是一个比刺激—反应联结要复杂得多的过程。在既定目标的指引下，模仿、迁移、甚至创造性的应用体育教学技能，以解决实际训练中的问题，培养练习者发现、分析与解决问题的能力。

（一）探究训练模式含义与特征

1.探究训练模式含义

探究训练模式是以体育教学技能中的某项技能为目标，在技能训练的特点、实施要求等原理的指导下，主动发现问题、寻找答案，进行探索和研究性活动的训练过程范式。认知主义学习理论认为，学习就是面对当前的问题情境，在内心经过积极的组织，从而形成和发展认知结构的过程，强调刺激、反应之间的联系是以意识为中介的，强调认知过程的重要性。

探究训练模式是通过有意识的练习形成"路径导航"的综合表象，"路径导航"包括训练的内容、方法、时间、环境等要素以及它们之间的关系，是指在明确训练目标的前提下，将体育教学技能训练中的要素布局在特定的环境中，经过个体内心的项目识别和组织协调，"导航"训练直至目标技能达成的过程。探究训练模式必须对所要进行训练的目的、意义明确，对所需掌握的技能有清楚的认识，并能遵循一定的顺序和规律操作，直至完成目标技能的训练任务。漫无目的的探究活动，既浪费时间又无助于技能的形成。

2. 探究训练模式的特征

（1）探索性

探究训练不是简单的、机械的形成运动反应，而是在有明确目标的指引下，以发现问题、分析问题、解决问题为逻辑主线，强调个体的内在心理过程，激发学习者的主观能动性，按照既定路线自觉训练，清楚练习目标、步骤、环节和方法，在探寻的过程中提升心智技能和操作技能。

（2）主体性

重视在技能训练中个体的主体地位，强调认知、意义理解、独立思考等意识活动和心理动机，以及训练的亲历性、灵活性、主动性和发现性，使其在主动观察、判断、分析、归纳等基础上解决问题。

（3）基础性

重视个体训练中的准备状态，即训练效果不仅取决于外部刺激和个体的主观努力，还取决于一个人已有的知识水平、认知结构和非认知因素等，基础准备是任何有意义的探究训练赖以产生的前提。

（4）体验性

体验性是要求进行目标模式训练时亲身观察、探索和体验，提倡理解原理、独立思考、发现知识的过程。体育教学技能训练不仅可以习得体育教学基础知识和技能，更是获得生活与学习体验的过程。

（二）探究训练模式的结构

1. 结构要素

学习在于内部认知的变化，是学习者有意识、主动参与的过程，学习是一个比 S—R 联结要复杂得多的过程，注重解释学习行为的中间过程，即 S—R，认为主体意识是学习过程的中间变动。因此，体育教学技能训练认知模式的结构要素包括训练目标、训练路径、主观意识、训练方法和评价标准。

2. 过程

（1）拟定训练目标

训练目标要从训练开始阶段就清楚的锁定，才能目标明确地进行探究活动，高效地完成训练任务。

（2）描绘训练路径

通过任务分析法，将目标技能分解为若干要素或"标致点"，即系列问题，再将这些要素或"标致点"整合设计成系统的训练路径。与程序训练模式不同，探究训练模式训练路径的制定没有严格的难易程度和顺序要求，路径上的标志性指示必须清晰准确、互相连接、层层推进，以便参照指引发现问题，顺利完成训练任务。

（3）主观意识参与

主观意识参与训练的过程其实就是"导航"的过程，也就是发现问题——分析问题——解决问题的过程。依据训练路径的指引，通过有意识的感知、认知、识记、分析、比较、期望、想象和思维等心理过程，完成"路径导航"，训练练习者的心智技能，培养决策能力。

（4）确定训练方法

探究训练模式多适用于体育教学技能训练的中级阶段，可以采用探究式学习法、自主学习法、小群体学习法、讨论法等方法，也可以采用专家同行交流、成果汇报、案例解析、师徒结对等方法，通过微格训练、模拟上课、跟岗实习等途径，以积极主动、自觉训练为前提，对某一方面的体育教学技能形成全面、系统的认知。

（5）研定评价标准

探究训练模式不仅重视个体对知识的理解和掌握情况，而且特别强调个体在训练中的行为表现，因此，该模式的评价应该以形成性评价、相对性评价、定性评价等为主，以训练过程的努力和独立思考的程度为主要指标。由于心智提高程度和情感体验等心理学指标难以测定，因此，只能以学习者的读书笔记、教学心得和反思材料等，作为解读其心理和训练过程的重要依据。

（6）反馈调节

目标训练模式的反馈，是通过评价目标达成度和认识、理解、判断、执行等能力，对训练的难易程度、环节安排和训练时效性等进行反思，科学调控训练的目标设定、环节连接和推进过程等。

（三）探究训练模式的要求

1. 积极内化，激发动机

探究训练模式是一种积极主动的过程，因而内在的动机与训练活动本身会促进个体的内在强化作用，可以有效提升心智技能。然而，此模式对非智力因素的重视不够，情感、意志、兴趣、性格和需要等均会影响训练目标的达成，只有重视激发和调节训练动机，强化内部心理过程，使智力因素与非智力因素紧密结合，才能使训练达到预期效果。

2. 充分准备，独立思考

重视个体训练中的准备状态，进行体育教学技能训练之前，必须清楚自己的状态和所具备的基础，包括技能基础和认知水平，训练效果不仅仅取决于外部刺激和个体的主观努力，还取决于一个人已有的知识水平、认知结构、非认知因素等，基础准备是任何有意义训练赖以产生的前提。在以往的认知经验的基础上，独立思考，发现学习材料本身的内在逻辑结构，从而掌握体育教学技能。

3. 问题明确，任务具体

在体育教学技能训练开始前，就要明确提出要探究的目标问题即核心技能，明确训练的目的，因为探究训练活动是为最终达成技能、形成目标服务的。而围绕目标问题设计的相关任务，必须具体、指向清楚，有助于练习者循规而至。

4. 不断尝试顿悟渐悟

探究训练模式注重个体技能形成的体验过程，主要是亲自发现问题、研究问题、解决问题的学习过程，在不断尝试探索和寻找答案中，提高判断和决策的能力，通过技能训练过程，感悟探究的心理过程，有利于在未来的体育教学实践中合理运用探究教学法。

三、情境训练模式

体育教学技能的情境训练模式以建构主义理论为基础，练习者通过情境训练模式来提高体育教学技能，更能体验知识的习得与转化过程，以亲身体会阐释练习过程，有利于对具体教学情境和自身教学行为的反思，提高及时、有效应对不断生成和变化着的、复杂多样的教学形势的能力，学习并获得处理各种教学问题的经验。

（一）情境训练模式含义与特征

1. 情境训练模式含义

情境训练模式是在创设训练情境的前提下，通过角色扮演的方式，经过主体的选择、加工和诠释，将技能知识转化为教学实践的训练过程范式。认识并非主体对于客观现实简单的、被动的反映（镜面式反应），而是一个主动的建构过程，在建构的过程中主体已有的认知结构发挥了特别重要的作用，而主体的认知结构亦处在不断发展之中。获得知识的多少，取决于个体根据自身经验去建构有关知识的意义的能力，而不取决于记忆和背诵的能力。由于每个练习者所具备的经验不同，所以每个人对体育教学技能的理解方向和建构方式也不尽相同，情境训练模式可以帮助练习者发展自主训练的意识和能力，利于其不断的自我更新和自主成长。

2. 情境训练模式特征

（1）直观性

在情境训练模式中，充实、检验、完善、反思和提炼体育教学技能，以建构和提升实践能力的过程，是在适当的情境和气氛中进行的，因此，练习者通过角色扮演，能够充分融入训练当中，直观感受训练经过。情境训练模式是个体对训练情境的改造和感受的过程，通过亲历和感知训练情境，使主体建立对目标技能整体的认识，并在已有知识的基础上，提升体育教学技能的水平。

（2）自主性

个体必然有着不同的知识背景和经验基础（或不同的认知结构），因此，即使就同一个目标技能而言，相对应的训练活动也不可能完全一致，必然会存在个体的特殊性。体育教学技能的情境训练模式是一种高度自主的活动，不同的人有不同的体验和组构。练习者能够设计适合自身发展的方案，并能进行计划、选择、修正，在训练中的自主性参与是其提升思维水平和实践能力的根本性动力。

（3）社会性

情境训练模式是在一定的情境下，借助其他人的帮助即通过人际间的协作活动而实现的意义建构过程，所以，社会环境、社会共同体对于主体的认识活动有重要作用，学习者的训练活动是在一定的社会环境中得以实现的。

（4）建构性

如果说程序训练模式落脚点在结果，那么情境训练模式的侧重点就是意义和过程，主张在训练过程中学习"如何训练"。情境训练模式是个体运用自己的经验去积极地建构对自己富有意义的理解，而不是去理解那些已经组织好的形式传递给他们的体育教学技能内容，也就是说提高某项体育教学技能并不是最终目的，提升个体的体育教学思维、组构和理解能力才是终极理想。

（二）情境训练换式结构

1.结构要素

知识是学习者在一定的环境即社会文化背景下，借助其他人（包括教师和学习伙伴）的帮助，利用必要的学习资料，通过意义建构的方式而获得。建构主义学习理论认为"情境""协作""会话"和"意义建构"是学习环境中的四大要素或四大属性。所谓的意义建构的核心内容是信息不连续性、人的主体性以及情境对信息渠道和信息内容选择的影响。因此，体育教学技能体验训练模式的结构要素包括体育教学技能训练情境、合作伙伴、同伴之间的交流、意义建构和评价标准。

2.过程

（1）创设训练情境

依据训练目标内容和要求创设情境，深挖提炼体育教学技能内容之间的内在联系和训练规律，以引导个体从具有典型代表性的器材、对话或人物等情境中，受到启发，使其能尽快、自然地掌握体育教学技能。创设情境的手段是多样的，主要有以语言描绘情境、以微格训练再现情境、以模拟课堂展现情境等。

（2）确定合作伙伴

在选择合作伙伴进行体验训练时，有同质型和异质型两种组合方式，针对不同的训练目标、内容,可以选择与自己知识和技能基础相同的同伴,也可以选择在脾气性格、技能水平有较大差异的同伴。同质型可相互比较、促进,异质型可风格互补、互助提高。

（3）鼓励同伴之间的交流

合作伙伴之间的鼓励、协作、互动、切磋和随时随地的反馈,对于认知能力的提升意义极大,可以通过同伴之间发表感想、讨论、总结、分享等方式,交流训练的心得,加深对情境训练模式的理解,培养练习者表达、沟通、反思和批判的能力。

（4）意义建构

意义建构主要是指信息的意义建构,是内部行为和外部行为共同作用的结果,要深刻理解训练内容的内涵。在练习体育教学技能的高级阶段,主要采用合作学习法、情境学习法、发现学习法和角色扮演等方法,通过教案设计、模拟上课、集体备课等途径,以积极主动建构体育教学技能应用的情境为前提,对整体的体育教学技能应用形成宏观的把握。例如,练习者作为研究者,以一课两讲或一课三讲的形式,建构同一内容的不同教学方式,有助于对体育教学技能的深刻理解和能力的提升。

（5）研定评价标准

通过对注意、组织、决策和思维等能力的评价,增强个体对情境训练模式的深入认识。情境训练模式的评价以形成性评价、定性评价、自我评价等为主,鼓励学者深入思考,尽可能地撰写研究报告、论文、经验总结或参与编著校本课程教材等。

（6）反馈调节

通过学术研讨、行动研究、案例分析等方式,探析训练中的进步与失误,调整与改进情境训练模式的情境布局、合作伙伴和意义建构等关键环节。

（三）环境训练模式要求

1.创设情境,模拟真实

提倡建构训练模式,营造具体和真实的训练情境,并反对抽象和概括,而是尽可能贴近体育教学现实情况,使练习者在情境中感受体育教师形象的同时,愿意对情境持续地产生注意,从而产生或满意、或愉悦、或悲伤、或热爱的情感体验。多方面的情感体验不应都是积极的,适当消极的体验有利于练习者在面对真实的体育教学实践时,做好充足的心理准备,可以从容面对、坚韧不屈。

2.方法混搭,反思改进

在运用情境训练模式的同时,要注重多种训练方式、方法的结合使用,达到更好的训练效果。教育情境的不确定性、非线性和混沌性,决定了教学没有固定的模式和技能技巧可以套用,因此,体育教学技能训练也必须凭借自己对教学技术的理解和领悟,做出自主判断,选择适当的训练方法,不断地对训练过程进行反思、自我调整、改进训练细节。

3. 基础扎实，体验创新

体育教学技能情境训练模式的应用，要求具备良好的基础知识和基本的体育教学技能，在所创设的情境中应用自如，全情投入体验情境，把训练的重心放在提升心智方面，体验学习、挑战、交流和创造的乐趣。在应用情境训练模式进行体育教学技能训练时，重点是体验学习和思维的过程，练习者可以模仿体育教学实践，但更重要的是理解贯穿整个教学过程的原则和方法，筛选适合创设情境的内容，切勿为了应用模式而进行无效或低效的体验。

4. 合作完成，群体相容

体育教学活动由于其特殊性，许多练习需要通过师生、生生协作与配合才能完成，因此社会能力的培养渗透在体育活动的方方面面。在进行体育教学技能训练时，必须重视同伴之间的协作和竞争对手之间的尊重，感悟群体动力的重要性，使学习者在掌握技能的同时，建立融洽的人际交往关系，相融于群体之中，为今后从事体育教学奠定良好的社会适应能力基础。

四、展演训练模式

展演训练模式是以人本主义学习理论为基础，它的顺利开展建立在对体育教学技术的深入理解以及较熟练掌握的基础之上。纯熟的心智技能和操作技能是一个数据库，在教学过程中选择"用什么"和"怎么用"取决于练习者的观念风格和临场发挥。只要遵循体育教学的基本规律和原则，体育教学技能可以根据实践中的教学要求、情境、学生的差异而灵活运用、组合、搭配，切勿被生搬硬套的教学行为习惯所束缚。

（一）展演训练模式含义与特征

1. 展演训练模式含义

体育教学技能的展演训练模式是以提升体育教学技能水平为目的，以完整展示技能训练成果或完成某项教学任务为基本方式的训练过程范式。展演训练模式不仅关注教学技能和认知能力方面的提高，还有个体情感、意志、创新能力等方面的自我肯定和实现，使练习者养成较强的感受性，便于感知自身和教学对象的情绪，有助于在未来的体育教学实践中与合作伙伴、教学对象和谐相处，调整情绪和教学方式、方法，及时有效地应对和处理突发事件，注重提升体育教学技能运用到实际教学情境下的能力，并形成独特的教学风格。

2. 展演训练模式特征

（1）灵活性

教学过程具有复杂性和变化性，即便是在规定的教学目标和方法的前提下，也会因为环境、对象、组织能力等条件的变化，产生千差万别的情况和效果。因此，展演训练模式就是训练学习者将自己的体育教学技能完整、全面地展现出来，灵活地运用技能手段，合理的处理突发事件，临危不乱。

（2）主观性

主观性是鼓励从自我的角度出发，感知体育教学的魅力，对体育教学技能训练的原则、规律等基本原理的个性领悟。自我实现和为达到目的而进行创造的能力才是个体行为的决定因素，个人所处的物质、社会和文化环境只能促进或者阻碍他们潜能的实现。

（3）独特性

个体对知觉方式的调节、学习能力的获得、持续学习等均存在差异，因此，展演的方式和效果不尽相同，不同的展示个体会存在不同的表现。展演训练模式可以促使个体在进行技能训练活动时，深入理解训练的内容，客观地审视自己，对完善练习者的价值取向与教学风格具有十分重要的意义。

（4）创造性

展演训练模式通过对规则和假设的不断创造，解释观察到的现象；而当教学技能的原有观念与新的观察之间出现不一致，原有观念失去平衡时，便产生了创造新的规则和假设的需要。展演训练模式通过对教学要素的个性解读，创造性地设计和实施教学活动，是一种创新性的理解和行动过程。

（二）展演训练模式的结构

1. 结构要素

人本主义学习理论中的关键环节是意义学习，如何为学习者创造一个良好的环境，使其从自己的角度感知世界，发展出对世界的理解，达到自我实现的最高境界。展演训练模式就是意义学习的最好诠释，不仅仅涉及事实积累的学习，而是使个体的行为、态度、个性得到充分施展的意义训练过程。因此，体育教学技能展演的训练模式包括4个要素：展演内容、展演方案、意义训练、评价标准。

2. 过程

（1）设计展演方案

根据展演内容，在尊重、了解与理解训练个体的前提下，激发练习者的训练积极性，充分发挥个体选择性、创造性，表现练习者对展演内容的构想和预计，将体育教学技能合理搭配、自由组合，体现展演训练模式不拘一格的特点，从而促进其成长、学习与训练。

（2）确定训练方法

展演训练模式多适用于体育教学技能训练的终极阶段，可以采用分层练习法、差别练习法、成功练习法等方法进行体育教学技能的训练；也可采用行动研究、教学评比等实战演练，通过教案设计、说课、示范课评比、微课教学等途径，完整展示技能训练成果。

（3）意义训练

在前期已形成的体育教学技能的基础上，融合个体对训练内容的解读，灵活自如地呈现出展演内容，展示体育教学技能的娴熟程度，从而继续拓展知识和技术，形成新的或更纯熟的体育教学技能。

（4）自我实现

在展演训练过程中体会到的是自我满足的价值感，比如成功掌握教学技能的满足感、未来可以教书育人的认同感、个性得以彰显的存在感。展演训练模式不但注重挖掘个体的创造潜能，更关注人的高级心理活动，如热情、信念、生命、尊严等，引导其结合认知和经验，肯定自我，进而自我实现，形成自己独特的教学风格。

（5）评价反馈

练习者最清楚训练是否满足自己的需要、是否有助于明确自己原来不甚清楚的某些方面，因此发展性评价、个体内差异评价、自我评价等方式，是展演训练模式的主要评价方法。并能通过评价形成正确的自我认识与反思以及敏锐的观察和感受的能力，有助于个人教学技能的提升和风格的塑造。

（三）展演训练模式要求

1.彰显个性，全面发展

教学风格的形成一般要经历从模仿到独立再到创新、稳定的过程。练习者能在训练过程中感受到体育教学的乐趣、成功、满足，以激起其认知与情感的相互作用，重视创造能力、认知、动机、情感等心理方面对行为的制约和促进作用，从而全身心地投入训练，逐渐形成自己的风格，并注重其行为、态度、人格等的全面发展。教授者不仅仅要关注体育教学技能的形成，更重视个体的内心世界，重视训练过程中学习者的认知、兴趣、动机、需要、经验、个别差异以及潜在智能等内部心理世界的全面发展。

2.自我提升，协同促进

展演训练模式注重自我评价反馈，重视自我的修炼与肯定。展示自我固然是提升自身能力品味的关键途径，但不能忽视社会、文化、学校、教师和家庭教育的协同作用。现实中的学校总是在与社会文化环境的互动中，改变着个体的教育目标、方针与办学模式，对练习者施加种种影响，指导教师和合作伙伴作为促进者、协作者，对个体成长为一个既具有社会组织特性，又具有独特个性的人具有重大意义。

3.气氛宽松，张弛有度

提倡在宽松、自由的训练氛围中，给练习者提供充足的空间，体现自由展示的精神，使其充分发挥所长。但是必须遵循角色规范，遵守必要的规章制度，既自由又受纪律制约，适应当前的训练与未来的生活。展演训练模式有利于练习者潜能的开发，但又不应该一味迁就其原有的水平和独特性。

4.完整展示，积极反思

展演训练模式要求练习者完整地展现训练过程和结果，使体会教学的某项技能或综合技能得到充分发挥；反思是对训练行为的总结与纠错，通过对展演过程的深刻审视，使练习者再次回顾和思考技能训练的认知、行动、感悟的经过，从而整改和完善训练计划，提升训练效率，提高自我监管、解决问题的能力。

第五章 体育说课、讲课模拟教学技能及训练

体育技能（测评技能）包含说课技能、讲课技能、模拟教学技能、搜集和处理信息的技能及教学执教技能等，是体育课堂教学技能中至关重要的组成部分。

第一节 说课技能

说课，作为一种教学、教研改革的手段，最早是由河南省新乡市红旗区教研室于1987年推出的。这项活动操作性强，实效明显，得到了广大教研工作者、中小学教师的普遍认可，并进一步充实、完善，形成了具有鲜明的中国特色的教研活动。

一、说课的概念与体育课教学的特点

（一）说课的概念

说课既是一种具有创新意义的教学研究活动，又是教师职业技能训练的主要内容。

说课就是指讲课教师运用系统论的观点和方法，在规定的时间内，用语言及其他辅助手段向人们介绍一堂课的设计意图和预想程序的一种教学活动形式。教师在完成教案的基础上，阐述自己的教学设计方案以及理论依据，系统而概括地解说自己对具体课程的理解，阐述自己的教学观点，表述自己具体执教某课题的教学设想、策略，以及组织教学的理论依据等。然后由专家评委、学者、领导进行评价，推断该教学设计方案是否切实可行、能否达到预期效果的一种教学研究活动。

说课是在备课之后、上课之前进行的一种新的教学组织环节。说课源于备课，却又高于备课，它是上课之前的实践演习；它不是上课，又是准课堂教学。说课的时间一般在10分钟左右，在课前或课后进行均可。

（二）体育课教学的特点

体育课教学是以身体练习为主要形式的实践型教学形式，不论是教师还是学生本身都认为实践课练习的重要性远远大于理论讲授课，从而忽略了教学设计在体育课教

学中的重要作用。而教师在教学备课中，常常对教什么、怎样教给予了更多的关注，很少考虑为什么教这些、为什么这样教、这样教的结果如何等。这样就造成了体育教师对大纲理解不深刻，对教材分析不完善，对教法、学法运用不灵活，对教学程序设计不严密，对重点、难点定位不准确等。

我国各学校根据学生需求、场地条件、师资结构等实际情况实施了适合本学校的课程。学校自主制订教学大纲、教学计划以及课时安排，各主管教委制订相应的教学检查系统。这种教学的形式给予了体育教师很大的自由创造空间，有利于教师根据自身的优势开发新的教学方式与方法。

二、说课对体育课的积极作用

说课活动的好处有很多，从不同的角度看，有不同的答案。根据实践和理解，说课活动有以下几个方面的意义。

（一）有利于提高教研活动的实效

以往的教研活动一般都停留在观摩几节实践教学课，再由相关的专家、教授或同行评评课。上课的教师处在一种完全被动的位置。教师只能将备课的结果运用于实际操作中，听课的教师也不一定能完全理解授课教师的意图，如果运动项目不同，评课教师就更是无从下手，导致教研实效低下。通过说课，授课教师说说自己教学的意图，说说自己处理教材的方法和目的，听课教师能明白任课教师应该怎样教，为什么要这样教。从而使教研的主题更明确，重点更突出，提高教研活动的实效。另外，还可以通过对体育教师进行说课形式的考核，统一思想认识，探讨教学方法，完善考核制度从而提高教学效率。

（二）有利于提高教师备课的质量

通过调查了解了很多教师的教案，从总体上来看教师的备课都是很认真的。但是教师都只是简单地准备怎样教，很少有人会去想为什么要这样教，备课缺乏理论依据，导致备课质量不高。要说好课，首先要说教什么和如何教的问题，体育教师必须认真学习教学大纲，钻研教材，弄清教材的前后联系，以及教材内容在整体教材中的地位，并阅读有关教学资料，以便加深理解大纲教材，才能准确制定教学目标。教学目标的确立有助于教师明确学生学什么和教师事后检验学生学得怎么样，有助于教师明确学生怎么学、教师怎么教的问题。在说课的准备过程中，往往会把备课中的隐性思维通过说课转化为显性思维，不断否定备课中出现的缺点和失误，从而相应地调节自己的想法，使有关的观点经过提炼而清晰起来，不断加以完善。说课活动可以引导教师去思考，从根本上提高教师备课的质量。

（三）有利于提高课堂教学的效率

教师通过说课，可以进一步明确教学的重点、难点，理清教学的思路。说课过程中对教学任务的分析，是对学生的起点能力转化为终点能力所需要的从属知识、技能、情感和态度进行详细阐释的过程，这就为确定教学内容的范围、深度和重点、难点、关键点打下基础，这与教什么、学什么相关。另外，说课要揭示教学内容中各项知识、技能之间的相互联系，为教学顺序的安排打下基础。这样就可以克服教学中的重点不突出、训练不到位等问题，提高课堂教学的效率。

（四）有利于提高教师的自身素质

1. 说课要求教师具备一定的理论素养

这就促使教师不断地去学习教育教学的理论，提高自己的理论水平。说课要求体育教师用语言表达自己的教学思路以及设想，通过语言向同行或专家介绍自己将如何上一节体育课，这种方式给青年体育教师提供了在有人监督和评论中用口语表达自己如何上实践课的机会，促使青年体育教师多读书，钻研教材，理清思路，准确术语，勤学苦练，其语言表达能力必然会在短时间内有较大幅度的提高。

2. 坚持说课能帮助青年体育教师提高教学设计能力

课堂教学是一个复杂多变的系统，要全面反映教学需要罗列相当多的因素。同时，教学又是一个准备、实施、目标达成的完整过程。因此，说课要从 3 个方面展现。

（1）准备。即为教学准备阶段而进行的教学背景分析，由教学需要、教学内容、教学环境和教学策略构成。

（2）实施。由教学过程中的各个主要环节、教学媒体和教学方法手段构成，主要解释怎么做，为什么这么做。

（3）目标达成。即对教学目标的达成而进行的教学预测或反思，也就是对本课教学设计所引起的教学效果的预测或评价，以及对自己教学设计的评价与反思。

若课前说课，对其教学设计实施以后可能会出现的结果进行预测；课后说课，则对其教学设计实施以后的教学结果与预期目标做一番比较，从中总结经验教训，并对原有的设计提出改进，以提高教学设计能力。

三、体育课说课的基本内容

新课标下的说课必须充分体现课改的基本精神。说课的基本内容和要求主要包括如下几个方面。

（1）说背景环境。了解学生身心状态基本情况和教学需要解决的问题。

（2）说教材。教材分析一般包括以下内容：教材与课型、教材的类别和地位、教材的特点和作用（知识结构、教材的实践价值、教材的人文价值、地位和作用等）、学生特点（学情分析）、教学的必要性、教材的内容和结构、重点和难点、结构处理等。

（3）说目标。结合本节课的具体内容，提出通过教学在运动参与领域目标、运动技能领域目标、身体健康领域目标、心理健康领域目标、社会适应领域目标的基本要求和需要所达到的要求。

（4）说重点。教学重点是课堂教学中要使学生学会和掌握的最主要和最重要的知识、技能或方法等内容。说课时，先说出教学重点是什么，再说明你为什么把此内容确定为本课的教学重点。

（5）说难点。教学难点是一堂课中学生可能最难理解、最难把握、最难学会的知识、技能、方法等内容。同样在说教学难点时，最好说明为什么把此内容确定为本课的教学难点。

（6）说教法。探究教学方法是实现目标的有效途径。教师要根据本节课的教学目标和教学内容，设置若干个能启发学生思维的问题，以问题为载体，培养学生的科学探究能力。教学方法有很多，在说课中不必面面俱到，要进行概括或者选择重点的、有价值地说。

（7）说流程。说教学程序是指教师说明并应用设计的基本理念，阐述自己的教学思路、课堂结构等内容的过程，是与上课最接近的教学操作的口语化、现实化的尝试。

（8）说组织。组织教学也称为组织措施，体育（与健康）课的组织教学是指顺利进行课堂教学的保证措施与手段。主要指：体育（与健康）课的常规要求、场地布置、器材运用、队形及队伍调动及确保教学的组织形式。一般实践课说课时应加以适当说明。

（9）说手段。体育（与健康）课教学手段主要指教学过程中采用的传递信息及锻炼身体的媒体或设备。它包括教学和身体锻炼所需的各种媒介物。例如，体育场地器材、电化教学设施以及检测评估的各种仪器、图表等，就是通常我们称的教学媒体（或教学媒介）。

（10）说场地器材。计划本课所需的场地器材和用具安排时要注意，场地的运用要相对集中，尽可能地充分利用学校的器材条件。考虑成熟后，应在场地器材一栏内填上本课所需的场地器材和用具的名称、数量、规格，以便课前准备。

（11）说课后作业。课后作业包括课后练习等。

（12）说教学评价。这里所说的是教学过程中的结果性评价，即采用什么方式对本课教学效果进行评价。教学评价也可作为教学方法来说，但那是过程性评价，是为了激励学生学习的行为，强化学生对所学知识技能的掌握和理解，从而达到促进教学过程的目的。

（13）说课后反思

课后反思主要包括：反思自己的教学行为；反思自己的教育理念；反思自己的角色以及与他人的关系；反思自己的思考与学习方式。

教师只有对自己的教学实践不断地进行研究和反思，才能逐渐提高实施新课程的教学策略。在课后反思的基础上，认真写出"教学后记"，写教学后记是提高教学水平的重要途径。要反思成功做法、失败之处、教学灵感、学生问题、学生见解、教学设计等。

四、体育课说课的技巧

（一）把握好整体与局部的关系

体育教师往往对前者并不感到为难，而对后者却又不知从何说起。特别是在较短的时间内，说课者要把自己想表达的说完，这就涉及先说什么、后说什么，哪些该详说、哪些该略说的最优化问题。

1. 应从整体的高度来理清要说的最基本内容

一般情况下要做到"四说"，说教材、说教法、说学法、说教学设计。说教材，主要是说出本节课的教学目标、重点、难点和关键及其教材的前后联系；说教法，主要是说出本节课选用的教学方法和手段及其理论依据；说学法主要是说出本节课教给学生什么样的学习方法，培养哪些能力，如何调动优生的积极性和差生的学习兴趣；说教学程序设计主要是说出本节课的教学思路、课堂结构、运动负荷、场地器材的安排，设计的理论依据以及教材、教法、学生之间的关系。

2. 要善于抓住重点

切忌面面俱到，应从局部的环节中突出理论依据，做到详略得当。只有从整体把握、局部突破，才能做到思路清，说课清。

3. 重点说清"为什么要这样教"

在体育说课的过程中，许多的体育教师很喜欢将本节课的课堂特色向听说课者反复强调，这一点很忌讳。"课堂特色"不应该是你向听说课者或者评委介绍，你所要介绍的是你是怎么设计这节课的教学的，以及为什么这样设计的。至于"课堂特色"是听说课者或者评委根据你的介绍，由他们自己去理解的东西，你说出来往往效果会适得其反，因为你对他们的理解水平表示了怀疑，也就是对他们的不尊重。

（二）把握好内容与层次的关系

体育教学有别于其他学科教学，必须遵循其自身的规律，才能有效地完成体育教学的任务。体育课的说课要想达到高层次，必须紧密结合学科特点，在说课内容和层次上着力做文章。在说课内容确定后，要严防表述的"表浅"，必须说出内容的深度，理清说课的层次。譬如，针对不同的年龄阶段、不同的学生群体，应该说出学生的认知特点、身心发展规律以及运动技能的掌握，应该说出动作技能形成发展的规律；对于课堂结构及运动量的安排，应该说出运动过程中人体机能变化发展规律动作技术的分析，应该说出人体解剖、生理特点以及力学原理。总之，内容挖掘得越深，说课的层次就越高，评价也就越好。另外说课教师对所说课的内容应做详略取舍，切不可平均使用力量、面面俱到。尤其是在如何突破动作难点上，你所运用的手段、方法一定要"详"讲，必要时还可以将肢体语言和口头表达结合起来，用丰富的表情、各异的神态、准确的动作、精练的语言去吸引评委和同事。

（三）把握好方法和媒体的关系

体育教学方法是实现体育教学任务或目标的方式、途径、手段的总称，它起着桥梁和中介的作用。它解决教师怎样教、学生怎样学的问题。媒体是现代教育系统中的四要素之一，它与教师、学生、教材之间相互作用的结果就是教学模式的充分体现。构建新型教学模式的关键是现代教育技术的运用，而现代教育技术的核心则是多媒体技术。体育教师在说课过程中，要善于灵活采用多种多样的方法和媒体，尤其是注重运用多媒体技术来表述自己所要说的内容。这样，既可以提高说课的质量和效率，也可以使说课说活。

在把握方法与媒体的关系时，尤其要强调体育教师也应该有一种高瞻远瞩的视角和高度的使命感，应该把握住科技时代变化的走向，要能及时地感知到新时代学生应该以一种什么样的方式来学习和思维，并及时地给予学生学习方法的指导。

（四）把握好实践与反思的关系

因为说课与授课不同，它不仅要讲教什么，怎么教，还要说清为什么这样教。所以所述内容一定要符合教育学、心理学的一般规律。符合学生认知规律和学科特点，要从理论到实践做出系统的设计和安排，对教法、学法、程序等理论依据要准确，不能空，不能虚。在说课时，应将这两者紧密地联系起来，既要讲明怎么做，也要讲明这样做的理论依据是什么，这样才显得有根有据，相得益彰。

说课就是要引导教师经常思考怎样教、为什么这样教、这样教意味着什么、反映了什么样的教育价值观和教育观念、依据了什么样的教育规律和教育理论，这些思想的社会、文化背景是什么等问题。其目的就在于通过说课这种程序和手段让教师对自己的"缄默知识"进行理性的审视和反思，剔除其中的消极因素，对有价值的成分进行整合，从而使自己的教育观念更巩固和坚定，使自己的教学实践更有放矢，更符合教育的客观规律。

反思是积极的、自觉的、能动的、有理性的教学实践，更重要的是反思的结晶可以使教师不断产生新的理解力和新的构思，它对教师的教学行为有着极强的内在动力性，比较合理地发挥着教师的能动性和创造性。说好一堂体育课，固然要关注说课的实践，但更应该关注的是实践背后的反思。反思深刻，评说者的感受就深，反思深，构思才新。

（五）把握好说课和实际上课的关系

语言简练，朴实无华。说课关键是要说清教什么、怎么教和为什么教的问题。因此在说课中不必用华丽的词汇，而应当用准确、简练的文字来表达，否则，语言花哨，词不达意，听者不知所云，那后果就可想而知。

扬长避短，体现个性。教师在说课时要充分利用和发挥自身的特点和优势，扬长避短。在说课过程中，形成再创造、再提高、再完善，这就要求教师对所述材料要有所取舍，有所处理，要储备一定的知识，对所述问题要开掘深、有独特的见解，将自己的个性融入其中，才会收到意想不到的效果。

预估事故，强调安全。体育课和其他学科课程不同，它是人和场地、器材有机地配合活动，再加上一些运动项目本身具有一定的危险性，而现在的学生身体素质又远不如以前，所以，一定要预估可能会出现的一些伤害事故，并提出解决问题的方案。

第二节 讲课技能

一、讲课和说课的区别与联系

（一）讲课和说课的区别

1. 对象不同

说课的对象是专家评委；讲课的对象则是中学生。

2. 目的不同

说课的目的是为了分析该教学方案是否切实可行，能否达到预期效果，而讲课的目的则是为了完成教学任务。

3. 主线不同

说课的主线是整合三维目标的教学设计思想，即教什么？如何教？为什么要这样教？"为什么要这样教"是说课中的重点和难点；讲课的主线则是完成三维目标的教学程度，即创设教学情境，引导学生发现问题、提出问题、分析问题和解决问题。在分析问题的过程中深化概念，在解决问题的过程中掌握科学方法。

4. 性质不同

说课是一种教学研究活动；讲课是一种教学活动。

（二）讲课和说课的联系

说课与讲课的相同之处在于：最终的目的都是确定实现教学目标所采取的教学策略与教学途径。

二、板书技能

提到教师，大家就会联想到黑板和粉笔，那是因为黑板和粉笔就代表了教师的一项从教技能——板书技能。传统的板书是指教师运用黑板书写文字符号、图形和图表等传递教学信息，以达到辅助课堂教学的一种教学行为方式。板书又分为正、副板书。正板书通常写在黑板中央或左半部，为教学内容的高度概括；副板书一般写在黑板两侧或主要右侧，是正板书的补充或辅助正板书讲解的一些内容。因此，正板书须课前精心设计，而副板书可根据实际情况在课堂上临时发挥。所以一般板书技能中的板书是指正板书。

随着大批年轻教师走向讲台，现代教学媒体越来越多地介入课堂教学，有的教师在课堂上很少在黑板上书写板书，甚至一节课一个字也没写，而是直接事先将板书内容制成幻灯片，上课时直接投影出来。

三、演示技能

人的认识规律是从生动的直接感觉到抽象的思维，再从抽象的思维到思维的实践，最后形成理性的认知。演示就是一种符合这一规律，出现较早的辅助教学的一种方法。演示技能是教师在课堂教学中进行示范操作或运用实验、实物、模型、图片、图表以及电化教学等直观的教学手段，为学生提供感性材料，充分调动学生的感官，形成表象和联系，指导他们观察、思维和练习的一类教学行为。其核心就是根据教学内容为学生提供恰当的直观感性材料，并借助它引导学生进行知识学习。

四、讲解技能

教师上课也称为讲课，那是因为讲解技能可以普遍应用于每一堂课，而且具有高效率的特点。它可以针对任何知识和技能的传授来开展，如可用于描述现象、讲解结构、说明原理、解释原因，也可用于引导思维、剖析疑难、概括方法、总结规律，等等。那到底什么是讲解技能呢？讲解技能是指教师运用语言辅以各种教学媒体，引导学生理解教学内容并进行分析、综合、抽象、概括，进而向学生传授知识和方法、启发思维、表达思想感情的一类教学行为。

（一）讲解技能的类型

讲解技能的类型一般可分为解释式、描述式、原理中心式和问题中心式四种。1.解释式讲解

解释式讲解属于讲解的初级类型，一般适用于具体的、事实的、陈述性知识的教学。如各课程中涉及的概念的定义、意思的解释、题目的分析、解答问题的一般步骤等。

2.描述式讲解

描述式讲解也属于讲解的初级类型，包括叙述和描述一般适用于内容陈述、细节描述、形象分析、材料显示等教学。

3.原理中心式讲解

原理中心式讲解是高级讲解类型之一，是以概念、规律、原理、理论为中心内容的讲解。在具体实施时经常使用叙述加议论的表达方式进行，在讲解中交替使用分析、比较、归纳、演绎、抽象、概括、综合等逻辑思维方法，强调论证和推理过程（也是最关键环节）。这种讲解方式普遍应用于各门学科的基础知识中。

4.问题中心式讲解

问题中心式讲解，也属于高级类型的讲解，它是以解答问题为中心的讲解，这种讲解方式对于新问题提出的学生主体、教师主导更有意义。问题的提出，可以引导学生向某一指定方向学习实现教师主导，而提出的问题会激发学生学习兴趣，让学生主动思考，实现学生学习的主体地位。这种讲解方式在实施时比较复杂，涉及引出问题—明确要求—选择方法—解决问题—得出结果等多个环节，因此主要适用于重点、难点和认知策略的教学。

（二）讲解技能的要素

讲解是一项综合技能，以使用语言为主，还包含和渗透着提问、演示、导入、组织等多项技能，就其本质而言，无论何种类型的讲解，都有以下几项基本的构成要素。

1. 形成讲解框架

教师讲解是要将教材的知识结构按照学生的认知规律清晰地展现出来，给学生留下深刻的印象。为了达到这个目的，讲解过程、结构就要合理，条理清楚，逻辑严密，结构完整，层次分明。比如在以问题为中心的讲解时，可提出系列化的关键问题使讲解条理清晰。对讲解内容的不同部分要注意转换，即讲解时要讲清各部分内容之间的联系，利于不同内容之间的转换衔接；而在讲解时要紧密结合学生认知水平进行分析和综合，这些对于明确讲解的结构框架都有重要作用。当然在整个讲解过程中，讲解框架可以简单地通过结构化板书来直观呈现。

2. 突出重点

突出重点是讲好课的关键。是指教师在讲课时，要处理好重点和一般的关系，将学生的注意力放在重要和基本的信息上，集中时间和精力于重点问题的解决，对这些内容尤其要让学生理解和掌握。

3. 突破难点

教学难点是指学生不易理解与掌握的知识和技能。这可能是由于内容抽象、学生缺乏基础、问题复杂等原因导致的。难点问题不解决，将会给学生以后的学习带来困难。因此，教师在教学时，除了突出重点之外，还要根据难点产生的原因，想办法解决学生学习的难点，如采用直观教学手段、系列化问题解析等方式予以解决。

4. 语言表达

教师的讲解主要是以语言为工具进行的，讲解技能更是体现了这一点。因此讲解时恰当的语速、清晰的语音、抑扬顿挫的语调，以及形象生动的描述语言和准确规范的语言等对于讲解的成功都非常重要。这是因为好的语言表达不仅可以准确形象地说明要讲授的知识，还能使学生不易产生听觉疲劳，从而取得讲解的良好教学效果。

5. 使用例证

例证是学生进行学习迁移的重要手段。例证能将事实或学生的经验与新知识、新概念联系起来。当然这需要考虑例证的充分、具体和贴切性。例证有正反之说，在举了正面的例子以后，有时再使用一个相反的例子，可进一步和更全面地让学生理解要说明的问题。

6. 反馈与调整

教学的本质是通过师生的相互作用使学生得到发展。因此教师在讲解时还需注意学生的反应。如学生听课的表情状态、回答问题的情况、学生的动作等，教师根据这些状况随时调整自己的教学行为，从而达到较好的教学效果。

五、提问技能

教学过程中提出问题、用问题激发学生的求知欲望和学习兴趣，从而在解决问题过程中促进学生的思维发展。

（一）问题设计

设计一个好的问题，需要做到以下几点：①研究教材，明确目标；②理解原则，掌握标准；③优化思路，编好程序。

（二）提问的技巧

1. 正确处理反馈信息。
2. 学会启发和诱导。
3. 掌握提问的技巧。

六、反馈和强化技能

反馈强化是课堂教学中教师通过课堂中反馈的信息以自己特有的应变力来处理课堂中出现的各种问题，运用各种教学方法来强化课堂教学内容的一种教学方式。

（一）反馈和强化技能的内涵

反馈技能是指在课堂教学中，教师传出教学信息后，有意识地从学生那里取得对有关信息的反应，并据此调整教学活动的行为方式。

强化技能是指增强学生对知识的反应程度，帮助学生把某一行为的变化朝着更好的方向发展的行为方式。

（二）信息反馈技能的特点

1. 双向性

既包含有教师对学生的信息传递，也包含有学生对教师所授知识的反馈。两个过程相互交融，相互影响，同时发生，反向进行。

2. 及时性

多数情况下教学过程中的双向信息反馈需要快速及时地进行，这样做的好处是教师可以及时依据反馈的信息调控课程难度和进度，学生可以及时调整学习思维和方法。

3. 全面性

教学过程中涉及到的各个环节、各个要素、各个阶段，每个同学对之的信息反馈会源源不断地涌现出来，只有通过敏锐观察，全面把握，才可以顺利进行授课。

（三）信息反馈的两种主要方式

1. 直接反馈

直接反馈是指教师从学生方面及时得到的反馈信息。如观察学生记录笔记的神态，还有回答教师提问、自我阅读和讨论发言的表现等。这种反馈信息的方式是最基本、最常见也是最为可靠的。

2. 间接反馈

间接反馈可以是教师在教学中的自我反馈，也可以是从领导的检查、同学的评课以及学生的课间闲聊中获得。

七、结束技能

精彩成功的课堂教学结束是教学科学性的体现。成功的课堂教学结束，不仅可以对教学内容或教学活动起到系统概括、画龙点睛和提炼升华的作用，而且能拓宽延伸教学内容，激发学生旺盛的求知欲望和浓厚的学习兴趣，对直接提高课堂教学效率，促进学生日后的学习效率起到重要的作用。

（一）结束技能的内涵

结束技能是教师完成一项教学任务时，通过重复强调、概括、总结、实践活动等，对所教的知识或技能进行及时的系统化、巩固和应用，使新知识稳固地纳入学生的认知结构中去的一种重要的教学行为。

结束技能常用于一节课的结尾。但是，课堂教学中任何相对独立的教学阶段都需要应用它，小到讲授某个概念、某个新问题的完结，大到一个单元或一项教学任务的终了。

（二）结束技能的常见形式及运用

1. 自然结尾法

正所谓"瓜熟蒂落、水到渠成"，当教师所讲一堂课的最后一个问题的最后一句话说完，下课的铃声正好响起，这便是自然式结课。这种结课方式要求教师精于设计课堂教学的内容和结构，准确把握课堂教学的进程和时间，才能有效地达到预期的结果。

2. 悬念留疑法

以悬念留疑法结课，即结课时留下疑问，诱发学生的求知欲，造成"欲知后事如何，且听下回分解"的悬念效应，好的悬念设置能诱发学生的求知兴趣，能激发学生思维想象的浪花，使学生产生急于知道下文的迫切心理。为此，教师要认真研究、仔细分析，设计好富有启发性的问题，造成悬念，从而激发学生的求知欲望。

3. 知识延伸法

一堂有品位的好课，不只是学生学习的结束，还是把结束作为一种新的开始，即把结课作为引导学生联系课堂内外的桥梁，让他们把学到的知识能力在课外得到延伸、扩张、充实，真正培养学生的知识运用能力。

4. 归纳法

归纳法是教学中常用的结课方法，是在课堂将要结束时，教师、学生或师生共同用准确简洁的语言，提纲挈领地把整个课的重点内容、难点、知识结构、基本原理、基本技能等进行梳理和概括，从而结束课堂教学的一种方式，运用归纳式结课，可以给学生以系统、完整的印象，促使学生加深对所学知识的理解和记忆，培养其综合概括能力。语言应当简洁、概括、严谨，有启发性、创新性。

为了帮助学生理清所学知识的层次结构，掌握其外在的形式和内在联系形成知识系列及一定的结构框架，在课堂结尾时可以利用简洁准确的语言、文字表格或图示将一堂课或包括前几堂课所学的主要内容、知识结构进行总结归纳。这种小结应繁简得当，目的明确，且有一定实际意义，而绝不是依教学的时间顺序，简单地读一遍板书各级标题就能完成的，它应准确地抓住每一个知识点的外在实质和内在的完整，从而有助于学生掌握知识的重点和知识的系统性。这种方式的结尾一般用于新知识密度大的课型或某一单元教学的最后一次授课。

第三节　模拟教学技能

模拟教学是一种虚拟实践的现代教学方式。其中的"情景"是指情形、景象，即事物呈现出来的样子、状况；"模拟"指照着某种现成的样子学着做。即通过对事件或事物发展与发展环境、过程的模拟或虚拟再现，让学生身临其境，在所设情景中发现问题、解决问题，理解教学内容，进而在短时间内提高能力的教学方式。

一、模拟教学的作用

在体育教学中，应用模拟教学能够直观地展示教学内容，便于学生理解，还能发挥学生的主体性作用，提高学习兴趣，达到事半功倍的效果，对提高教学质量具有十分重要的意义。

（一）利于提高学生的形象思维能力

模拟教学所处的环境、过程，比较接近事件或事物发生与发展的真实情景，有利于提高学生的形象思维能力。

（二）利于学生加深对特定角色的体会

模拟教学可以为学生提供一个特定的情节，并使学生与模拟情景高度融合。学生在模拟中通过对特定情节或细节的演绎，加深对某些角色地位、作用、处境、工作要领等的体会。模拟教学中的情节或细节应该是有特点、能超越情节或细节的局限性，且能表现出事物整体性的情节或细节。

（三）利于增强学生对实际问题的预测与处理能力

模拟教学让学生通过模拟事件发生、发展的每个环节，不仅可以引导学生发现事件或事物的发展演变规律，而且可帮助学生发现潜能，找出不足，从而增强对实际问题的预测与处理能力。

二、模拟教学的特点

（一）直观性

模拟教学形象直观，环境与过程逼真，可有效解决某些理论原理难以形象化讲授、某些课题知识点难以通过实践加以验证的问题，让学生身临其境，突出操作性，注重实效性，又兼顾理论性。具有教师与学生高度投入、学生自身经验与模拟情景高度融合的特点。

（二）科学性

由于环境与过程的相互作用，并且理论与实际的高度结合，结果明确且相对准确，因此，模拟教学具有科学性。

（三）参与性

为获得较高评价，学生一般都会积极参与，充分表现，施展才华；都会积极投入，探索并试图解决问题，进而培养学生沟通、表达、相互认知等社交能力；使参与者获得实际工作经验，认清自身不足，也利于培养学生的集体荣誉感和团队精神。

第四节　搜集和处理信息的技能

一、搜集信息的技能

教学研究资料主要分为档案资料和实地调查资料两类。档案资料为二手资料，实地考察得来的资料一般为一手资料。

档案资料的搜集主要可以通过图书馆和互联网进行查找。各高校和地市图书馆均搜集有大量的图书和期刊资料。图书资料一般检索方式以分类目录、著者目录和书名目录进行，以分类目录为例，按《中国图书馆分类法》分类，依次排序编制而成的目录，共22大类。

（一）图书馆搜集

各图书馆一般按照此顺序排列，著者目录则是按文献著者姓名汉语拼音音序或文献著者姓名汉字笔画顺序编排而成的目录。书名目录则是按书名汉语拼音音序或书名笔画依次编排而成的目录，在查找的过程中掌握规律就能快速而准确地查找到所需资料。期刊资料与著作相比，由于其时效性较强，是写作教学研究论文资料的必备部分，一般图书馆将现刊摆放在书架之上，过刊则按照年份进行装订整理和保存，查找此方面资料可按照时间顺序进行搜集。

（二）互联网搜集

由于互联网的快速发展，通过互联网进行资料的搜集与整理已经成为现代人更为熟悉和便捷的一种资料查找方式，在网络中可以快速集中地找到所需要的图书和期刊资料，其中查找著作网站例如超星数字图书馆，查找期刊资料的网站如中国知网，其他网站还包括中国大百科、联合参考咨询网、233网校论文中心等。以中国知网为例，找相关期刊资料一方面可以通过关键词、篇名、作者等在检索项中进行模糊检索，另一方面也可以在资料中找资料，通过相似文献和文章的参考文献快速地找到相关资料。

（三）实地调查搜集

实地调查资料指实地调查过程中搜集到的文献和资料、访谈资料及调查统计资料等，实地调查资料搜集首先要树立科学客观的考察态度采取实事求是的方法，确定实地考察的范围、考察对象的现有资料、研究状况、研究现状等信息。在进行考察之前要制订考察路线与时间以及各项内容的采访步骤和提纲，并做好充分的物质准备，如录音设备、摄像设备、手提电脑、生活用品等。

二、处理信息技能

信息的处理主要包括对搜集到的资料进行分析与整理，其所要遵循的原则与主要方法如下。

（一）整理资料的原则

在整理资料时应当力求真实、准确、完整、统一和简明，并尽可能做到新颖。只有在此种资料的基础上，才能做出科学的分析结果。具体原则如下：

1. 真实性原则。整理的资料必须是确实发生过的客观事实，不弄虚作假，更不主观杜撰，否则会得出错误结论。

2. 准确性原则。整理后的资料，事实要准确，特别是数据要准确。

3. 完整性原则。在整理资料时，应尽可能地保证资料的完整性。

4. 简明性原则。整理的资料要尽可能简单、明确，并使它系统化、条理化，以集中的方式反映研究对象总体的情况。

5. 新颖性原则。在整理资料时，要尽可能从新的角度来审视资料，组合资料，尽可能地打破旧有的观念，要有创新意识。

（二）资料分析与统计方法

大量的资料搜集完成以后，研究者需要对资料进行分析整理与统计。对资料的可靠性、价值大小等方面进行分门别类、筛选和整理。

1. 阅读资料

对资料的阅读需要有粗有细。

（1）先为文章进行编序。

（2）对文章进行略读，体现在文字资料的筛选中，应根据篇名、摘要或内容的浏览进行资料的取舍。

（3）对所选择的文章进行精读，并在重要的地方做标记，可在文章的空白处记录东西。

（4）文章全部读完以后再次根据写作的需要按照文章重要程度为文章排序。

2. 归类整理

应按论述者不同的角度做分类整理，包括史、论、背景资料，这个过程也是对所研究问题的整体研究状况做了解的过程。

最后，对重要的相关资料进行重点研读。这体现在阅读过程中，对于重点资料应反复研读并标记。可就这些重点文章做一个简短的概述和评论。记录重点文章和段落，如期刊文章应标记作者、文章名、刊名、出版时间、页码等信息。

3. 在整理和分析统计资料过程中应该注意的问题

（1）资料的完整性。应注意资料的完整性，并尽可能做到穷尽所有的资料。通过各种途径尽可能地找到相关的所有资料。

（2）对于重要论点及史实的标注。与论文写作息息相关的重要内容的标注和记录一定要清楚。

（3）同一问题不同观点的整理。注意论文资料中就同一问题不同学者看法的整理归纳。

第五节　体育教学执教技能

从实践来看，目前绝大多数体育的教学团队，基本是为完成共同的教学目标和课程建设任务而组成的教师群体，多为典型的自我管理型团队，其满足团队的基本特征，但又或多或少地存在以下问题。

一、体育教学团队执教中存在的问题

（一）团队成员执教能力存在差异

团队教学中，一般会出现各个成员教学水平参差不齐的状况。这会大大影响教学方案的实施和执行，最终影响教学的整体效果。如果只是通过教学观摩、教学示范等短暂、局部的学习，并不能从根本上解决问题。因此，如何有效提升整体团队的执教能力，提高课程教学的整体水平，是目前要解决的主要问题。

（二）团队建设成员参与度较低

体育教师的劳动具有很强的独立性和分散性，备课、上课、辅导、批改作业、编写教材等都可以独立完成，对他人的依赖程度低。这就降低了教师参与教学团队的积极性，削弱了教学团队的凝聚力。

（三）增强团队凝聚力的手段匮乏

目前的教学团队基本以同一课程（群）为维系载体，团队凝聚主要依赖物质利益，缺乏较强的向心力和持续的凝聚力，导致协同教学难以实施。上述问题归根到底都是"人"的问题。根据"木桶效应"理论，任何一个组织都有一个共同的特点，即构成组织的各个部分往往是优劣不齐的，但劣势部分却往往决定着整个组织的水平。

二、提升团队执教能力的方法

（一）知己知彼，完美融合

团队教学负责人在整个团队教学中应该起统领全局、协调发展的引领作用，首先要了解团队成员的特点、优点、缺点，因人而异、取长补短，其次要了解课程授课对象的特点，最后才能游刃有余地安排教学活动，物尽其用，人尽其才，实现教学活动有序排序。由于班级众多、生源质量不均，在安排教师授课之前，有必要了解他们将要面对的学生是谁，他们的特点是什么，甚至班级的特色是什么。这是因为不同学生在学习体育课程的时候，对教师、教学方法、教学理念的需求一定是不同的。同时，还要根据每位教师的授课特点安排合适的班级进行教学，取长补短，尽量发挥每一位教师的优势，弥补自身的不足。

（二）分工协作，充分发挥协同效应

协同效应，简单地说，就是"1+1＞2"的效应。20世纪60年代美国战略管理学家伊戈尔·安索夫将协同的理念引入企业管理领域，由此协同理论成为企业采取多元化战略的理论基础和重要依据。如果将一个教学团队看作一个公司，那么对它的管理同样适合协同效应。团队教学的主要要素可以归结为人员、知识、能力、资源、关系以及目标。如何让这些要素有序排列并加以约束使其发挥最大效能，是对一个团队负责人的考验。教学团队负责人要根据教学任务和目标，制订教学计划，明确团队成员分工，在此基础上每个人都对自己的任务负责，不断提出可操作性强的新思维、新理念、新方法，并有计划地落实到实践中去。具体而言，一是根据课程改革任务以及成员的具体情况制定适合团队的发展目标，并依据内外部软硬件环境的变化，对团队目标进行及时的调整、扩充与更新。二是分解目标，落实任务。团队负责人需要根据自己丰富的教学与改革经验，制定出具有可操作性的课程建设与教学改革的具体方法，并明确每个成员的责任，从而有效分解团队目标。三是充分了解团队成员的特点，充分调动团队成员的积极性，始终保持团队的活力与吸引力。

（三）形成常态、开放的集体备课制度

分工协作可以发挥每一位团队成员的作用，而集体备课就是不断总结经验、分享

经验的过程。如果备课过程是一个开放的过程，团队成员就可以不断吸收不同任务、不同教学特点的教师的经验，从而能获得全方位发展。在探讨网络学堂应用问题的时候，就是通过所有教研室的教师参与讨论的形式，建立一个开放、发展、进步的平台，彼此分享成功与喜悦，从而不断完善课程建设、学科建设以及教学团队建设。

第六章　球类运动技能教学

第一节　篮球运动技能研究

1995 年，我国篮球运动实施了职业化改革，在较成熟的专业化竞技篮球体系解体之后，还未形成完善的职业化篮球体系。篮球训练指导思想研究出现了断层，我国竞技篮球训练工作缺少明确的方向。指导思想的不明确，造成我国竞技篮球运动技术水平的波动起伏，同时，虽然篮球职业化一直在前进，但是我国篮球市场、篮球产业体系并未真正形成。

新制度经济学家道格拉斯·诺斯提出：制度变迁会出现两个完全相反的轨迹，一个是良性循环的路径依赖轨迹，这条轨迹上的制度变迁会极大地调动人的积极性，使资源利用最大化；一个是恶性循环的锁定轨迹，只利于极少数控制者的利益，不利于整个事业的发展。

我国竞技篮球运动也正在经历制度变迁。如果能走上一条良性循环的发展道路，将使篮球运动实现其价值最大化。良性轨迹的最大优点是制度变迁让最大群体得利。扩展到我国竞技篮球运动项目来说，就是要让篮球管理者、运动员、教练员、相关工作人员实现价值最大化，同时让观众得到最大化的篮球文化享受。

在实现竞技篮球制度变迁良性循环的过程中，科学定位、多学科研究训练指导思想，提出明确的训练指导思想，将有利于我国竞技篮球运动的可持续发展。

一、篮球实践和运用技能问题的提出

现代运动竞技已越来越紧密地与现代科学技术结合在一起，赛场上的优胜者必然会更加依赖于现代科技全方位与全过程的介入。不同学科的科学理论、思想与方法都能在这里得到广泛的应用，发挥着各自的影响和作用。为了提高运动员的整体竞技能力，在很大程度上都要借助多学科的现代科学技术的帮助与支持。中国篮球运动的百余年历史充分证明，加强科学研究、注重实践效果是推动中国篮球运动发展的动力。

在运动训练理论和实践中，运动技能的学习与控制是一个非常重要的问题。人们

早已从体育运动实践中认识到掌握运动技能、加速运动技能形成和提高运动技能绩效的重要意义。像所有科学一样，运动技能学的理论也是从实践中产生、在实践中发展起来的。同时，它又服务于运动技能实践的需要，推动运动技能实践的发展。运动技能学习与控制理论及其研究成果，对于参加体育运动的人们，无论是竞技者、健身者还是康复者，无疑都有着重要的现实指导意义，标志着体育科学的内涵更加充实。

关于运动技能学理论与专业实践之间的关系问题还存在着不同的看法。首先，在运动技能学研究中，有学者认为概括性研究要比对特定技能的研究更有价值，认为概括性研究在实践中的应用范围更加广泛。其次，对运动技能学理论的必要性提出质疑。这种质疑主要来源于对运动技能学理论的"实用性"认识不够，不能充分理解理论与专业实践之间的关系。基于这样一种认识，就形成了目前在运动技能学的研究内容和成果中，实验性理论研究发展较快，而理论与专项运动技能，特别是特定的某一专项技能的应用研究成果较少的局面。

作为一个独立的理论学科，运动技能学在我国的发展较晚，于 20 世纪 80 年代初才引起我国有关学者的关注。我国一批体育学者在国际交流中，了解到运动技能学对运动训练和体育教学的现实作用，从而将之引进我国。并且，篮球运动技能的重要任务之一，就是向运动员传授正确的运动技术并形成高水平技能，特别是对篮球运动这样以同场对抗性竞技为主导的项目来说尤为重要。运动技能的方法、原则、计划等都应依据篮球运动技能形成的规律及其特征而设计。无论是学习者还是指导者，在篮球运动技能的学习与控制过程中，都应研究、掌握篮球运动技能的形成及其变化规律，才能实现对篮球技战术的有效控制，并获得最佳的技能绩效。将运动技能学的理论与篮球运动实践相结合，能够为篮球运动技能提供科学的理论依据，从而帮助教练员更加有效地组织练习，把科学训练落到实处，不断提高训练质量。因此，有关篮球运动的技能学研究将成为人们关注的问题。

二、篮球运动技能的组成成分

篮球运动技能的形成过程与三个因素有关，即目标得分或控制得分、操作任务技能、战术行动和操作环境。是否能够达成目标，取决于运动员对特定环境的适应与技战术操作技能绩效水平。因此，篮球技战术操作能力是构成篮球运动技能组成成分的核心，技能绩效取决于环境变化的干扰程度、人对操作环境的认识以及通过自身运动能力对篮球技战术的控制水平。所以，我们认为篮球运动技能的组成应包括以下三个成分：

（一）篮球技战术操作能力

篮球技战术操作能力指技战术操作的熟练程度和达到的水平，即对基本技术、组合技术、位置技术、技战术组合技术等掌握的程度，是组成篮球运动技能的核心成分，也是区别于其他运动技能的重要标志。

（二）运动素质

运动素质是运动员体能的重要组成部分，是运动员在运动过程中，机体各器官、系统的机能在中枢神经系统的支配下所表现出来的各种基本运动能力，共分为九种。这些基本运动素质因为主要与大肌肉群运动技能操作有关而区别于知觉运动能力。

运动素质包括九种基本运动能力：一是静态性力量，指人能够对外界物体施加的最大力量；二是动态性力量，指反复用力时肌肉的耐力；三是爆发力量，指为肌肉爆发有效动员能量的能力；四是躯干力量，指躯干肌肉的力量；五是伸展柔韧性，指弯曲或伸展躯干和背部肌肉的能力；六是动态柔韧性，指重复快速躯干弯曲动作的能力；七是全身协调性，指运动中身体各部分的协调能力；八是全身平衡能力，指在没有视觉线索的条件下保持身体平衡的能力；九是耐力，指需要心血管系统参与的维持最大限度工作的能力。

（三）心智能力

心智能力包括两个层次：一是初级认知能力，即知觉运动能力；二是高级认知能力，即一般智力和心理技能。

1. 知觉运动能力

知觉运动能力是指对篮球技战术操作环境中的刺激所做的观察和理解，并做出选择、调节和控制的能力。知觉运动能力包括九种：一是多肢体协调性，指协调多个肢体同时运动的能力。二是控制精确性，指单侧手臂或腿在控制器械时做出快速准确动作调整的能力。三是反应定向，指根据自身或操作对象的移动情况快速选择操作模式和方法的能力。四是反应性，指当信号出现时迅速做出反应的能力，包括简单反应性、选择反应性和辨别反应性。在篮球运动技能操作中，反应性的用途是评价运动员在运动情境中，对特定动作形式和开始时间的预判能力和决策速度。五是手臂动作速度，指迅速操作要求最小限度准确性的大的、分离手臂动作的能力。六是速度控制，指根据持续移动的目标、对象的速度、方向的变化调整动作速度的能力。七是手臂灵敏性，指快速条件下用技巧性的手臂动作操作较大对象的能力。八是手臂的稳定性，指在最低限度要求速度和力量的条件下准确控制手臂方位的能力，包括在手臂动作运动过程中或在一个静止的手臂位置时，保持手和臂的相对稳定性的能力。九是准确操作能力，指在快速移动过程中，准确控制动作姿势、获得最佳效果的能力。

2. 一般智力和心理技能

一般智力包括认知定向能力和记忆加工能力，如学习、记忆储存、提取、整合、比较记忆信息以及这些认知过程在新背景下的使用。心理技能是通过练习形成的能影响个体心理过程和心理状态的心理操作系统，是一种与提高人体身心潜能相关的在人脑内部进行与形成的内隐技能，它包括一般心理技能和篮球专门化的心理技能。一般心理技能是指适合所有运动技能操作特点的心理技能，如应激控制、唤醒水平控制、目标设置、集中注意力、表象能力等。篮球专门化心理技能是指适合于篮球专项所必须掌握的心理技能，如球感、时间知觉、空间知觉、动觉方位感、节奏感、篮球意识等。例如，在球类比赛中，运动员的运动技能是开放性的，运动员的运动能力取决于对不完整信息或先行信息的加工过程。利用眼动测试器测试冰球守门员眼动的情况的研究结果表明，无论是在大力射门还是小动作射门的情况下，初学者盯球的次数都比优秀守门员要多得多。因为优秀守门员利用球杆的信息，而不是利用冰球的信息来预测球的飞行，而初学者只是当球杆接触到球时才能判断出球的运行情况。篮球运动也有同样的情况，并且随着问题的解决和运动员经验水平的不同，其注视的变化情况也不同，视觉搜索并不是看尽赛场上所有的信息，无论是优秀运动员还是新手，都是倾向于选择特定的信息，一旦认为获得了足够的信息，就会马上做出反应。但是，优秀运动员倾向于反复成对地注视进攻—防守队员，而初学者则不注视防守队员，只注视同伴队员。这说明优秀运动员的视觉搜索模式与初学者有所不同，优秀运动员能够注视比较重要的信息。

三、篮球运动技能的类型特征

提到篮球运动技能的类型，几乎所有的研究都认为篮球运动技能属"开式技能"，罚篮动作技能除外。开式运动技能与闭式运动技能的技能分类方法是由英国实验心理学家波尔顿提出的。他根据环境是否稳定把运动技能分为开式和闭式。当环境稳定、可预测的时候，在这种环境下操作的运动技能称为闭式运动技能；如果环境不稳定、不可预测，动作要因环境的变化而不断地改变调整，就称为开式技能。波尔顿的技能分类方法的基本依据就是技能操作环境的稳定性。而把篮球运动技能完全归属于"开式技能"的观点，只注意到了篮球运动技能在比赛环境背景中的技能特征，忽视了篮球基本技战术学习阶段的环境背景相对稳定的特征。原因是对篮球运动技能形成过程缺乏整体性的认识。因此，篮球运动技能属开式技能还是闭式技能，要依据技能形成过程中不同阶段的操作环境背景特征来确定。技能操作环境背景的可控性与不可控性特征的分析结果，为篮球运动技能的开式、闭式类型的认识提供了理论依据。另外，不同阶段技能操作目标的不同也反映了技能操作环境背景稳定与否的特征。例如，基本技战术学习阶段的技能操作目标是学习准确、规范的基本技术动作，形成动力定型并达到自动化程度。为了实现这一目标，学习者必须在稳定的环境条件下进行不断的重复练习，提高内部本体感受器调节运动操作的能力。教练员或教师也必须依据技能操作目标调节控制环境，尽可能地创造最适宜的练习环境提高练习绩效。因此，目标决定了操作环境特征，同时也确定了在此环境中操作的技能类型。

四、篮球运动技能的特征

篮球运动技能的组成成分应包括篮球技战术操作能力、运动素质、心智能力。运动素质和心智能力是组成篮球运动技能的一般成分，篮球技战术操作能力是其特殊成分。

篮球技战术学习与控制由基本技术学习、技战术组合学习、技战术应用、技战术自组织创新四个阶段构成。

在基本技术学习阶段，其操作环境是事先安排好的、稳定的，具有高控性特征。而技战术自组织创新阶段的技能操作环境是不断变化、不可预测的，表现出明显的低控性特征。而技战术组合学习和技战术应用阶段中的环境则是两种特征并存。

篮球运动技能属开式还是闭式要依据技能形成过程中不同阶段的操作环境特征来确定，技能操作环境的高控性与低控性特征的分析结果，为篮球运动技能属开式、闭式类型的认识提供了理论依据。

五、篮球运动技能培训相关专业词汇解析

（一）强化基本功

匡鲁彬认为，篮球运动员技术比较单调且片面（如会投的不会过，会左手的不会右手等），基本技术掌握得不够全面，特别是脚步动作差，现在会传球的队员不太多。传球的时机、落点、角度、手法掌握不好，往往导致内线队员抢占了位置，外线运动员却无法将球准确、舒服地交到内线去。

董顺波在《对我国甲级女篮2006年夏训体能和基本技术的测试分析》一文中指出："通过专家组对测试队员技术的评定和我们在现场对她们训练和比赛的观察，队员在基本技术的规范度和熟练程度上有很大的差别，特别是投篮技术，无论是投篮和节奏的把握与世界优秀女篮队相比都有很大不同，基本技术相差比较大，普遍存在基本功不扎实和基本技术不全面的问题。这一点与篮管中心官员、专家组成员和测试组成员的意见一致。然而，女篮要重新崛起就必须加强对投篮等基本技术的科学训练。运动

员在比赛中技术运用不稳定、发挥不好，防守时跟不上对手的变化、漏人等情况的出现，这说明基本功不扎实，还说明在平时训练中教练员不注重基本功练习，所以才会导致运动员在比赛中出于基本技术的原因而屡屡出现错漏。因此，要加强运动员的基本技术训练。"

（二）"快速"风格

1. "快速"释义

从世界篮球运动的发展趋势来看，其发展主线是快速和准确，速度快是手段，准确是目的。快速是创造、寻找和掌握、利用战机达到准确完成动作的手段，"以快制胜"的锐利武器更加受到世界强队的重视。对我国篮球运动来说，"快速"这一概念既可以指向技术风格，也可以用来阐释战术风格。体现在技术动作方面，是指运动员在训练、比赛中的脚步移动快、起跳快、起动快、传接球又准又快、推进快、攻防转换快等。当然，运动员在"快"的同时也要"准"。否则，只"快"不"准"会在比赛中造成更多的失误。而体现在战术方面，最具代表性的就是快攻战术。快攻战术在进攻战术中占有重要地位，是当今世界强队克敌制胜的"法宝"。快攻战术不是一个人、两个人的个别行动，而是全队整体的战术配合。因为快攻不仅包括攻击性强、协同配合的防守体系，而且包括有效地拼抢篮板球、抢断球配合，这是为发动快攻创造条件的前提。球队只有掌握全面、系统的快攻战术，才能在比赛时主动地、有意识地发动快攻进攻。"兵贵神速"，在发动快攻时，运动员的一切动作都必须快。用最快的速度、在最短的时间内完成快攻推进，投篮得分，令对方猝不及防。如果一支球队忽视了快攻战术，那么这支球队"积极主动、快速灵活"的运动风格就难以形成了。因为只有快速才能体现运动员在赛场上积极主动的思想作风。

2. "快速"风格

一支球队有了坚定的"快速"思想，必然会带动体能、技战术以及思想作风的不断提高。近年来，我国男篮在国际篮球比赛时，因为一些原因导致了球队的进攻速度下降，这种现象在联赛中也不罕见。2011—2012 年赛季，由于外援马布里的加盟，北京金隅队在本赛季的比赛中发生了很大的变化。在马布里的带动下，北京金隅队提高了进攻的推进速度，加快了攻守转换的节奏，创造了开局 13 连胜的新纪录，最终取得了本赛季常规赛的第二名，也是北京金隅队在职业联赛中取得的最好成绩。从这个案例可知，当前最重要的是必须树立我国篮球教练员、运动员的"快速"训练指导思想。有了这个训练指导思想，我们在技术、战术训练工作方面就会制定明确的、可操作性的指标，这也是我国篮球运动向世界篮球高水平迈进的关键环节。"快、灵、准"是我国篮球运动的传统风格，因此要重新树立我国篮球运动的"快速"风格，就要在篮球训练工作中强化快速战术，即快攻战术。

3. 快攻战术

快攻战术是我国篮球运动在 20 世纪五六十年代形成的"三大法宝"之一，是我国男女篮在比赛中强有力的进攻"武器"。因为快攻战术能在短时间内打出进攻高潮并将比分迅速拉开，奠定比赛胜利的基础。

回首我国篮球运动发展的历史，我国女篮之所以能获得世锦赛、奥运会亚军，男篮能打入世界八强，其中很重要的原因是当时我国篮球运动有正确的训练指导思想，而主张快速进攻就是其中最重要的组成部分之一。我国篮球运动过程中所提出的明确的训练指导思想是中华人民共和国成立后经几代篮球人努力拼搏、勇于实践、善于总结、不断改进的结果，它是我国篮球运动的宝贵财富，也是我们今天应该继承和发扬的篮球运动技战术风格。

（三）"灵活"风格

对竞技篮球运动的发展趋势来说，高度所带来的优势已经成为各国的共识，但篮球运动强调的高度不仅仅是运动员身体形态的高，它要求高大运动员高中有壮，壮中有巧（灵活机敏有智慧），使高、壮、快、巧、准结为一体。

1. "灵活"释义

运动项目不同，对运动员身体素质的要求也不同。篮球运动所要求的灵活性是指传接球的准确、巧妙；在有限场地内的快速起动、急起急停、变速变向的快速、多变；掩护、突分等战术配合的机敏、善变等。因此，我国的篮球运动员应该在加强力量训练的基础上，提高技术动作的细腻性，掌握快速灵活的技术和敏捷的脚步动作，这样在比赛时才能做到灵活多变，能形成"灵活"的篮球运动风格。

2. 打造"灵活"风格

2008 年北京奥运会，在中国男篮对立陶宛的比赛中，我国以 68∶94 的比分输给了立陶宛队。纵观全场比赛，我国男篮节场进攻战术配合笨拙、费力，而立陶宛球队的配合则明确、默契、灵巧而轻松。相比之下，我们丢失了传统风格中的"灵活多变"的特点。

马赫执教我国女篮时，他强调攻防的对抗性，尤其是加强防守的对抗性。这种对抗性并非指队员之间的身体接触，而是指在防守时要给对方强烈的攻击性和压迫性。从进攻的角度说，虽然加强对抗性，特别是加强篮下一对一的对抗性也很重要，但基于我国运动员的身体特点，即便身体对抗性有很大提高，但与身体强壮、力量大的外国高大队员相比，从整体上来看并不占上风。所以，从战术的角度来讲，我国女篮如果与对手拼体能上的对抗，并非上策。因此，我国女篮对付外国强队的策略应该是：

全场进攻采取快速攻防转换，利用一切能利用的机会发动快攻反击，打对方立足未稳，让对方的强对抗性无计可施，无用武之地，让她们无法发挥优势。

在2009年中澳国际篮球挑战赛北京站的比赛中，我国女篮以大比分取胜。当然，澳大利亚布林袋鼠队的竞技水平相对来说比较弱。但若从亚锦赛的角度来看这场比赛，似乎能够提出一个让人值得思索的问题：中国女篮要战胜身高体壮的世界强队，是靠对抗取胜，还是靠灵活巧妙的打法取胜？在中、澳队的这场比赛中，我国女篮打出了许多快速反击，在无人防守或防守跟不上进攻队员动作的情况下，使对方的对抗性失去了发挥作用的机会。由此可见，我国女篮在与世界强队比赛时，应该靠灵活多变的战术打法制胜。

六、现代竞技篮球运动的进攻与防守

（一）进攻与防守的概念

攻，即进攻，是实现篮球竞赛目的的重要手段之一，也是篮球竞赛行为的基本类型之一，它的行为目的是攻击对手、击败对手，获得时间和空间的主动权。它的行为特征是以运动的状态向对手进击，并在进击的运动中求得"争斗"的更大优势和主动地位，进而实现"争斗"的终极目的—通过一切合法的手段把球投入对方的篮筐。守，即防守、防御，它是实现"争斗"目的的重要手段之一，也是"争斗"行为的基本类型之一。它的行为目的是保存和守卫自己的阵地，不让对方得分。它的行为特征是以相对驻止的状态抵御对手的进攻，并求得竞赛过程中的优势和主动地位，进而达到巩固成果的目的。竞技篮球运动中存在着这两种最基本的行为。因为在"争斗"过程中，双方的行为不是出于进攻的目的，就是出于防守的目的，出于进攻和防守目的之外的任何行为都是不存在的。这是由于"争斗"的目的是击败对手和巩固已得成果，而击败对手依靠的是进攻的行为，巩固已得成果依靠的是防守的行为。"争斗"中没有脱离目的的任何盲目行为，一切行为都是为"争斗"目的服务的。因此，除了为"争斗"目的服务的行为外，不可能有任何其他行为。

由此可见，"争斗"中的一切行为，不是出于进攻击垮对手的需要，就是出于防守保存自己巩固已得成果的需要，出于进攻和防守之外的任何需要都是不存在的。

（二）进攻与防守的性质

1.进攻的性质

在"争斗"中，攻的性质和守的性质是完全不同的。从进攻的概念来看，攻是一种对对手的进击，目的是击败对手。它处在一种主动的运动状态，并且在进击运动中追求优势，发挥主动和长处，进而达到攻的目的。由此来看，攻的性质是一种主动进击的行为，是"争斗"行为的发起者，或者说攻击者就是首先挑起"争斗"的人。但是，攻击不仅仅是一种力量的打击，它还包括精神上的攻击、气势上的攻击、使用智谋进行的攻击。攻的行为及其运动状态的过程，只是攻的行为的表象。《孙子》中说："上兵伐谋，其次伐交，其次伐兵，其下攻城。"孙子把运用智谋进行攻击放在首位，而把用力量进行攻击放在次要地位，足见孙子是何等的重视"谋攻"。因为任何成功和胜利的"争斗"，都首先是运筹帷幄中的较量和"谋攻"上的"多算""胜算"，其次才有比赛场上追亡逐北的战果。孙子所谓的"多算胜，少算不胜"，就是指"谋攻"的重要性。因此，攻的性质，首先是进攻者具有了这种攻击的强烈欲望、攻击的谋略，然后才有攻击的行动。

2. 防守的性质

从防守的概念来看，守是为了保护自己不被击败，保存自己不被淘汰，是相对于对守的进攻而言的，它的特征是以相对驻止状态抵御对手的进攻，并在这种相对驻止状态中求得优势和主动地位。守从形式上来看，是攻击的承受者，因而守的性质是被动的。但是，攻守双方一旦接触，守方就不再是被动攻击的承受者了，守方的还击，也具有了攻击的性质，也是一种主动进击的行为。这就是双方的斗争。克劳塞维茨说："没有还击的防御是根本不可设想的，还击是防御的一个必要组成部分。"所以，对进攻的还击就是防御。

总之，防守的性质是承受攻击的被动行为，是相对于进攻而言的，同时防守的手段也是针对进攻手段的一种反应，进攻手段促使防守手段的不断变化，防守手段也反过来促使进攻手段的不断变化。防守建立在相应的还击和对场地或外界事物的利用之上。

（三）防守与进攻的内在联系

比赛中的进攻和防守是相对而言的。因为有了进攻，必然会出现防守。防守和进攻在竞赛双方中是交替变化的。攻和守是相对的，无攻就无所谓守，无守就无所谓攻。攻守两种行为是密切联系的。《孙子》中说："攻而必取者，攻其所不守也；守而必固者，守其所不攻也。"这段话的意思与我们所讲的攻守两种行为的必然联系完全不同，它从另外一种角度来考查攻守问题。《孙子》中所说的"攻"是进攻对方虚弱和疏于防守的地方，是其该守而不守的地方。这种"攻"已不纯粹是"攻"的一般性概念，而是指一种"攻"的战略战术。《孙子》在这里讲的是如何克敌制胜的战略战术问题，而不是关于攻守两个一般性概念的普遍内在联系问题。

攻守的内在联系是由"争斗"行为的相互作用构成的。对防守的一方来说，是因为有进攻者的进攻，一方的进攻导致了另一方的防守；对进攻者来说，并不是因为有防守，而是出于实现目的的一种实际行动的需要。

攻守的内在联系也是由竞争目的决定的。争斗的目的在于击败对手、获取胜利，因此攻守也是出于夺得胜利的目的。也就是说，无论是进攻，还是防守，其目的都是夺得战斗的胜利。《唐李问对》中说："攻是守之机，守是攻之策，同归乎胜而已矣。"攻守在"争斗"中的目的是没有矛盾的，是统一的求胜过程的体现。为了达到获胜的目的，防守在外在表现形式上处在被动地位，但在内在行动上则要带有攻击的性质，而防守的胜利必然会转向进攻。军事家们常说，最好的防御就是进攻，即深刻地从另一面体现了这一思想的普遍意义。革命导师恩格斯在《波河与莱茵河》一文中说："最有效的防御仍然是以攻势来进行的积极防御。"《历代名将言行录》中说："我以退为守，则守不足我以攻为守，则守有余。"约米尼说："守势作战只要不是属于绝对消极的性质，则一旦有成功的机会守方绝不可以站在原地不动，静等着敌人来对他加以打击，反而言之，他应有双倍的活跃，随时保持着机警的状态，一发现了敌人的弱点，马上就加以强烈的回击。这一类作战计划可以叫作'攻势防御'，它在战略和战术上，都具有相当大的优点。"

攻守二者是辩证统一的。攻守虽然是两个截然对立的矛盾事物，但二者却同处于一个统一体中，它们互以对方为存在的原因。攻守对于一方而言，并不是处于进攻时就没有防御，处于防御时就没有进攻。如果在进攻中不知道运用防守，就会把弱点暴露在对手面前，并遭到对手的反击而陷入被动挨打的局面，此时攻势就可能变成被动的守势。如果防守中不知道运用进攻，当对手暴露了虚弱点而熟视无睹，放过反攻的良机，就会助长对手的强大，使自己陷入更加被动的不利地位，其结果必然导致惨重的失败。在进攻过程中，进攻是矛盾的主要方面，防守是矛盾的次要方面，防守是潜在的；在防守过程中，防守是矛盾的主要方面，进攻是矛盾的次要方面，进攻是潜在的。如此构成攻中有守、守中有攻的对立统一关系。因此，攻守二者是紧密联系的，是不能被割裂的。

《唐李问对》中说："攻守者，一而已矣，得一者百战百胜。"所谓"一"，就是要把攻守二者有机地统一起来，因为从实际比赛中来看，无论是我方还是对方，都不可能只有优点而没有缺点，只有实而没有虚，或者是只有缺点没有优点，只是虚而没有实。只要双方始终存在着互有强弱、互有优劣的关系，就有攻守统一的绝对必要性。从战略到战术，从思想到行动，从需要到手段，都必须是攻守统一和攻守兼备。攻守统一和攻守兼备，并且运用得当，往往是取得胜利的重要条件。

（四）防守与进攻的内容和形式

攻守的对象是攻守的具体内容，攻守对象的多样性决定了攻守内容的多样性。不同的对阵对象，技战术风格、队伍结构和面貌也不同，必然要有针对性地采取攻防形式。攻守内容的多样性，也决定了攻守形式的多样性。攻守形式随着篮球运动的发展不断变化和有所创新。攻守的形式就是针对具体攻守对象所采取的具体方法和手段。

在篮球运动早期，技术比较原始，也没有太过复杂的战术，攻守的形式都比较简单，随着一系列新的技术不断出现，如跳投、勾手投篮等，原来的防守形式必须要改变。由于单兵作战能力大大提高，一个人防不住单个对手，出现了协防和夹击，为了解决这个问题，掩护也就自然而然地产生了。但是，无论形式怎样变化，攻守行为却绝对没有变化。因此，这决定了攻守基本形式即攻守的普遍形式并没有发生多少变化，变化发展的只是攻守的具体形式。

攻守的具体形式包括了攻守所使用的各种战法。首先从攻守的样式来讲，有阵地战、快攻、人盯人、联防、区域紧逼、全场紧逼等；其次从时间形式上讲，有所谓快节奏和慢节奏；再次，从作战的具体形式上讲，有正面突破、底线包抄、一一进攻、一一紧逼、夹击、掩护、紧逼反击等；最后，从规模上讲，有半场防守、全场防守等。

攻守的内容和攻守的形式是密切相关的，一定的攻守内容往往需要借助一定的攻守形式来实现。内容是攻守对象的实质，形式是针对解决实质性问题的攻守方法和手段。面对不同的攻守内容，必然要求选择和采用相应的攻守方法和手段，即攻守的形式。

唯物辩证法认为，任何事物都是内容和形式的统一，任何内容都有和它相适应的形式。从统一的角度来讲，攻守的内容和攻守的形式是不可分离的，形式和内容是互相包容的。例如，阵地进攻争夺是攻守的内容，阵地战的各种战法是形式，二者是完全统一的，因为争夺阵地必须借助于阵地战的各种形式来实现，如果一方背离了阵地战的各种规律，必然会导致争夺的失败。

（五）防守技术运用技能

基本姿势包括头、背、手臂、腿、脚五个部分。

1. 头

头部对身体平衡十分重要。在比赛中，头部总是在球和对手之间迅速调动，极易失去重心和有利位置。为减少过多的头部运动，一定要靠准确的判断、高效的脚步移动，占据有利位置，尤其是在滑步的过程中，更要注意保持头部的相对稳定。

2. 背

防有球与防无球，防投篮与防运、突、传对背部姿势的要求也有所不同，一般防运、突、投之前是背稍前屈，这种姿势便于起动，有一定的爆发力和弹性。封逼死球及防无球空切时，背部相对较直，以便于身体对抗，"延误"对手的进攻。现代篮球防守仍然是低姿势防守。身体重心低并不是减少膝角即膝关节的弯曲角度，使其处于深蹲状态，而是使自己处于既平稳又易于尽快冲破平衡，及时向各个方向移动的最佳施力状态。因此，防守队员在防有球对手时，多采用在屈膝、降低身体重心的基础上，上体稍前屈，臀部稍后坐，并以全脚掌着地，使自己的手在一定距离的条件下也能接近对手。

3. 手臂

只有用手的攻击才能破坏对方的进攻和获得球权，重心的调整与维持，防有球与防无球，防投篮与防运、突、传打、抢断、封盖与争抢篮板球等，手臂动作的合理运用起着至关重要的作用。投篮有手法，防守亦有手法。不同区域、不同位置、进攻队员持球部位的高低，对手臂的摆放要求是不相同的。防守中手臂绝不能因累而下垂，合理的手臂动作姿势与高度，加大了防守面积，加快了抢球速度，减少了在低处随心所欲地乱捞球，并可降低无谓的犯规。

4. 腿

腿要自然弯曲，降低重心，保持稳定，易于发力，便于起动和起跳，符合人体生理结构特点的就是最佳角度。

5. 脚

防守的起始姿势是两脚平行站立，或前后稍分，两脚之间的距离比肩宽；脚跟稍抬起，两腿屈膝降臀，近似坐姿；上体较直，微前倾，头要摆正，两眼平视；两臂屈肘，高于腰，手心略向上，放于身前。在防守中，脚步移动的作用是使身体及时移位，以保持正确的防守位置和活动范围。

（六）防守专项脚步

脚步动作是防守者在防守时采用的移动步伐，是个人防守技术的基础。防守者运用脚步动作，与手臂和身体其他部位配合，抢占有利位置，最大限度地破坏和阻挠对手的进攻意图，以达到争夺控球权的目的。专项脚步动作有跑、跳、急起、急停、转身、碎步、前滑、迎上攻击步、后撤步、迎前变后撤、后撤变迎前、横侧滑步、交叉步、跑跳步、滑跳步、跳滑步等。

（七）选择防守位置

防守位置包括抢篮板球位置、攻转守退防选位、防有球选位、防无球选位、限制区内的争夺抢位五个部分。

1. 抢篮板球

抢篮板球分为抢前场篮板球和抢后场篮板球。抢前场篮板球，要求用身体的虚晃绕过或摆脱防守队员，常利用手臂"划船"式或直臂单挑式、双手直臂式等动作。抢占空间面积的同时，配合各种步伐、合理的身体冲撞，抢占有利位置，争取获得控球权。抢后场篮板球，则根据对手离篮圈和防守队员之间的距离，防守队员离进攻队员近，就用后撤步转身挡住对手，如离进攻队员有一定距离，就用迎前交叉步配以手臂的"划船"动作做前转身，将对手挡在身后，转身后两肘外展举于体侧。抢占空间面积的同时，两腿弯曲、重心降低、含胸拔背，发力顶住对手，保持最有力的起跳姿势，抢占地面位置。另外，还有与进攻面对面、交叉挡人、弱侧挡人抢位等动作。

2. 攻转守退防

攻转守有主动转守（投中篮或失去球权成死球时）和被动转守（失去控球权）。无论哪种转守，事先都应根据本队的条件，制定防守战术，明确个人职责，根据"球—我—他（攻方）—篮"的防守原则，各自积极地抢占合理有利的位置。

3. 防有球

根据球与篮之间的距离、本队的防守战术打法、个人的防守能力，保持和对手适宜的距离，做到能控制和干扰球而不失位。根据时间、比分、区域、对手决定防守的强度。

4. 防无球

根据"球—我—他（攻方）—篮"的防守原则，不断调整防守位置，坚持"球要经过他必先经过我"的防守原则，进攻队员离球越近，防守就越紧。

5. 限制区的争夺

靠勇敢、靠智慧、靠积极、靠脚步，主动发力，占据最有利的位置。

第二节　排球运动技能教学

新课程改革以来，人们对教育问题不断地进行批评和反思，"生成性教学"这一术语在这一时期被频繁使用。生成性教学是在生成性学习的基础上提出来的，是指教师在动态的教学活动中，根据学生具体的学习情况，有针对性地调整教学思路和教学行为的教学活动。现阶段对生成性教学的研究，集中在中小学的语文、数学、化学和历史等学科上，并取得了可观的成果，但在体育学科中，生成性教学的研究很少，还没有出现具体某项体育运动项目生成性教学方面的研究资料。目前，体育教学虽然进行了一些改革，但仍是采用传统的教学模式进行授课，对学生的主体性不够重视，不能激发学生的学习兴趣和运动动机，而生成性教学始终关注学生主体性的发挥，能激发学生的学习积极性和主动性。因此，本节将把生成性教学引进到排球运动技能教学中，并通过教学实验验证生成性教学对排球运动技能教学的影响。

一、生成性教学概述

我国的教学深受赫尔巴特和凯洛夫教学思想的影响，特别是"教学过程是特殊的认识过程"影响了我国几代学者，教学过程的"组织教学—复习旧知—新授—巩固练习和布置作业"已成为一种固定的教学形式。20世纪80年代中期，我国对基础教育进行批评反思，《基础教育课程改革纲要》提出，教学过程要"注重培养学生的独立性和自主性，引导学生质疑调查、探究，在实践中学习，促进学生在教师的指导下主动地、富有个性地学习"。近年来，我国又深化了教学改革，教学过程不再被视为一种简单的活动过程，而是被看作教学活动的主体围绕一定的活动主题在特定的情境中，通过互动建构的实践活动，是教学要素之间相互作用、变化和发展的过程。师生在动态的教学中，促进学生知识与技能的形成、情感态度与价值观质的飞跃。这不仅打击了传统的教学模式，还严重打击了教师的教学。随着新课程改革的不断深入，教师对生成性教学理论不断了解，把生成性教学引入教学领域已成为众学者的期待。

生成性教学实践探索先于理论研究，最早可以追溯到20世纪80年代，在意大利的瑞吉欧·艾米里亚地区就进行了生成性教学的实践探索，但这次教学活动主要是在幼儿园内进行的。最早把生成性教学理论和实践结合起来的研究者是美国太平洋橡树学院伊丽莎白·琼斯教授和约翰·尼莫教授，在他们合著的《生成课程》一书中，记载了他们亲自指导的美国一家幼儿园一年中生成课程的实践情况。伊丽莎白·琼斯教授和约翰·尼莫教授认为，生成性教学"是一个教育环境中实际发生的事情—不是理性上计划了要发生的事，而是真正发生的事情"。他们强调生成性教学的真实性和实践性。

从目前搜索的文献资料上来看，对生成性教学理论的研究很多，虽有些已经运用到语文、化学、数学、历史等学科中，但对体育教学的研究很少，还没有人涉及把生成性教学理论引用到体育教学中。随着信息化时代的到来，越来越多的人开始关注奥运会，关注排球运动。排球运动是一项集体项目，其技术复杂、战术精细、攻防瞬息变换，具有高度的刺激性和敏锐的灵活性，深受广大民众和学生的喜爱。在我国高校学科中，排球运动一直占有重要地位，但由于其对动作技术的要求较高，而且技巧性又比较强，因此给高校排球运动的教学带来了一定的影响。现在大学体育专业毕业生大多面临着中小学体育教师和低层体育指导者的角色，这就要求学生更好地掌握排球技术和自主学习排球知识，使其在以后的体育教学工作生涯中更好地教授下一代排球学习者。仅依靠在课堂中学习的知识并不能满足社会对学生的要求，学生不仅要掌握基本的排球知识，还应持有一种终身学习的精神，这就需要教师激发学生深入学习排球知识的兴趣。

目前排球运动技能教学仍以常规教学为主导，遵循教师讲解示范、学生根据教师的指导逐步练习、教师指导纠错、学生巩固练习，最后达到一定的技术水平。常规教学只是让学生达到了课程目标的要求，并没有引导激发学生学习的兴趣。现代教学要求教师不仅要让学生掌握应有的知识技能，还要引导学生产生对此项运动的热情，以保障学生在以后的学习生活中深入探究、自主学习，形成终身学习的理念。随着新课程改革进一步深入，学生的主体性逐渐得到关注，生成性教学的出现解决了这个难题。首先，生成性教学符合新课改的要求，关注学生的主体作用，在教学过程中是以学生的学习活动为中心，教师根据具体的教学情况来调节课堂，以使学生更好地学习课堂知识和运用各项技术；其次，生成性教学关注发展的教学目标或动态的教学过程，在预设好的教学目标和过程上，教师可以根据具体的教学环境来降低或提高教学目标和改进教学过程，适应学生的学习情况和满足学生的需要；再次，生成性教学注重个性化的教学方法，教学要以学生为中心，适合学生的方法才是最好的方法，要根据学生个体的差异性来采用不同的教学方法，使学生快速有效地掌握知识技能；最后，生成性教学还关注多元化的评价方式，形成性评价和终结性评价相结合，这将激发学生学习的热情。为此，本节将在排球运动技能教学中采用基于生成性教学理论的排球运动技能教学优化策略，并通过教学实验探讨与验证基于生成性教学理论的排球运动技能教学策略的有效性，为进一步深化体育教育的改革和改进排球技术教学提供理论参考。

二、基于生成性教学理论的排球运动技能教学策略的设计

（一）设计的目的意义

排球教学策略设计一般是指教师根据排球教学设计的有关原理和设计思想，既定预期的目的和要求，把握教材的具体教学内容，针对教学对象，在教学过程中安排系统完整的教学程序和教学结构，制定出有利于取得良好教学效果的策略。教学设计为完整的课堂教学做铺垫。在排球运动技能教学策略设计中，把握教学设计的各个环节，促进课堂教学各要素之间有效联系，使教学过程系统化，既能提高教师的执教和观察能力，帮助教师把握好课堂教学的各个环节，又能让学生有效掌握排球技术，提高学习效率，从而改善课堂教学效果。

（二）设计原则

1. 弹性化原则

弹性化原则是指在生成性教学设计的过程中，对教学内容的设计除了预设的基本确定性知识外，还包括一定量的师生间共同建构的生成性知识，在教学进度上，要根

据学生学习和掌握知识的情况来弹性地调整教学过程，使学生更好地理解知识和掌握技能。

2. 动态化原则

动态化原则是指在教学活动中，会出现许多意想不到的问题和情况，教师不能机械地依照预设好的教学过程进行，应当用发展的、动态的眼光，根据具体情况进行灵活处理，积极引导教学活动不断更新，生成新的超出原计划的教学过程和教学目标。

3. 合理性原则

合理性原则是指在教学过程中，教师应根据学生对知识的掌握情况，合理地安排课堂内容、教学进程和教学方法，教学内容应在学生接受的能力范围内或稍高于学生的接受能力，以便学生更好地生成。教学设计安排得是否合理，将影响学生对所学内容的掌握、对所学知识的兴趣和学习成就感，这样会影响学生的学习积极性和主动性。

4. 有效性原则

有效性原则是指所生成的教学过程对主体的成长及教育是有用的、具有积极意义的，生成的目的不是为了生成而生成，而是为完成某一任务而服务的。因此，主体在生成时必须在正确价值观的指导下，生成的内容应具有一定的有益性，应该是积极的、有意义的，是有价值的教学内容。

5. 发展性原则

发展性原则是指教学设计要求设计者把学生看成不断发展变化的，应该采用动态的、变化的指标进行衡量。设计者在发挥其主导作用的同时，也要充分考虑学生已有的知识经验、态度和心理变化。

（三）设计的理论依据

本设计基于建构主义理论、人本主义理论、生成性学习理论，从各个角度和不同方面为优化排球运动技能教学策略的设计提供充分的理论依据。

1. 生成性学习理论

生成性学习理论是美国教育心理学家威特罗克最早提出来的，他认为学习是一个主动的生成过程，学习者积极地接受知识，并主动地对知识进行加工处理，最后构建出自己对知识的理解。理解是学习者的视野与文本相互交流融合的过程，在教学过程中，注重学生与文本的互动，通过学生和知识的不断作用，使学生对知识不断地理解探索。生成性学习理论注重学生对知识的自主探索，学生以自己现有的知识水平对新知识进行学习探索，经过学生不断地探索，最后领悟到知识的真谛。这个过程是学生自主学习的过程，充分体现了学生在学习中的主动性，这一特性是生成性教学的基本特征，生成性学习理论是生成性教学的基础，因此生成性学习理论也可以作为生成性教学策略设计的理论基础。

2. 建构主义理论

建构主义强调学生对知识的主动探索、主动思考以及对所学知识的主动建构，区别于传统教学中的"教师怎么教，学生怎么学"的模式。在教学观念上，以学生为中心，突出的是学生的"学"，充分尊重学生的主体地位。学习的意义在于学生以自己原有的经验和认识，对接收的信息进行重新认识和理解，建构起自己的理解，在这个过程中，由于接触了新信息，使得原有的经验和认识也发生了变化。在教学目的上，鼓励学生分析他们自己观察的事物，发展创造性思维。在教学环境上，强调学习环境在学习中的作用，学生自己创设一种学习环境，在这一环境中，积极学习，与周围的同学相互讨论、交换意见，以此获得对事物的理解。

建构主义把教学视为学生主动建构知识的过程，知识的获得是在特定的情景，对某一主题或问题进行探究的过程。因此，教学是一个知识传授和能力发展相结合的过程。建构主义正是对行为主义的一种反思，行为主义教学的目标模式是一种预设性的目标，教学的过程就是根据这个预设的目标选取教学内容、教学方法，然后实施教学内容，最后达到预设的教学目标，因此建构主义理论可以作为本教学策略设计的理论依据。建构主义则与之相反，把教学看成动态的、不断变化的，这与生成性教学理念相同，可以作为生成性教学策略设计的理论基础。

3. 人本主义理论

人本主义理论的宗旨是树立以人为本的思想、全面发展的原则，体现"人文关怀"，打破教师中心论，提倡学生打破机械学习、被动接受知识的局面，要求学生主动参与，重视学生的认知发展。此外，人本主义更关注学生的兴趣、动机、情感的发展趋势，了解学生的内心世界，顺应学生的学习需要、学习兴趣、学习经验，把握学生的个性差异，激发学生的潜能，使其认知和情感交互作用，强调学生的创造力、动机、情感、兴趣、认知等方面对行为的约束作用。

人本主义主张在教学的运用中从各个方面强调"以人为本"的理念，这要求教育者在教学活动中充分贯彻这一策略思想，重视人文关怀，同时激发学生的学习动机和兴趣，重视个体差异，使每个学生都能获得最适宜、最充分的发展。人本主义和生成性教学理论具有高度的统一性，因此人本主义理论对于生成性教学策略设计具有一定的借鉴作用。

三、生成性教学的排球运动技能教学策略

（一）教学目标

生成性教学目标是在教师创设的教学情境中，通过教师捕捉生成性的教学资源，在引导学生思考的过程中自然而然生成的。教学目标主要从知识与能力、过程与方法、情感态度与价值观三个维度进行弹性预设。

1.认知目标

首先，通过排球运动技能的学习，学生能理解、记忆各项基本技术动作要领和动作概念，掌握各技术环节的技术要点，建立清晰的技术动作表象；其次，学生要理解掌握各技术的动作要点，了解技术的难点和相关的理论知识，为技术的运用做准备；再次，学生可以将已学的知识运用到新的教学中，并可以解决一些简单的问题；最后，学生能对技术状态做出价值评判，运用已学的知识解决复杂的问题。

2.情感目标

首先，激发学生对本课程的兴趣、好奇心；其次，培养学生独立思考、自主学习的能力，让学生积极参与到教学活动中，发挥学生的主体作用；最后，培养学生彼此互助的品质，增强团队凝聚力和不怕疼、不怕累的优良品质。

3.技能目标

要求学生基本掌握传球、垫球、发球和扣球的技术动作，以及能够参加排球教学比赛。首先，通过感觉了解技术动作，并对此做出条件反射，对技术动作具有观察分析能力和模仿能力；其次，通过自主学习和探究掌握各技术的动作要领和重难点，能流利地做出各技术动作；最后，在教学比赛中，能顺利运用各项技术动作，达到动作的自动化与规范化。

（二）教学策略

1.弹性预设教学方案

（1）课堂目标的弹性预设

课堂目标是一节课的教学目标，是一节课的核心，控制着教学过程，是进行教学的出发点和归宿。在设计一节课的课堂目标时，既要考虑实际的教学目标和期望的教学目标的差异，又要关注学生个体之间的差异，要使课堂教学目标具有一定的"弹性空间"。课堂教学目标应该分为基础性教学目标和发展性教学目标。基础性教学目标即掌握基本的技术要领和完整的技术动作，发展性教学目标是对所学技术的运动，即在一定的情境中，学生可以适时地运用各项技术。例如，在教学过程中，若学生对基

础的教学目标没有掌握牢固，那么教师将进一步改进教学方法，对学生进行强化训练，让学生规范掌握技术动作的要点，然后再进行发展性教学目标的学习，让学生每一步都脚踏实地地走好，为以后的排球技术学习打下坚实的基础。

（2）板块设计教学内容

教学方案即我们俗话说的"教案"，在教学之前，教师对学生的特点、教学环境和教学内容等因素进行学情分析，并制定出相应的教学预案。生成性教学是在预设基础上的升华和发展，是对预设性教学的补充和修正，以此来增加学生的学习兴趣，使其更好地掌握课堂知识和技能。在设计教案时，教师应尽可能多地对本节课可能出现的问题和情况进行设想，并根据具体情况设计出应对方法，以便更好地调整教学手段，引导学生在轻松愉快的学习环境中学习。所以，笔者认为，在排球教学中教师可以采用板块教学，这样有利于教师掌控课堂教学动态发展。

2.个性化的教学方法

生成性教学方法的选择必须以满足学生自身的发展为前提，有利于训练学生生成性思维。方法不是固定的模式或机械运作，它是学生正确掌握运动技能的脚手架。从某种意义上说，生成性教学方法的选择是根据教学过程的需要和教学环节的改变，随机采取的解决当前教学问题的教学方法，同时依据实验者自身的特点和教学环境对教学方法进行选择。

首先，分层教学法。分层教学就是教师根据学生的不同学习情况，给其进行分组。分组方法有同质分组、异质分组。在生成性教学中，我们将采用动态的同质分组和异质分组。在教学前，教师应先进行同质分组，给不同阶段的学生提出阶段目标，待技术达到要求，教师再给其提出更高的要求。经过练习，教师再进行异质分组，让技术掌握得好的学生去帮助学习技术困难的学生，充分利用学生自身的资源，以学教学。这样不仅帮助了学习技术困难的学生对技术的掌握，还巩固了能力强的学生的技术，更帮助了教师的教学，充分体现了学生的主体性和教学灵活动态。

其次，互动教学法。教学环境的好坏直接影响学生对课堂的喜爱程度，所以若想把学生的积极性调动起来，教师必须给学生提供一个开放、民主、平等、互动的教学氛围，让学生在轻松愉快的环境中学习。新课改倡导教学要注重学生主体性的发展，学生的主体性主要体现在学生对课堂的参与性上。在课堂教学活动过程中，师生应多进行交流互动，教师也应该多给学生提供学生之间的相互交流的机会，这样不仅能增进师生之间的感情，还能促进学生之间的交流，学生之间相互帮助、相互学习，相互交流学习的心得体会，这样教师的教学将会事半功倍。

3.捕捉利用教学资源

教学资源即在教学过程中突然出现的一些有利用价值的信息，所谓有利用价值的信息就是在教学过程中有助于提高学生的知识和技能、培养学生良好的情感态度和价值观。例如，课堂上学生的一句问话或一个错误、突发事件或一个相左的意见等，均有可能成为可以利用的教学资源，而这一块也恰恰能突出一个教师所具备的教育机制。所谓教育机制，是教师在教学过程中一种特殊定向能力，是指教师根据学生新的特别是义务外的情况，迅速而正确地做出判断、随机应变地采取及时、恰当而有效地解决问题的能力。教育机制是教师良好的综合素质和修养的表现，是教师娴熟地运用综合教育的手段和能力。

首先，关注问题资源。生成性资源无处不在，在课堂教学中不是缺乏生成性的教学资源，而是缺乏善于发现和有效利用教学资源的慧眼。在教学过程中，教师及时捕捉课堂上师生、生生互动中产生的有探究价值的新信息、新问题，并能在亮点处引领，在冷场处引领，在迷茫处引领，在错误处引领，把师生互动和探索引向纵深，使课堂再产生新的思维碰撞和交锋，从而再有所发现、有所拓展、有所创新，促进教学的不断生成和发展。

四、分析与讨论

（一）基于生成性教学理论的排球运动技能教学策略对排球运动技能习得的影响

基于生成性教学理论的排球运动技能教学策略对排球运动技能习得具有促进作用。生成性教学是动态的、发展的教学活动，这给学生留有充分的空间来发展自我的学习能力、自我掌控和自我监督的能力。当代学生个性迥异，都有各自的想法，期望能按照自己的方式来学习探究，生成性教学正好可以满足学生的个性发展，可以调动学生的积极性，能够取得良好的教学效果，有利于学生更好地掌握各项技术，提高学生的人际交往能力。

但是，从实际的情况来看，学生的颠球技术和扣球技术中具有显著性的差异，笔者从以下两个方面进行阐述。

1. 学习的迁移

学习迁移是指一种学习对另一种学习的影响，或习得的经验对完成其他活动的影响。网球运动发球时借助于外在的器械击球，而排球运动中的发球是不借助运动器材的，两者的发球动作轨迹也不同，但由于长期重复网球发球动作练习，学生已经形成了一种发球动作定势，这将对排球教学中的发球动作的学习具有一定的影响。网球的发球动作和排球的发球动作具有本质的不同，之所以在发球技术上没有产生显著性差异，就是因为在排球发球技术学习中产生了学习迁移。

2.教学内容的板块设计

板块设计是教学方案的具体化，是通过对学生基本情况的了解和学习环境的考虑，对教学方案的具体划分和有针对性的安排。在教学设计中，将教学实施过程中的教学内容分成若干个板块，针对不同阶段，设置不同的教学内容，安排不同的教学方法和练习强度，解决这一阶段的教学任务，待所有学生完成该阶段的教学目标后，再进行下一阶段的安排和实施，以此递进式设计教学板块，以达到整个教学任务的顺利完成。

通过教学的板块设计，教师可以全方位地掌握教学内容的安排，教师根据每个板块教学中学生对教学内容的理解和掌握情况，进行教学手段的调整，能够有效地促进学生对排球技术动作的习得水平，满足教学需要，取得预期的教学效果。

（二）基于生成性教学理论的排球运动技能教学策略对运动动机和学习兴趣的影响

如上文"生成性教学的排球运动技能教学策略"所述，基于生成性教学理论的教学策略在一定程度上激发了学生的运动动机，提高了学生的学习兴趣。分析其原因，主要可以从以下两个方面来说：

1.弹性的预设，给学生自我探索的空间

在生成性教学课堂中，教师给学生留有一定的自主学习和探索问题的空间，体现了生成性教学"动态、发展"的教学特征。当代学生都各具主见和思想，在教学活动中为了充分发挥其主体性作用，教师在教学时应适当放权，适当地引导促进教学过程的生成，让学生在自我学习探索中展现自己，体现自我价值，满足学习需要。

2.教学资源的及时利用，激发学生的学习热情

在生成性教学过程中，学生不仅是教学对象和学习的主体，也是教学资源的组成者和生产者。学生在教学活动中的表现，如积极性、注意力、一系列的发言、提问、争辩及错误的回答等，均是可利用的教学资源。教学资源无处不在，教师根据具体的情况加以引导，既有效地利用了学生在学习中自我产生的资源，又可以激励学生，让学生对课堂充满热情。所以，在教学中，教师要充分利用学生自身的特点，让学生发现问题，通过教师的引导，不仅能够使学生掌握应有的知识技能，还能满足学生的表现欲和虚荣心。但是，在实际的教学过程中会出现一些突发性事件，教师要根据学生的具体情况与学生共同处理，以达到师生之间的交流互动，保证课堂教学的顺利进行。

（三）基于生成性教学理论的排球运动技能教学策略对团队凝聚力的影响

团队凝聚力是指团队对成员的吸引力、成员对团队的向心力以及团队成员之间相互的影响和吸引。团队凝聚力的大小可以从侧面反映一个班集体的好坏，而生成性教学法教学策略对团队凝聚力有着影响作用，具体体现在以下两个方面：

1.个性化的教学方法

新奇的事物对每个人都有一定的吸引力，个性化的教学方法能够激发学生的学习兴趣。在生成性教学活动中，笔者主要采用分层教学法和互动教学法，分层教学法是教师根据学生的自身能力的特点和教学的条件，在尊重学生个体差异的情况下，将学生分层，每个层次的目标和练习方法是由学生自己来定的。不过需要注意的是，在实施的第一阶段我们可以采用同质分组，教师对低层次的学生进行循序渐进的教学，使其在不断练习强化中达到最终的目标；对于高层次的学生，要充分调动其积极性，让其自我探索，在自主学习中理解掌握知识。第二阶段采用异质分组，学生自由组合分组，形成互帮小组，每个高层次的学生带一个低层次的学生，这样既利用了可利用资源，又增加了学生之间的交流，在一定程度上增强了团队之间的凝聚力。

2.适时的教学比赛

在生成性教学过程中，教师根据学生的表现情况，适时地组织小型的教学比赛，既可以提高学生对排球技术的掌握运用和学习的积极性，又可以让学生在比赛中明白团队合作的重要性。一个球队若想打出好的成绩，需要团队中每个人的努力，并不是只靠一个人就可以完成。一万次的想象，不如一次的亲身经历，实践经历可以让学生更好地明白排球比赛中团队凝聚力的作用。学生未来要走向社会，在以后的生活工作中都要与人交往，让学生早点融入大集体中，让学生感受集体的温暖，可以使学生形成正确的人生观、价值观。

由此我们不难发现，将生成性教学引入排球运动技能教学中是可行的。在研究基于生成性教学理论的排球运动技能教学策略时，我们不难发现生成性教学理论下的排球运动技能教学策略可以有效地提高学生对排球运动技能的习得，有利于激发学生的学习兴趣，提高学生的运动动机，增强学生的团队凝聚力。

基于生成性教学理论的排球运动技能教学优化策略在排球运动技能教学中实施，能够激发学生的学习兴趣，提高学生学习的积极性和主动性，增强学生对排球运动的喜爱；能够提高学生的团队凝聚力，培养学生的人际交往能力；有助于增强学生的自信心，提高学生运用排球技术及参与排球比赛的能力。

第三节　羽毛球运动技能教学

随着我国人民生活水平的不断提高，各级教育部门、各级体育部门和各类社会团体组织的学生羽毛球比赛越来越多，这就产生了对学生进行羽毛球训练的需求。本节以多球训练法在学生羽毛球运动技能中的运用为中心内容，对学生羽毛球训练中的一个子方法—多球训练法进行深入的探索研究，以启蒙阶段的多球训练法为主，对今后开展学生羽毛球运动技能的理论研究具有一定的参考价值。另外，本节以对学生羽毛球运动技能中所使用的多球训练法进行研究为切入点，对训练内容、训练程序等进行研究，寻求行之有效的措施与方法来提高学生羽毛球运动的教学质量和教学效果，对培养高水平的学生羽毛球运动员具有一定的现实参考意义。

一、多球训练法的概念

羽毛球多球训练法是指教师站在球场的一侧以发球的形式连续地发出一定数量的球，队员则站在球场的另一侧来击打教师所发出的球，其目的是通过反复练习某一单一技术或几种技术的组合，达到提高队员羽毛球技术水平。根据羽毛球的各项技术，可以将训练法分解为高远球技术多球训练法、平高球技术多球训练法、杀球技术多球训练法、劈吊球技术多球训练法、滑板吊球技术多球训练法、后场正手区被动抽球技术多球训练法、后场头顶区反手球技术多球训练法、中场接杀球技术多球训练法、搓放网前球技术多球训练法、网前勾对角技术多球训练法、网前挑球技术多球训练法、网前推球技术多球训练法、网前扑球技术多球训练法等。另外，根据实战情况，可以将各个单一技术多球进行组合，如杀球技术和各种网前技术相结合便可组合成杀上网技术，吊球技术和各种网前技术相结合便可组合成吊上网技术等。此外，还可以通过多球数量的控制和发球速度的变化来达到提高队员的不同代谢能力的作用。例如，发球时采用一组多球的数量在 10 ～ 30 颗之间的发球速度较快的多球训练时，经过多组训练后可以有效地提高队员的无氧代谢能力；发球时若采用一组多球的数量在 100 颗以上的发球速度适中的多球训练时，经过一段时间的训练后可以有效地提高队员的有氧代谢能力。

二、羽毛球多球训练法在教学训练中的重要作用体现

（一）多球训练对于学生动力定型有重要的作用

羽毛球技术中的高球、吊球、杀球、网前球是最基本的技术。学生在学习技术动作的初始阶段，对于各技术动作要领并不十分清晰，因此在操作中往往会表现为动作僵硬，缺乏连贯性与协调性，甚至有较多的错误动作与不必要的动作，此时需要不断重复多次练习来形成动作表象。多球训练比单球练习在单位时间内练习次数更多、密度更高、强度更大。采取针对性措施，通过围绕掌握和规范动作、强化某一技术特点的单一或连贯的多球练习，可以实现纠正和改进错误动作，强化某个技术环节的动作定型，逐渐掌握相关的技术要领。

（二）多球训练有利于强化羽毛球技术节奏感的养成

羽毛球项目在对抗时，球的来回速度、路线上都表现得较为紧凑，需要在对抗时不断控制自己的身体与速度变化，保持击球动作和步法移动协调一致，出球予以回击。多球训练本身具有多变性及可控性的优势及特点，供球者在实际的操作中可采用各种技术组合，多样性地进行不同路线、不同速度、不同弧度、不同落球点的供球，让练习者及时对不同变化的来球做出各种判断，逐渐适应击球变化所需的力量、方向与速度，对不同击球技术之间的应用产生条件反射式的操作，从而提高他们对羽毛球技术的节奏感。

（三）多球训练能有效提升学生的各项身体素质

羽毛球运动经常会出现多拍的现象，连续性较强很容易使身体血乳酸值迅速升高，甚至处于缺氧状态。因此，身体素质的高低直接影响羽毛球技术水平的高低。多球训练由于来球的多变性，要求练习者必须高度集中注意力才能完成每个技术动作。高强度的训练密度能够最大限度地加快步伐的移动、挥拍动作的速度和幅度，有效锻炼学生的速度素质、力量素质、有氧耐力水平和身体的协调性。通过各种形式的多球训练，学生的注意力被无形地吸引并积极主动地投身到训练中去，有效地解决了传统身体素质训练枯燥乏味这一矛盾，激发了学生练习的积极性。

三、学生羽毛球运动技能培养的目标

《义务教育体育与健康课程标准》中指出，中学生运动技能目标有学习体育运动知识、掌握运动技能与方法、增强安全意识和防范能力。在学生运动技能培养中，通过运动技能的学习使学生初步掌握基本的羽毛球运动能力，能够完成基础的羽毛球技术动作。江宇在《从心理学视角论体育与健康课程运动技能目标的价值定位》中指出，人们从事体育运动和进行体育锻炼时所表现出来的能力，也就是以体育为目的的动作能力是最基本的目标，因此运动技能目标可以设定为基础技能目标、组合技能目标和竞赛技能目标。任何一个项目运动技能的形成与培养都是一个完整的系统过程，是一项集技术、战术、心理和体能为一体的综合培养过程。在学生羽毛球运动技能的培养中，各项单一基础技能的培养是其重要的组成部分。学生在学习能力和体质特征方面有别于成年人，处于运动技能培养的初级阶段，因此在学生羽毛球运动技能的形成过程中，最为适合也最为重要的技能培养内容就是技术和身体素质的培养。其中，羽毛球击球技能的掌握，是学生进行下一阶段训练的基础。羽毛球属于技能主导类隔网对抗，在羽毛球技能培养的每一环节中，都需要击球技术作为展开训练的基础。

四、启蒙阶段多球训练法的组织实施

根据《中国学生们羽毛球训练教学大纲》的要求，羽毛球教学训练的启蒙阶段是指还未掌握羽毛球基本技术的学生们所处的阶段。因此本实验中初一年级的学生正处于启蒙阶段。下面对试验中启蒙阶段的羽毛球多球训练法的运用进行详细的介绍。

（一）训练目标

掌握羽毛球的基本击球技术（高远球、吊球、挑球、搓球、勾球）；使击球动作标准、协调，达到动作自动化；击出球的飞行弧线能够高低合理且保持稳定；使击球的落点比较精准。

（二）教学手段

启蒙阶段多球训练法的教学手段包括羽毛球场地（五片）、羽毛球拍（每人一支）、羽毛球（30颗）、羽毛球教学课时计划。

（三）组织形式

启蒙阶段多球训练法的组织形式以实践课为主，以演示为辅，即教师站在球场的一侧连续发出30颗球，队员则在球场的另一侧来击打教师发出的球，与此同时教师根据学生的击球效果，可以运用口头讲解或动作示范的方式来加以规范击球动作。

（四）训练方法和要求

按照循序渐进的教学原理，羽毛球所有技术的训练过程都为：首先掌握定点击球技术，然后再掌握移动中的击球技术，最后再将各项技术综合运用。因此，笔者将分别对各项基本技术的训练方法进行论述。

1.高远球的多球训练

（1）定点击打高远球的多球训练

首先，训练时让学生在球场一侧的双打后发球线位置做侧身架拍动作（以便学生养成侧身的习惯），教师在球场另一侧的中间位置发高远球，要求发出球的高度足够高，能使球垂直下落且落点尽量在队员的头顶上方，使队员减少移动（因为移动中击球的难度要大于定点击球的难度，不利于初学者的动作定型）。

其次，由于击打高远球是所有羽毛球后场技术的基础，而熟练的挥拍则是击打高远球的基础，因此此项训练要求挥拍练习和击打高远球练习相结合，即当一人在场上练球时，要求其他学生做挥拍练习。

最后，教师在喂多球时，发球速度不宜过快，等待学生击完上一个球，动作完全还原后才能发出下一颗球。教师在喂球过程中发现学生动作错误时，要及时停止练习并加以纠正。

（2）移动中击打高远球的多球训练

当学生熟练掌握定点击打高远球技术后，就可以进行移动中击打高远球的多球训练。

首先，学生采用后退步法移动到后场时，教师发出高远球，此时并不需要把球发到学生所处的准确位置而是大体位置，让学生自己去寻找最佳击球点。教师发球速度不宜过快，等学生快要移动到后场时才能发球。当发现学生动作错误时，教师要及时停止练习并加以纠正。

其次，学生在场上的移动顺序是：中场准备—退至后场正手区—回至中场—退至后场头顶区—回至中场，如此重复移动直至将所训的球数击打完。

最后，当一人在场上练球时，教师要求其他人在其他场地做步法练习或发球练习。

2.吊直线球的多球训练

（1）定点吊直线球的多球训练

首先，让学生在球场一侧的双打后发球线位置不需移动，教师在球场另一侧的中间位置发高远球，学生不断练习吊直线球，使其体会吊直线球的动作要领：一是要求吊球的挥拍动作同击打高远球的挥拍动作一致，只是在击球的一瞬间手腕抖动不同；二是要使拍面同球头摩擦，使其能够产生过网急坠的效果。

其次，要求学生控制好球在网带正上方的高度，太高容易给对手造成机会，太低容易造成球下网。

最后，要求球的落点在前发球线左右且下落速度要快，达到出其不意的效果。

（2）移动中吊直线球的多球训练

当学生熟练掌握了定点吊直线球的技术动作后，就可以进行移动中吊直线球的多球训练。

首先，学生采用后退步法移动到后场时，教师发出高远球，学生进行吊直线球练习。教师发球速度不宜过快，等学生快要移动到后场时才能发出球。当发现学生动作错误时，教师要及时停止练习并加以纠正。

其次，学生在场上的移动顺序是：中场准备—退至后场正手区—回至中场—退至后场头顶区—回至中场，如此重复移动直至将所训的球数击打完。

最后，当一人在场上练球时，教师根据情况可以安排其他人做辅助练习（如颠球练习、挥拍练习、步法训练等）。

3. 吊斜线球的多球训练

当学生掌握了吊直线球的技术动作后，就可以进行吊斜线球的多球训练。吊斜线球分为劈吊球和滑板吊球两种手法，但都为吊斜线球，因此训练方法和要求相同，以下统称为吊斜线球。

（1）定点吊斜线球的多球训练

首先，让学生在球场一侧的双打后发球线位置不需移动，教师在球场另一侧的中间位置发高远球，学生不断练习吊斜线球。在后场正手区练习劈吊球，劈吊对角网前小球，在后场头顶区练习滑板吊球，滑吊对角网前小球，同时要求学生体会吊斜线球的动作要领：吊斜线球的挥拍动作同击打高远球和吊直线球的挥拍动作一致，只是在击球的一瞬间手腕抖动方向不同。

其次，要求学生控制好球在网带正上方的高度，太高容易给对手造成机会，太低容易造成球下网。

最后，要求球的落点在前发球线左右且下落速度尽量快，达到出其不意的效果。

（2）移动中吊斜线球的多球训练

当学生熟练掌握了定点吊斜线球的技术动作后，就可以进行移动中吊斜线球的多球训练。

首先，当学生采用后退步法移动到后场正手区时，教师发出高远球，学生进行劈吊斜线球练习；当学生采用后退步法移动到后场头顶区时，教师发出高远球，学生进行滑板吊斜线球练习。教师发球速度不宜过快，等学生快要移动到后场时才能发出球，当发现学生动作错误时，要及时停止练习并加以纠正。

其次，学生在场上的移动顺序是：中场准备—退至后场正手区—回至中场—退至后场头顶区—回至中场，如此重复移动直至将所训的球数击打完。

最后，当一人在场上练球时，教师根据情况可以安排其他人做辅助练习（如颠球练习、挥拍练习、步法训练等）。

4. 网前搓球的多球训练

（1）定点搓球的多球训练

要求学生定点在网前不需移动，教师在网前扔球，学生连续搓放网前小球，使其体会搓放网前小球的动作要领：一是要注意拍面角度；二是要抢击球的高点；三是要体会手指的捻动发力；四是要使搓放出去的小球直上直下，即球要尽量贴网下落，并且使球的最高点在本方场地内；五是搓放出去的小球高度要合理，太低使不过网的概率加大和难以产生贴网直下的效果，太高容易让对手抓住机会扑球。

（2）移动中搓球的多球训练

当学生熟练掌握定点搓放网前小球技术后，就可以进行移动中搓放网前小球的多球训练。

首先，教师发网前球时，发出的球尽量离网近些高些，以便于学生做出完整的搓放网前球动作，有利于动作定型和养成网前抢高点的意识。发球速度不宜过快，要与学生的移动速度相同，当发现学生的动作错误时，要及时停止练习并纠正其动作。

其次，学生在场上的移动顺序是：中场准备—上网至前场的正手位—回至中场—上网至前场的反手位—回至中场，如此重复移动直至将所训的球数击打完。

最后，当一人在场上练球时，教师根据情况可以安排其他人做颠球练习，以培养球感。

5. 网前挑球的多球训练

（1）定点挑球的多球训练

首先，同前场定点搓放小球的训练一样，要求学生定点在网前不需移动，教师在网前扔球，学生不断练习前场挑球，使其体会前场挑球的动作要领：一是要求在做挑球准备动作时拍形应与搓放网前球的拍形保持一致；二是在击球时动作要小要突然。

其次，要求学生控制好挑出去球的飞行弧度，太高容易让对手有充足的时间回到后场，太低容易使对手半场拦截。

最后，要求挑球的落点精准，最好落在双打后发球线和底线之间。

（2）移动中挑球的多球训练

当学生熟练掌握了定点挑球的技术动作后，就可以进行移动中挑球的多球训练。

首先，教师发网前球时，发出的球尽量离网近些高些，以便于学生体会正确的挑球动作要领，有利于动作定型和养成网前抢高点的意识。发球速度不宜过快，要与学生的移动速度相同，当发现学生的动作错误时，要及时停止练习并纠正其动作。

其次，学生在场上的移动顺序是：中场准备—上网至前场的正手位—回至中场—上网至前场的反手位—回至中场，如此重复移动直至将所训的球数击打完。

最后，当一人在场上练球时，教师根据情况可以安排其他人做辅助练习（如颠球练习、挥拍练习、步法训练等）。

6. 网前勾球的多球训练

（1）定点勾球的多球训练

同前场定点搓放网前球训练一样，要求学生定点在网前不需移动，教师在网前扔球，学生不断练习勾对角技术，使其体会勾对角的动作要领：一是要求在做勾对角准备动作时拍形应与搓放网前球的拍形保持一致；二是在击球时动作要小要突然；三是要控制好勾出去的球的飞行轨迹，使球在本方场地内的飞行时间较长，在对方球场内的飞行时间较短；四是要注意勾球的落点，使其越近网越好。

（2）移动中勾球的多球训练

当学生熟练掌握了定点勾球的技术动作后，就可以进行移动中勾球的多球训练。

首先，教师发网前球时，发出的球尽量离网近些高些，以便于学生体会正确的勾球动作要领，有利于动作定型和养成网前抢高点的意识。发球速度不宜过快，要与学生的移动速度相同，当发现学生的动作错误时，要及时停止练习并纠正其动作。

其次，学生在场上的移动顺序是：中场准备—上网至前场的正手位—回至中场—上网至前场的反手位—回至中场，如此重复移动直至将所训的球数击打完。

最后，当一人在场上练球时，教师根据情况可以安排其他人做辅助练习（如颠球练习、挥拍练习、步法训练等）。

通过以上论述，进一步明确了多球训练法在学生羽毛球运动技能中的运用效果，因此笔者将研究重点集中在学生羽毛球运动技能所使用的多球训练法上，对训练内容、训练程序和训练负荷进行探索，寻求行之有效的措施与方法来提高学生羽毛球运动的教学质量和教学效果，对培养高水平的学生羽毛球运动员具有一定的现实参考意义。

第四节　乒乓球运动技能教学

一、参与式教学法的相关概念

（一）参与

参与，又称"介入"或"参加"，通常指的是个体或团体以第二方或第三方的身份加入、融入某项事情中。《现代汉语词典》将"参与"定义为"参加（事务的计划、讨论、处理），介入其事"，即"参加某个组织或某项活动"。

对于教学过程中的"参与"，笔者认为是指学生进入教学群体和教学过程中的状态。参与让学生在教学过程中通过自身活动和亲身体验，享受学习的乐趣，感受知识的奇妙，提升学习信心，让学生在学习过程中真正实现知、情、意、行的统一。

（二）参与式方法

参与式方法是 20 世纪后期确立和完善起来的一种新的工作方法和手段，其显著特点就是强调发展主体能够积极地参与活动的决策、实施、管理和利益分享的全过程。

教学过程中的参与式方法是指学生全面参与到学习活动中来，通过与教师、其他同学的相互沟通、交流和协作，共同完成学习任务，实现个人全面发展的学习方法。

（三）参与式教学法

参与式教学法是指通过在教学中提供各种学习机会，发动学生采用积极参与的方式与教师、同学相互学习、相互促进、共同提高的教学和学习策略。

参与式教学法相对传统教学法而言，具有七个优势：第一，提供形式多样、丰富多彩的教学活动（包括小组内部和小组之间的活动）来促进学习体会的分享和教学目标的达成；第二，可提供危险性小、无威胁、轻松愉快的学习环境；第三，可以促进师生之间的互动；第四，为教师和学生提供互教、互学的机会；第五，可为学生提供各种趣味性强、有意义的学习内容；第六，有助于学生学习动机的提升；第七，更容易促进师生相互理解对方的观点和看法。

二、参与式教学法常用的活动形式

目前国内外常用的参与式教学法活动形式主要有小组讨论、头脑风暴、角色扮演、游戏及分享、案例教学五种。

（一）小组讨论

参与式教学法中的小组讨论形式是指教学过程中在对某个问题进行深入的讨论时，根据具体情况将学生分为三到五人不等的小组，每组指定两位学生担任记录员和报告员，使每个学生都有机会表达自己的意见和倾听别人的意见的教学形式，并通过不停改变小组分组的方式，激发学生对小组讨论的兴趣。

在小组讨论形式中，学生的学习途径主要有四种：第一，在参与中学习。所有学生都有机会积极参与到讨论中来，并且这也是鼓励性格内向、不爱说话的学生积极参与教学的有效方法。第二，在分享中学习。教师与学生之间可以相互分享学习经验，学生和学生之间可以相互分享学习体会。第三，在讨论中学习。小组讨论可以激发学生头脑风暴，寻找问题解决的新途径和最优措施。第四，在问题中学习。可以培养学生发现问题、理解问题、解决问题的能力，有助于学生形成解决问题的个性化方法和基本立场。

参与式教学方法的小组讨论形式如果组织或把控不好，容易造成四个问题：第一，学生之间的讨论容易跑题或者变成学生之间的争吵；第二，小组之间的讨论通常需要耗费较多的时间才能达成一致，容易造成课堂时间的超时；第三，小组人员越多，每个学生分享个人心得体会、发表个人观点的时间越少；第四，参加讨论的学生越多，小组讨论主持人的工作就越难协调和开展，对主持人的能力要求较高。

小组讨论在以下五个情况中比较适用：第一，让学生出主意；第二，解决一个问题；第三，让学生互相交流意见和经验；第四，让学生感受小组活动的热烈，活泼气氛；第五，当学生对讲课感到厌烦时，小组讨论可以重新恢复他们的兴趣。

（二）头脑风暴

头脑风暴又称快速联想，是指在教学过程中就某个问题快速提出相关的问题，并记录下来，有利于教师在短时间内收集信息，并鼓励学生参与讨论。

头脑风暴法形式中的学习途径主要有三种：第一，在激发中学习。激发每个学生提出新观点、新想法，从而创造性地解决问题。第二，在开拓中学习。有利于提高学生的知识归纳能力，提高记忆力，开拓知识领域和视野。第三，在思考中学习。可以激发学生独立思考，从而提高学生的创造性能力。

但同时，在参与式教学中使用头脑风暴法，容易造成三个问题：第一，学生过于强调个人观点，导致相互批评；第二，学生为显示自己的不一样，故意提出新奇的观点；第三，学生在头脑风暴过程中容易受其他人思维影响而放弃个人主见。

头脑风暴法在以下三个场合中比较适用：第一，课堂教学中的"热身"活动，激发学生参与课堂教学的热情；第二，课堂过程中的知识拓展，把教学内容与学生的个人经验联系起来；第三，训练学生的思维，培养学生运用已学知识解决实际问题的能力。

（三）角色扮演

角色扮演是指在教学过程中通过模拟知识的真实运用环境来发现学习过程中的问题、探索解决办法和促进共同提高的教学方法。

在角色扮演的形式中，学生学习的途径主要有三种：第一，在扮演中学习。角色扮演能够提高学生的表达能力。第二，在锻炼中学习。在锻炼学生的表达能力的同时，有机会应用所学习的技能。第三，在兴趣中学习。角色扮演的"剧本"可以由教师根据教学目的事先设计好，也可以让学生根据他们的生活实际自己设计，尤其是在与青少年交流的过程中，教师通过他们的表演可以了解他们的生活。

尽管角色扮演法具有诸多优点，但角色扮演法在使用过程中需应遵循四个基本原则，即教学活动情境性、教学氛围趣味性、活动参与共同性和教师介入适当性。

（四）游戏及分享

游戏及分享法是指教师将教学内容通过游戏的形式来呈现，帮助教师激发学生的学习兴趣或帮助教师引出要讨论的问题，也可以作为活动开始时的热身或结束时调节情绪的手段。运用游戏及分享教学方法，教师在设计过程中需明确每个游戏的目的和游戏的针对性，让学生真正实现在游戏中学习，在学习中得到乐趣。

（五）案例教学

案例教学是指把实施解决问题中的真实场景加以典型化处理，形成可供学生分析和思考的案例，以此来培养学生独立思考的能力、变革学生的学习方式、开发学生的智慧潜能、提升学生的情感态度、张扬学生的创新精神。

三、参与式教学法的特点

（一）学生主体性：开放式教学环境有益于发挥学生的主体作用

参与式教学的教学环境是开放的，从教室内桌椅、投影、黑板等教学设备及教室内墙壁、窗户的布置都具有开放性，教师可以根据参与式教学的具体使用手段来积极主动地营造一种民主、宽松、和谐、快乐的教学氛围，鼓励学生积极表达个人想法和建议，给予学生动脑、动手和动口的机会，促进学生主动观察社会万象，思考热点问题，以期用充分的论据来论证自己的观点，激发学生的探究欲望和充分发挥其在教学过程中的主体作用。

（二）师生互动性：师生和生生互动有助于沟通感情、培养兴趣

参与式教学中生动活泼的教学气氛有助于培养学生所学课程的学习兴趣，从而建立深厚的师生、生生情感。开放式教学作为联系实际、贴近生活的教学方法，有助于调动学生学习的积极性，并使学生认识到所学知识即使不考试也有用，甚至伴随一生、终身享用，能够极大地激发学生的学习兴趣和促进学习主动性，把积极情感转移到对教师所任教的学科上，从而激发学生的学习兴趣，促进教学相长。

（三）方法多样性：多元化教学方法有利于发现知识、培养能力

参与式教学理论不拘泥于具体的教学方法，凡是能够调动学生积极参与学习过程的方法都可以运用到参与式教学过程中来。参与式教学丰富多样的教学方法方便教师依据不同的教学内容选择合适的教学方法、安排不同的教学活动，在因材施教的基础上，让所有学生从教学过程的参与中获益，在活动的参与中获得知识、发展个性、形成能力。

四、参与式教学法在乒乓球运动技能中的实施原则

（一）落实学生的主体地位

在乒乓球参与式教学中要落实学生的主体地位，可以从以下三个方面入手。

1. 尊重学生的学习主体地位，发挥教师的教学主导作用

参与式教学过程需充分尊重学生学习的主体地位、发挥教师教授的主导地位，促进教师和学生在教学过程中相互促进、共同提高，达到教学相长。例如，在乒乓球理论教学部分的电视教学环节中，教师可与学生一起观看世界乒乓球锦标赛、乒乓球世界杯等国际大型乒乓球比赛和中国乒乓球超级联赛等国内大型乒乓球赛事以及学习如何打乒乓球的教学视频，在观看完成后，教师与学生一起讨论乒乓球技术、交流乒乓球运动心得，调动学生的积极性，以形成民主自由、轻松愉快的教学气氛，让教师在教学过程中充分发挥其主导作用，以促使学生意识到掌握乒乓球运动知识的重要性，并使这种外部因素内化为学生主动参与学习的动机，达到教师教学方法和学生学习方法的融合和统一。

2. 尊重学生的个体差异，让学生成为学习主人

例如，在乒乓球教学的理论部分，乒乓球组织（竞赛、编排、裁判法）的教学环节，教师可要求学生自主组织乒乓球赛事并建立"运动笔记"，通过学生记录每次比赛前后的乒乓球组织学习状态、赛事组织中遇到的问题、乒乓球组织能力获得的感受以及对乒乓球教学的一些看法等，让教师既能及时地了解到每一个学生所处的状态和反馈的信息，又能适时调整课程教学的进度，做到以学生为中心的理念。学生可以通过运动笔记及时调整自身的学习状态，避免不良情绪的产生，可以清楚地看到自己的学习轨迹，并主动思考和探究学习问题，能够培养学生自身独立的能力，从中体验到学习的快乐，让自己真正成为学习的主人。

3. 注重学生学习兴趣的培养，强调学生学习的主体意识

体育教育要突出"以人为本"，遵循素质教育、创新教育指导思想，突出学生学习的主体地位，并结合参与式乒乓球教学的特点，从注重学生的身体素质提高到素质与能力并举，使学生身心全面发展。同时，我们要注重学生成功的运动体验，激发学生的学习兴趣。

例如，在乒乓球教学的直板握拍法和横板握拍法的实践教学的技术与战术教学环节中，教师在进行直板握拍和横板握拍动作的讲解示范后，留给学生充足的时间相互交流讨论直板握拍和横板握拍的优劣，让学生在直板握拍和直板站位、横板握拍和横板站位的练习中相互帮助、相互学习、共同提高，这不仅使学生掌握了如何学和如何教，

而且也有利于融洽同伴关系，有助于学生探索适合自己的乒乓球握拍方式。参与式乒乓球教学过程需创设良好的人文环境，既体现了以人为本的思想，又使学生在公平竞争中相互帮助、相互交流，有利于培养学生健康的心理品质。

（二）转变传统教师教学角色，形成正确的师生关系

参与式教学法强调"以学生为中心"，参与式教学法在普通高校乒乓球教学中的实施要求教师转变传统教学角色，建立正确的师生关系。

1. 学习以学生为中心，教学以平等为基础

参与式教学过程强调学习以学生为中心，教学过程中师生、生生之间相互平等，教学气氛民主、轻松，关注在学习习惯上的培养和已有经验上的学习。例如，在乒乓球的技能教学部分，教师可以让学生自行组织课堂教学比赛并要求学生对比赛过程进行思考，有助于学生在已有经验的基础上上对乒乓球的技术、战术的运用能力进行再学习，从而达到探索赛事组织方法、拓宽乒乓球知识范围、掌握乒乓球运动技能、实践乒乓球比赛组织能力、进行乒乓球学习方法的再创新。

2. 关注学生的发展需求，形成为学生服务的观念

需求是人类发展的动力源泉。不同的发展需求将导致学生不同的学习动机，所以在参与式乒乓球体育教学面前，教师要了解学生，要与没有明确发展需求目标的学生交流，帮助他们明确发展目标，从而激起他们的学习欲望。与传统乒乓球教学相比，参与式乒乓球教学法更注重突出学生的主体地位，这就要求乒乓球教师形成为学生发展服务的观念，以学生为主体、教师为主导，根据学生的需要调整教师角色。教师在学生的学习过程中是参与者，在学生学习困难时是鼓励者，在学生情绪波动时是调控者，总而言之，体育教师是学生学习知识的服务员和前进路上的加油者，是学生发展所需条件的创造者和学生发展的服务者。

（三）选择合适的教学内容

参与式教学法强调"以活动为主要形式"，这对参与式乒乓球教学的教学内容提出了新的要求，选择适合不同乒乓球教学活动的教学内容成为参与式乒乓球教学能否成功的关键。

1. 教学内容体现教学活动的竞争性与合作性

在参与式乒乓球教学活动中，处处体现了集体的协作与配合，合作会使乒乓球运动更为有效，团队的胜利需要全体成员的相互协作和共同努力。美国心理学家 Morton Deutschmark 认为个体间不同的互动方式决定于不同的合作，正向的依赖（合作）导致正向互动，负向的合作（竞争）导致负向互动，而无依赖（个体努力）没有互动。因此，乒乓球教师可通过组织乒乓球双打等相互依赖性的体育项目，让学生在乒乓球

双打比赛中领会个体目标与团体目标的一致性，同时，学生还要学会人与人之间频繁的合作，通过乒乓球双打中个人攻防角色的转换，体会乒乓球双打比赛中不仅需要充分发挥个人技能，更需要练习各种不同的战术配合，依靠集体的相互鼓励、默契配合，通力合作实现共同的目标的团体精神。

2. 教学内容贴近生活，提高学生的心理健康

由于乒乓球活动需要社会交往和合作的同时，参与者之间又存在相互竞争，与现代社会生活十分接近，在乒乓球双打活动过程中形成的合作、在乒乓球单打过程中的竞争和乒乓球活动中交往的意识和比赛过程中的行为会牵引到学生的日常学习、工作和生活中，促使学生与他人合作、竞争能力及良好人际关系的形成，从而提高学生的社会健康水平。

3. 关注学生的学习差异，留足时间自由学习

参与式教学强调以学生为主体，不过，以学生为主体并不意味着课堂教学完全按学生的意愿自主选择学习内容，而应在教师确定和完成主要教学内容的基础上，让学生自由选择其他相关教学内容进行自主学习。例如，教师在乒乓球的步法技术与战术方面的主要教学内容已教完，教师可安排 15 ~ 20 分钟的时间让学生自主选择乒乓球步法学习活动内容，学生根据需要选择练习内容；有的学生进行乒乓球换步步法练习，有的学生进行侧身步步法练习，有的学生进行交叉步步法练习，可以大大提高学生的自主参与度。

（四）确定科学的评价方法和标准

参与式教学法强调"以学生的发展为目的"，这就要求参与式乒乓球教学的评价方法和评价标准不能片面地以学生的乒乓球知识和乒乓球技巧掌握程度为评价依据，需系统、全面地形成包含参与式乒乓球教学的评价标准、评价内容、评价方法以及评价实施途径在内的评价体系。例如，对乒乓球基础好、先天身体条件优秀、乒乓球学习进步快、自信心强的学生，评价时要更严格，不但要求他们能够规范地完成体育教学任务，还可以要求他们完成更高难度的任务，或者要求他们帮助其他同学完成任务，或者让他们成为团队领袖，带领团队竞赛；而对乒乓球基础差、乒乓球学习进步慢、自卑感强的学生，应尽量寻找他们的闪光点，用激励的语言评价帮助他们树立信心，提高体育学习的兴趣。总而言之，乒乓球参与式教学的评价应以分层评价、激励成功为主，以激发不同层次的学生学习乒乓球的信心和热情，不断提高学生自我认识和自我教育的能力。

五、参与式教学法在普通高校乒乓球教学的实施过程分析

参与式教学法关注所有参与者积极主动地参与到学习中的程度，强调参与者在课前、课中和课后等整个教学过程的全程参与。接下来，笔者以乒乓球运动中的基础技术—左推右攻为例来说明参与式教学法在普通高校乒乓球教学中的实施。

（一）课前参与

在使用参与式教学的乒乓球教学实践中，学生的课前参与主要体现在以下三点。

1.选择教学内容

目前，我国高校的体育教学课程普遍存在教学内容多、课程时间少的问题。因此，如何做到在高等体育教学大纲的指导下，选择学生关注的重点教学内容成为关键。笔者认为，让学生参与课程教学内容的选择不失为一种好的解决方法。

在教学中，教师可以组织40名学生自由进行乒乓球练习并对学生整节课的活动情况进行录像。教师在首次课程结束后，由教师将视频录像发到建立的微信群中或者一起观看首次课程视频，分析学生在乒乓球练习中最薄弱的技术动作、最需要提升的技术工作后，再确定本学期的主要教学内容为乒乓球发球和左推右攻教学。

2.确定教学方案

在确定教学内容后，在乒乓球左推右攻打法教学部分，针对推挡、攻球基本动作的技术要领及左推右攻打法的使用等教学内容，教师详细介绍该部分课程参与式教学的设想，并将初步选定的左推右攻打法的教学内容向学生公布，鼓励学生基于自己乒乓球运动经验的基础提出自己对乒乓球左推右攻技术教学的意见，然后教师与学生一起分析探讨后确定重点教学内容为"推挡动作和攻球动作的规范"，教学难点为"左推和右攻技术动作的衔接及组合运用"。

在确定乒乓球发球、左推右攻的教学内容后，教师要求学生自主学习发球、推挡和攻球动作，通过阅读教材、网上视频学习等获得各种可能的信息，在微信群中一起分析讨论，共同进行分析和判断，对乒乓球发球、推挡和攻球学习的内容进行排查认定，教师把发球、乒乓球正手攻球相关的教学资料提供给学生，让学生以乒乓球教师或乒乓球运动员的心态去研究、去"做学问"，形成自己对乒乓球发球、正手攻球"教"的观点、方法和意见，从而与教师一起确定发球、乒乓球正手攻球教学方案，确定乒乓发球、球左推右攻技术要领为：第一，乒乓球发球技术要领。发球三要素—拍型角度、球拍的用力方向、触球时的瞬间速度对发球的影响，发出各种旋转的球、配套发球的手法，在乒乓球运动中发球的隐蔽性和准确性及第一落点的掌握。第二，乒乓球推挡技术要领。双脚与肩膀同宽，稍抬后跟；大拇指伸开，通过食指和小拇指来调整拍型

角度，中指和无名指发力。第三，乒乓球攻球技术要领。包括攻球站位技术要领和攻球动作站位技术要领，身体与乒乓球台保持 30 厘米左右的距离，两脚距离与肩同宽，双膝自然弯曲、上身前倾，肩部自然放松。第四，攻球动作击球技术要领。通过稍下压拍面来压低回球弧线，球拍斜挥来制造回球弧线，同时需注意挥拍的稳定性以追求攻球的命中率。第五，左推右攻的组合使用。在推球时，可以适当地加力，或者借助对方来球的力量做到借力打力。正手攻球一般的打法是采用正手拉弧圈的方式，注意拉球时要以肘关节为圆心，挥动小臂划弧，同时注意保持身体重心放低。

在确定技术要领后，制定本学期的教学计划，其计划为：发球技术学习为 6 个学时；乒乓球推挡技术学习为 10 个学时；攻球技术学习为 10 个学时；左推右攻的组合使用学习为 14 个学时。

教学方法为精细讲解与大量练习相统一、集体示范与个别指导相结合、给予挑战与鼓励表扬相协调。

3.参与课件制作

如果学生对左推右攻技术中的某些内容感兴趣，就安排学生自行组织小组备课，制作课件和授课，以激发学生学习的兴趣。例如，教师可根据学生学习兴趣的不同，安排学生自行组织推挡技术、攻球技术和左推右攻组合技术三个不同的小组备课，利用多媒体和现有比赛制作视频课件，激发学生的学习兴趣，加深学生对乒乓球技能的理解。

（二）课中参与

1.准备活动的参与

在本次教学中，乒乓球选修课程开始的第一、二次课，由教师引领准备活动，并且讲解准备活动的作用、练习时间的强度和密度、练习的手段方法等，使学生基本掌握如何做准备活动，同时使其组织能力得到锻炼。从第三次课开始，学生由体育委员整队、清点人数后，依次由各个小组轮流带准备活动，每次课结束前安排每一小组下一次课的准备活动，每次带准备的情况进行记录作为平时成绩的依据。

2.课程内容的参与

参与式教学法强调"以活动为主要形式"，参与式教学法在乒乓球教学实施过程中的课堂教学参与形式多种多样，在此仅以小组讨论和角色扮演两种课堂教学参与形式进行说明。

（1）小组讨论

课前的小组分组以保证所有学生都能公平、全面地参与课堂讨论为目的，以尊重每个学生的想法、激发学生的探索欲望、共同分享课程内容和新的体会为小组的活动原则，鼓励所有学生积极参与到小组活动中来。

例如，在乒乓球左推右攻的技术与战术教学环节中，教师将40名学生分成同时包含高、中、低乒乓球技术水平学生的8组，让每组学生自行播放由学生自己制作的课件，课件包括世界冠军比赛时运用发球和左推右攻打法得分的视频、教师的示范视频、学生自己练习的错误动作视频和正确动作视频，教师和学生一起观看视频、讨论、分享和比较分析各自动作存在的问题，研究发现各种旋转球的落点、左推右攻以近台正手攻球为进攻，以反手推挡为防守和助攻的主要手段，并研究乒乓球运动中有利于先发制人的打法及左推右攻打法的"快、准、狠、变、转"的风格对乒乓球比赛成绩的影响，每一组选取一个水平相对好的学生为组长进行分组练习，能够调动所有学生的积极性。

（2）角色扮演

教师先与学生沟通和编制与课程教学内容相关的剧情，根据剧情内容将扮演角色分为剧情扮演员、剧情观察员、组长、记录员、发言人等角色，并要求小组成员之间进行角色互换，可以相互找出各自的优缺点促进共同提高。

例如，在乒乓球的左推右攻基本技能教学部分，教师通过组织左推右攻乒乓球比赛，将学生分成若干小组，每个小组包含5名学生（1名赛事组织者、2名乒乓球运动员、1名乒乓球赛事裁判、1名乒乓球赛事记录员），2名运动员中最早完成移动中左推右攻10个回合的运动员取胜；并将左推右攻乒乓球比赛小组成员的组内角色互换，可让学生体验乒乓球赛事组织者、乒乓球运动员、乒乓球赛事裁判、乒乓球赛事记录员等不同角色，找出自己在不同角色扮演时做得好的地方和做得不好的地方，加深对乒乓球左推右攻基本技能的理解和掌握程度。

（三）课后参与

参与式教学法强调学生教学过程的全程参与，在使用参与式教学的乒乓球教学实践中，学生的课后参与方式主要包括以下两种。

1. 教学反思与评价

在乒乓球参与式课堂教学中，学生的反思是建立评价基础上的，课程教学完成后的教学评价，不是乒乓球运动学习的总结，而是乒乓球教学活动的反馈环节和掌握教学过程、调整教学行为的手段。只有实现评教的有机结合，才能实现评教的相互促进、共同提高。笔者对实施参与式教学方法的班级采用自评、互评、达标评定相结合的评级方法，各种评价方法的所占比例为学生自评20%、学生互评20%、达标评定60%。

2. 心得体会分享

在乒乓球左推右挡技术课堂结束后，在自主自愿的前提下，引导学生以"微博"

的方式向教师分享对乒乓球发球、左推右挡课堂内容的想法、感悟和建议等，有助于提升学生的个人自信心，加深对体育运动知识的深刻领悟，培养学生的总结归纳能力。

在乒乓球发球、左推右挡教学部分中，教师通过向每个学生下发一张白纸，让学生自己思考、判断、编写乒乓球发球、左推右挡学习测试试题来锻炼学生对教材的把握能力，并分别选取了乒乓球运动的发球、推挡和攻球技术动作要领，推挡和攻球技术组合使用的动作要领，左推右攻技术的使用场合和乒乓球组织的部分试题让学生以乒乓球理论知识测试做题、测试完成后的改题、评题的形式来交流乒乓球发球、左推右攻动作知识的学习方法和学习感受，促使乒乓球运动的教学相长。

（四）参与式教学法在乒乓球教学中的建议

1.排除不利因素的影响的方法

尽管参与式教学法的应用有利于提高学生参与乒乓球教学活动的积极性，有助于提高学生的乒乓球运动知识和技能，有助于培养学生的体育参与和合作精神，但因参与式教学法本身的特点，乒乓球体育教师仍需排除不利因素的影响，具体包括以下三个方面。

（1）教师加强引导来减少学生的个体差异

参与式教学法强调教学过程主要以问题引导、活动过程为主，从而使体育课程的系统性、综合性受到影响，导致自学能力不强的学生无法适应，影响学生的学习质量。

参与式教学法能使教师更容易利用学生间的差异来进行正确的引导。教师可利用小组成员间的相互信任、相互帮助来充分发挥小组成员的最大潜力，产生驱动力、向心力和约束力，让学生在动作要领、标准水平和动作规范上尽可能一致，减小学生间的差异性。

（2）教师需转变教学观念来体现学生主体地位

在传统体育教学的课堂上，由于教师拥有绝对权威，导致师生间的关系容易紧张，同学的相处也不太和睦，容易阻碍教师和学生之间的沟通交流。参与式乒乓球教学法的应用则要求教师转变教学观念，营造具有融洽型教学气氛的课堂，使教师与学生之间、学生相互之间的关系平等、民主、和谐，学生处于愉快、互动的情感状态。参与式教学方法注重在教学过程中教师与学生之间及学生与学生之间的情感交流，教师与学生的地位平等，教师只是教学过程中的引导者、促进者。因此，教师在进行课堂教学时，需注意营造融洽型的课堂氛围来让学生真正充分参与到课堂中来，以体现学生在学习过程中的主体地位。

（3）学校通过增加课时和开设班级来保证教学质量

随着我国高等教育的逐渐普及，高校师资和体育场地不足的问题逐渐体现出来。乒乓球参与式教学法的实施所需的课时比传统教学法多，学校应当适当增加课时数量来保证参与式教学法的实施效果；另外，笔者认为参与式教学实施的班级学生人数太多导致很难掌控，建议班级人数不超过30人，否则教师不能保证每个学生都参与其中，因而学校需限制班级人数，增加开设乒乓球开设班级数量来保证参与式教学法在乒乓球教学应用中的教学质量。

2. 课前、课中、课后的建议

针对参与式教学法本身的特点及存在的问题，笔者对参与式教学法在普通高校乒乓球教学中的应用给出以下三点建议。

（1）课前：了解学生，合理分组

我国教育家孔子注重"因材施教"，我国高校学生来自不同的省份，有着不同的家庭教育、社会教育、学习教育的方式，因此乒乓球教师在实施参与式教学的分组过程中需通过观察、谈心及教学前的测试，了解学生的个性、学习能力，根据组内异质、组间同质的分组原则进行优化组合。

（2）课中：丰富活动形式，全面提升素质

参与式教学法的优势在于可以提供多种多样的活动，因而笔者建议乒乓球参与式教学中的活动形式应丰富多彩，应通过采用运动员、裁判员角色扮演、乒乓球比赛情景模拟、乒乓球教学案例分享等活动形式，让学生在模拟的实际场景中实现乒乓球运动知识的被动接收到主动学习的转换，在乒乓球运动体验中磨砺心性、锻炼体能，坚韧品格。

（3）课后：形成体育意识，坚持终身体育

随着社会的快速发展，人们的生活压力日益增大，社会公众对自身健康的重视日益提高，这就必然要求体育活动的生活化。如何培养学生的终身体育锻炼观念，让体育活动成为学生日常生活的常态，成为高校体育教师日益关注的问题。

笔者认为，一线体育教师应加强对学生终身体育意识的培养，将对学生终身体育意识的培养渗透到各个教学环节中，并在课后的日常教学和生活中身体力行，为学生树立榜样，在提高学生运动的同时，还要提高学生适应社会、促进社会发展的能力。

第五节　足球运动技能教学

随着校园足球的渐渐普及，中小学逐渐开展足球项目，但大多数体育教师采用传统教学法居多，恰恰小学生的年龄特征决定了他们的心理，其心理特点有注意力不集中、不稳定、不持久；对于一些生动、新颖的事物多能接受，引起兴趣；对于一些抽象的、枯燥的概念多不理解，从而只能无意识、无形象地识记，也就出现了记得快忘得也快的现象。训练方法过于单一和枯燥，使得儿童的足球学习热情大大降低，也不便于足球技能学习的提升。

而提到用足球游戏来辅助教学，很多教师选择避而不谈，他们认为足球游戏仅是调味品，并没有实质的作用，更多地强调技术动作的重复练习以及技术动作的标准化。即使部分教师选择足球游戏训练法，然而足球游戏的设计、运用方式及其得到的效果也是千差万别的。而通过观看国外的儿童足球训练，笔者发现训练和游戏具有很强的关联性。足球游戏在国外的儿童训练中是贯穿始终的，起着主导性作用。尤其在儿童的足球兴趣并没有完全培养起来的阶段。那么，到底什么是足球游戏，足球游戏对儿童的足球兴趣培养是否存在积极影响，这些无疑成为校园足球教师以及基层足球教练的困惑。

一、游戏与体育游戏的概述

（一）游戏的本质及其定义

从本质上讲，游戏是一种主体性活动，具有自发性、自主性、虚幻性、体验性与非功利性。游戏对于儿童身心和谐发展具有独特的作用，同时，对于学校教学具有深刻的启发性。

游戏是一种自愿的活动或消遣，这种活动或消遣是在某一固定的时空范围内进行的，其规则是游戏者自愿接受的，但又有绝对的约束力，游戏以自身为目的而又伴有一种紧张、愉快的情感以及对它不同于日常生活的意识。从这个定义中我们可以得出，游戏活动是在固定时空下进行的，带有规则的、自愿的、具有约束力的娱乐消遣，它属于日常生活以外的文化行为。游戏的对立概念是劳动，游戏特征共相归纳的实施标准首先是看某一属性是否为所有游戏所共有，如果只为部分游戏所有，那么它就不是共相。其次是看该属性是不是游戏在任何阶段都具有的稳定属性，如果属性只是在游戏发展的某个特定历史阶段才具有，在另一些阶段不具有，那么它也不是游戏的共相。自由性、时空分离性、秩序性、娱乐性为游戏的共相；竞争、非功利性、规则性并非游戏共相。最后通过揭示游戏的根本矛盾—自由与限制，确认自由性为游戏的本质。游戏定义则为："是人们在现实生活之外，通过一定的规则、技术和情节过程，创造性地展示自己理想和愿望的实践活动。"

（二）体育游戏的本质、定义及分类

体育游戏是游戏的重要组成部分，同时又具有相对独立性。体育游戏是一种集体能、智能、技能为一体的综合性活动，是一种颇具智慧运用、思维、想象与创造等多种成分于一体，有着比较复杂的心理和思维过程的益智活动。

体育游戏是现代社会学校体育教学的内容和方法之一，亦称"活动性游戏"，是规则游戏的一种。构成体育游戏的基本要素是身体活动、情节、规则、方法、结果和场地器具。其中身体活动是体育游戏不可缺少的。

体育游戏通常按照动作基本特征、某项身体素质、运动项目、游戏性质等进行分类。体育游戏按照动作基本特征可分为行走类、奔跑类、跳跃类、攀爬类、支撑类等游戏；按照身体基本素质可分为速度类、力量类、反应类、柔韧类、平衡类、灵敏类、耐力类等游戏；按照运动项目可分为足球、篮球、排球、田径、体操、武术等游戏；按照游戏性质可分为热身游戏、放松游戏、衔接游戏、调整游戏等。

二、足球游戏设计理论

（一）足球游戏的本质

根据前人对游戏及体育游戏的相关研究和定义，同时足球游戏又属于体育游戏的一种形式，因此将足球游戏解释为参与者通过自身肢体与球的接触，实现体育的功能性练习效果，或掌握足球运动基本技能的一种具有鲜明的专项特征的练习方法。

（二）足球游戏的分类

足球游戏属于足球练习的范畴，对于它的分类可以依据不同的标准进行，如足球项目的有球和无球为分类标准，或依据一般性练习方法的人数为分类标准进行。笔者依据体育游戏分类标准，综合足球游戏分类研究现状，将足球游戏按照有球与无球、目的、负荷、难易度和参与人数 5 个标准进行了分类。

1. 按照无球和有球来划分

无球游戏按照所要发展的身体素质又可分为速度游戏、灵敏游戏、力量游戏、耐力游戏等，有球游戏按照游戏主题又可分为球感游戏、传球游戏、运球游戏、射门游戏等。

例如，接力跑属于速度游戏。根据手势、信号、颜色的不同而行动属于灵敏游戏；根据节奏完成蹲起动作或者集体挑战蹲起数量属于力量游戏；设置多个游戏站，其中包括慢跑、跳跃、冲刺一系列动作的游戏属于耐力游戏。另外，冰冻游戏、城市游戏属于球感练习；传球接力、传球闯关、足球保龄球属于传球练习；运球翻盘、运球绕杆属于运球练习；快速射门、定点射门、抢点射门属于射门练习。

2. 按照游戏目的划分

按照游戏目的划分，可分为热身游戏、放松整理游戏、技术性游戏、战术性游戏、针对性游戏。热身游戏主要指为比赛或训练前在心理和身体方面做好充分准备，同时为避免运动员轻易受伤而设定的游戏；放松整理游戏则是指为了运动员更好更快地恢复而设定的游戏；技术性游戏则是指为了增强或巩固某个技术动作而设定的足球游戏；针对性游戏则是指为了解决某一存在的问题或者为了向队员传递某种理念而设定的游戏。

热身游戏的目的主要在于激发队员的训练热情，提升兴奋性，使机体进入训练状态，同时避免训练过程中产生不必要的伤病情况；热身游戏的关键要素在于游戏强度的控制，由简到难，由弱到强。放松整理游戏的目的主要在于缓解疲劳，尽快恢复机体机能；放松整理游戏一般在训练接近尾声时进行，游戏时让大家尽量放松心情，不给队员太大的精神压力和身体压力。技术性游戏和战术性游戏主要围绕某一技术动作或某一战术配合为中心开展。例如，足球、高尔夫，主要围绕脚内侧传球技术动作，学习和掌握技术动作的同时，还增加学习过程中的趣味性；又如，穿越球门，主要为了提升队员之间沟通、接应、无球跑动的能力。针对性游戏主要是指为改善某项想象而专门设计的游戏，如保护后方，主要为改善打开体位、提高观察能力的战术游戏，让队员完全沉浸在游戏中，最后引出游戏的目的，从而改变了战术练习的枯燥乏味，同时记忆深刻。

3. 按运动负荷的大小来划分

依据参与者参加游戏活动时负荷的变化，主要分为低强度游戏、中强度游戏、高强度游戏三个等级。足球游戏运动负荷一般根据教学和训练的需要进行选择。一般无严格时间限制、无对抗的足球游戏可称之为低强度游戏，如两人面对面，根据教师信号快速抢球。一般有时间要求、无对抗的足球游戏可称之为中强度游戏，如各种团队接力比赛。一般既有时间限定，又有对抗的足球游戏可称之为高强度游戏，如蟹式足球、小场地比赛等。

4. 按照难度来划分

按照难度来划分，可分为初级游戏、中级游戏、高级游戏。初级游戏是指为启蒙足球兴趣和初步了解足球而设计的游戏；中级游戏是指为学习足球基本技战术而设计的游戏；高级游戏则是指为巩固和掌握足球技战术而设计的游戏。这种足球游戏分类主要针对不同水平的对象而进行划分的。对初学者来说，只适合选择一些初级游戏，一方面可以维持初学者的足球兴趣，另一方面还可以让其了解足球。例如，可以结合灵活练习进行踩球比赛。中级游戏适合于具备一定足球基础，对足球基本技术和战术有一定了解和掌握的对象。例如，1 对 1 进攻与防守的游戏。高级游戏则只适合于足球技战术基本成熟，同时水平相当的对象。例如，颠球接力比赛、长传球踢准等。

5. 按照人数多少划分

将游戏按人数划分为个人游戏、小组游戏、团队游戏三种方式。个人游戏是指一个人进行操作的游戏；小组游戏是指两人以上、分组进行的游戏；团队游戏是指所有人同时参与的游戏。在教学和训练过程中，根据人数多少合理选择足球游戏。人数较少或者训练转换时，适合选择一些个人游戏进行操作，如个人抛接球、颠球游戏等。当人数适中时，则可以选择小组游戏进行，将人数分成 2 ~ 4 组，一方面可以增加游戏的竞争性，另一方面可以增加队员训练的专注度，如不同形式的接力比赛。人数较多且场地受限时，可以选择一些团队游戏，如抓捕游戏、冰冻游戏等，可以保证更多人参与到游戏中去。

（三）足球游戏的作用

足球游戏在实践的应用中可以为参与者提供不同种类的身体活动方式，在参与过程中不仅对其生长发育具有明显的促进作用，同时对其心理的各种体验和发展也起到了积极的影响作用。依据对足球游戏相关研究总结以及在实践领域的运用特征分析的基础上，笔者认为足球游戏在对学生的足球意识的启蒙、培养足球兴趣、促进交流与合作能力、提高足球基本技能、调节心理状态和增强体质方面具有明显的优势。

1. 启蒙足球意识

对零基础的孩子来说，足球游戏对启蒙他们的足球意识起到了至关重要的作用。初学者对于足球运动难免产生惧怕的心理，教学与训练时足球游戏本身的趣味性、娱乐性会得到良好的效果，同时也符合儿童的心理特点。儿童的畏惧感在足球游戏过程中逐渐得到消除，慢慢喜欢上足球这项运动，并产生主动学习的优势心理。

2. 提升足球兴趣

足球游戏可以提高儿童的训练积极性和激发儿童的足球兴趣。足球游戏可以使儿童提高训练专注度，从而弥补了儿童注意力分散的不利因素。在游戏过程中，儿童获得的成就感，能够彻底激发儿童的足球兴趣。一环扣一环的游戏环节，使儿童的训练热情持续高涨，保证整堂训练课的训练效率。

3. 增进沟通与合作

足球游戏可以增进学生与学生之间的沟通与交流。足球比赛中与队友的沟通与合作能力是很重要的一部分。在游戏过程中，如何得到更高的分数，如何进攻，如何防守，队友之间要不断地商讨等制定出相应的对策。足球游戏的加入，能够使学生之间产生更多的沟通。

4. 提高足球技能

足球游戏在足球训练中起到的核心作用是提高学生的足球技能和球性、球感。足球游戏各种作用都是为提高足球技能这一核心功能而服务的，任何游戏的设计始终围绕提升足球技能为中心的。让学生在享受快乐足球的同时，增强足球基本技术和提升足球技战术水平。尤其对于足球基础较差的学生，足球游戏能够使他们在一种较为轻松有趣的氛围里掌握足球基本技术。

5. 调节心理状态

足球游戏可以很好地调节学生的心理状态，减轻学习压力。足球教学是一个持续的教育过程。在学习过程中，学生难免产生厌倦、情绪起伏。足球游戏能够有效地调整学生的心理状态，足球游戏的诸多特点可以使学生在学习中减轻压力，增强学习效率，这是教师完成教学任务的有利因素，应当很好地把握。

6. 增强体能

足球游戏在学生的体能方面可以收到很好的效果。足球游戏在一般情况下可以使学生进入忘我的运动境界，神经系统不断刺激机体，充分挖掘机体潜力。从而在游戏过程中，使学生的体能得到大大的提升。同时，游戏场景的设立会使体能储备更加全面。

（四）足球游戏的结构

《新华字典》对"结构"的解释为："组成整体的各部分的搭配和安排。"在中国知网等检索平台，笔者未搜到关于足球游戏结构解释的相关文献。笔者根据对国内外大量游戏素材的研究发现，足球游戏的结构可大致分为目的、手段、操作程序、规则、相关理论知识五个部分。

1. 目的

目的是足球游戏中必不可少的。足球游戏不是为了游戏而游戏，而是像训练方法一样，每一个游戏都应具有明确的目的，这是足球游戏结构中起到风向标作用的一部分。在设计足球游戏时，首先有一个明确的目的，其次围绕该目的展开，规定技术动作、设定游戏规则。

2. 手段

手段或者称之为"工具"，主要包括自然环境、场地器材、人。足球游戏必然少不了游戏工具。场地、天气状况、可用训练器材、队形水平，这些是游戏顺利进行的前提条件。根据现有条件，选择合适的足球游戏实施。

3. 操作程序

操作程序主要包括足球游戏的参与人数、游戏时间、间歇时间、活动区域。这也是足球游戏的具体操作方法。明确游戏的参与人数、游戏时间、间歇时间、活动区域，让参与者一目了然。当然，根据参与对象的实际情况，可适当进行调整，此时因人而异，并非绝对。

4. 规则

每一个足球游戏都应该有独特的游戏规则。游戏的本质是"玩"，并非随心所欲地玩，而是在一定规则的约束下进行的。正所谓"无规矩不成方圆"，正是带着这份规则的约束，才能起到足球游戏的实际作用，进而达到足球游戏的真正效果。

5. 相关理论知识

理论知识在游戏过程中是贯穿始终的，通过科学的理论知识进行引导，才能让儿童在"玩"的过程中，不仅获得精神上的愉悦，还能得到相应的知识。无论是游戏方式、参与人数还是规则设定，都是以足球理论知识、运动训练学、运动心理学等为基础的，这样才能保证在游戏过程中，一方面使游戏顺畅进行，另一方面达到足球游戏的真实目的。

（五）足球游戏的特点

足球游戏的特点与体育游戏的特点较为相似，因为足球载体的加入，使得游戏娱乐性更强。前人关于足球游戏特点的研究已较为成熟，概括起来可分为娱乐性、目的性、竞争性、整体性、易操作性等五个特点。

1. 娱乐性

足球运动被世界各国人民喜爱，就是因为其本身的娱乐性吸引着人们。早在宋朝，蹴鞠的出现给人们的精神生活增添了不少色彩，足球运动便是由这一游戏演变而来的。足球游戏内容丰富、活泼生动，深受参与足球教学与训练的人们喜爱。在游戏过程中，人们能够获得心理满足，并对足球游戏产生浓厚的兴趣，从而在足球训练中变得积极主动。

2. 目的性

足球游戏的目的就是以增强学生体质为主，提高学生的足球运动技能，发展学生的智力并愉悦身心。有的游戏内容同足球比赛的整体活动相近，对学生的创造性、判断方位的准确性和动作的协调性提出了很高的要求，可以很好地提高学生的某些专项专业技能；有的游戏具有激烈性和对抗性，要求学生必须精神集中、全力以赴，可以对学生的身体、心智产生很好的综合影响；有的游戏具有迷惑性成份，能舒缓现实生活中的紧张和压力，在带有一定情节性的活动中，使学生的情绪得到宣泄和张扬，身心得到充分的放松。

3. 竞争性

足球运动因对抗激烈、场面精彩，让人们为之疯狂。足球游戏与足球比赛场景较为接近，充满竞争、对抗。在游戏过程中，你争我夺，你攻我守，你遥遥领先，我穷追不舍。通过足球游戏，逐步培养竞争、对抗的意识。

4. 整体性

足球本身便是一个团体运动，运动性质具备整体性。足球游戏的设计也是围绕整体性而开展的，不可能在游戏过程中有人在做、有人在看，每个人都要参与进来，只是分工不同、各司其职。

5. 易操作性

足球游戏不宜过于烦琐复杂，其操作程序、游戏手段、游戏规则等，简单易懂即可。游戏本身的娱乐性，就是因为氛围轻松，没有太大的精神压力。如果过于复杂，便改变了游戏的本质。任何大小的场地、有限的训练器材，都可以进行相应足球游戏的设计和操作。

（六）足球游戏的创编原则

所谓原则，是指人们进行工作时要遵循的基本要求，是人们在原计划上对工作进行拓展和变更时规定的界限，是人们保留某个事物性质的底线。与体育游戏一样，足球游戏的创编也应遵循一定的原则。根据体育游戏的创编原则以及儿童足球训练的特点，足球游戏的创编原则应包括兴趣、竞争、针对性、结合球、情景、人人参与六大原则。

1. 兴趣

既然称之为游戏，必然与常规意义的足球训练方法存在差异，这就是兴趣。一个足球游戏如果没有兴趣，无法称之为游戏。构思足球游戏时，首先考虑是否有趣，是否能够激发学生的训练斗志，这是足球游戏创编原则最重要的前提。

2. 竞争

足球游戏必须具备竞争性。足球游戏过程中不能各玩各的，任何游戏环节都也有对比、竞争、对抗，这样才能在游戏过程中感受到成功与失败，让参与人群得到心理满足。同时，这也是足球游戏的魅力所在，正如足球比赛一样。

3. 针对性

每一个足球游戏的设计都有一个目的。热身、放松、锻炼某一足球技术还是改善某一战术意识，围绕此目的，对游戏规则、操作程序、游戏工具进行规定和限制。这是足球游戏创编的终极目标。

4. 结合球

足球游戏属于体育游戏，但与体育游戏明显的区别在于游戏载体—足球。虽然初级足球游戏没有足球载体，但一切是为有球游戏进行铺垫和辅助的。任何足球游戏既可以无球操作也可以有球进行，既可以用手抱球实施也可以用脚踢球开展。

5. 情景

足球游戏的名称要简明易懂，富有启发性和新颖性。所谓启发性和新颖性，即足球游戏场景的设定。既可以模式足球比赛的某一场景，也可以虚拟想象某一故事情景，让参与人群展开想象力，在游戏过程中充分发挥主动性。在同一个足球游戏中，让不同的人群玩出不一样的感觉，收获不同的心理感受。

6. 人人参与

人人参与这也是评价足球游戏好坏的标准之一，也是足球游戏创编需考虑的重要因素之一。在游戏过程中，所呈现出的状态应该是尽量大多数人在动，少数人在等，甚至没有人等。这样才能让所有人融入足球游戏和参与足球游戏，从中获得游戏感受。

（七）足球游戏训练法的设计和特征

1. 足球游戏训练法的理念

足球游戏训练法是以游戏为表现形式的一种足球专项训练方法，通过借鉴不同的体育项目的训练方法，也可以通过对足球专项训练方法的重构或改造，从而改编成符合我国基本国情的训练方法。与传统训练法理念上的不同，主要体现在它以人为核心，突出主题、兼顾兴趣性、强调全体参与的同时体验快乐。足球游戏训练法能够让人耳目一新，瞬间可以让学生喜欢上这堂课，长期下去，能够培养学生对足球的兴趣，产生主动学习的心态。在课程中，每一个人都能够以主人公的身份参与其中，发挥各自的作用，了解足球和学习足球技能的同时，还可以获得一种快乐的运动体验。

2. 足球游戏训练法模式

教学模式概念由三个基本要素组成，即教学指导思想、教学过程结构、相应的教法体系。这三者的关系是：教学过程结构是支撑教学模式的骨架；教学方法体系是填充教学过程的肌肉；而教学指导思想则是内含在骨骼与肌肉中，并起到协调和指挥作用的神经。教学指导思想体现了教学模式的理论性，教学过程结构体现了教学模式的稳定性，教学方法体系则体现了教学模式的直观性和可操作性。

同样，足球游戏训练法模式也包括这三个方面：第一，教学指导思想。改变枯燥无味的纯技术学习的足球教学现状，让学生体验快乐足球，在兴趣中学习足球技能，培养终身学习精神，同时培养学生的综合能力。第二，教学过程结构。以游戏为载体，设计准备部分、基本部分、结束部分。第三，相关教法体系。设定游戏规则，以学生为主体，自由发挥，如自主学习法、比赛法、探究学习法等。

3. 足球游戏训练法的原则

依据李秉德先生和吴杰先生在各自《教学论》对教学原则的阐述，结合儿童足球训练特点，足球训练方法的创编和设计工作应符合其自身特点的同时，更具有针对性和项目特征。

足球游戏训练法不同于一般训练学层面上的训练手段和方法，它更加关注专项运动的特征和应用特点，因此应该从专项实践的应用特征出发，围绕着实践中影响效果的关键因素进行总结和表述。总而言之，通过实践和理论分析后，笔者认为，足球训练方法的运用过程应遵循九个原则：第一，整体性原则。足球游戏训练法旨在让每一个人都参与其中，扮演不同的角色，发挥各自的作用。第二，启发创造原则。在足球教学过程中设定不同的游戏场景，让学生充分发挥想象力，同时做出自己判断，敢于做出自己的决策。第三，循序渐进原则。这一原则也是人们对于新事物学习的基本规律必须依据循序渐进的原则，才能让人们更容易学习、掌握和巩固。第四，教学连贯性原则。每一环节的紧凑是游戏训练法的一大典型特征，环节之间的转换时间不宜过长。养成良好的时间观念，同时为真实的比赛节奏铺垫和引导。第五，因材施教原则。每一个学生的身体素质和对足球的理解难免存在差异，在游戏操作过程中，教师要根据实际情况，适当进行调整，不能对每一个学生的要求和标准一样，因材施教才会更好地保护学生的兴趣，才有利于学生的更好发展。第六，学生主体性原则。在游戏过程中，每一个学生都是主人公，充分发挥主体作用，教师只是起到引导作用，真正的决策要学生自己思考和判断。第七，技能教学为主原则。传统训练法注重基本技术的学习和改进，游戏训练法更加注重足球技能的培养，强调竞争和对抗，更加接近比赛。第八，兴趣先导、实践强化原则。任何足球技术和技能的学习，必须培养起学生的学习兴趣，引发他们的好奇心和获得成功的欲望。在这个过程中，逐步加大难度，不断强化和锻炼。第九，全面效益原则。足球技术和技能的学习在足球游戏训练法中只是其中一方面，该训练法更加强调全面发展，尤其培养终身学习的态度。

4. 足球游戏训练法的特征

（1）教育性

任何一项运动都具有教育性。例如，马拉松提醒着人们要意志坚定，射击运动警示着人们要心静如水、欲速则不达，而足球运动的教育性较为全面，每一个环节都具有不同的教育意义。正如不同的足球游戏，有的游戏教人团结一致，有的游戏教人互帮互助，有的游戏教人动脑思考，有的游戏教人做事勇敢，有的游戏教人敢于挑战自己、突破自己的极限。

（2）科学性

足球教学是在学校进行的有目的、有计划的系统的教学，所以和其他学科一样，具有很强的科学性。足球游戏训练法的科学性主要体现在：具有丰富的内涵、游戏编制与教学遵循科学规律与原则、更符合儿童身心的发展。

（3）系统性

足球游戏训练法的系统性体现在两个方面：一方面是足球教学内容本身的系统性，即足球运动之间内在的规律使内容与内容之间、技术与技术之间有着某种相关的联系和制约因素，形成足球教学内容的内在机构；另一方面要根据教学目标、学校实际情况、该年龄段学生的生长发育特点，系统地、逻辑地安排上课内容，并处理好相互之间的关系。

（4）娱乐性

体育运动本身就是娱乐性项目，教学内容自然内含着运动的乐趣和娱乐性。加之人为设定，使之娱乐性更强。足球游戏训练法的娱乐性主要体现在游戏过程中队友之间的竞争、对抗、协同、想象、表现等心理过程中，还体现在游戏中的快乐体验以及学习的成就感。

（5）人际交流开放性

足球游戏训练法是以集体活动的形式进行学习的，并且在学习过程中位置在不停地发生变动。这样一来，队友与队友之间、队友与教练之间需要不断地进行言语、眼神上的交流，自然而然地增强了人际交流开放性。上课期间，位置的变动、角色的转换，让学生可以收获比其他学科更多的知识和感受。

（八）足球游戏训练法教案实例

一、训练主题：传球

1.人数

20人。

2.器材

足球10个、标志桶8个、标志杆5个、标志盘40个。

3.时间

5分钟。

4.区域

半径3米的圆形。

5.方法

所有学生站成一个圆圈，间隔一米，根据教师的节奏（拍手或哨子控制），进行高抬腿、后踢腿等动作的练习。当教师举起左手时，学生立马左脚支撑。单腿支撑几秒后，再进行下一轮练习。

6. 要求

积极主动，反应迅速。

7. 变化

举左手，右脚支撑；手势→声音。

8. 要点

注意抬腿高度。

二、训练主题：穿裆得分

1. 时间

10 分钟。

2. 人数

两人一组。

3. 区域

标志物相距 1 ~ 2 米。

4. 方法

在游戏进行前，教师讲解示范。两人一组，站于中间标志物上。一人两腿分开，另一人踢球尽力穿过。穿过一次，向前移动到下一个标志物，两人交替踢球。最后比较两人是否前进。

5. 要求

两腿尽力左右开立，球穿过之后，再将球捡回。

三、训练主题：传球练习

1. 时间

10 分钟。

2. 人数

四人一组。

3. 区域

4m × 1.5m。

4. 方法

四人一组，两人手持杆，另外两人站在杆两侧（相距 4 米）进行传接球，完成二十次，交换。

5. 要求

严格按照规定距离传球。

6. 变化

接球传球；一脚传球；接球转身扣球再传球。

7. 要点

支撑脚站于足球侧面，踝关节紧张，脚内侧触球。

四、训练主题：传球闯关

1. 时间

一人传球至第 6 关后游戏结束，或者游戏时间不超过 10 分钟。

2. 区域

球门 2 米，每一关间距 1.5 米（根据对象能力，距离可适当调整）。

3. 方法

四人一组，每人一球，站立于标志盘侧面，依次踢球。踢球者将球置于每一关水平线，脚内侧传球，将球踢过两桶之间，即可闯入下一关。若未能将球从两桶之间踢过，则返回上一关。

4. 要求

按顺序进行踢球；脚内侧踢球。

5. 变化

惯用脚闯关成功，弱侧脚从第一关重新开始。

6. 要点

直线助跑、踝关节固定。

第七章　田径运动技能教学

随着田径运动的普及和全民健身运动的深入开展，应当准确、全面、深刻地理解田径运动的概念，充分发挥田径运动的作用，进而在增强体能、增进健康、培养学生意志力的过程中确保田径运动项目价值的最大化实现。因此，本章我们主要从跨栏运动技能、中长跑运动技能、短跑运动技能、跳远运动技能等方面入手进行论述，以逐步提高学生的田径运动技能。

第一节　跨栏运动技能

一、异步教学法的相关概述

（一）相关概念的界定

异步教学法是指以异步教育学原理为基础，以学情理论为依据，根据学生的身体素质及个性心理特征等具体情况进行分组，各组设立不同的教学目标、教学要求、手段及学生学习的侧重点进行教学，利用分组异步的练习形式以及全体、分类和个别教学的组织形式进行教学，将教师的五步指导法与学生的六因素学习法有效结合。分别对学生进行指导练习，实现学生学习的个体化和教师指导的异步化，全面培养和发展学生的科学思维能力、创新能力，以提高学生的身心健康及学习效率为目的的一种现代化的教学方法，它是教师异步指导和学生异步学习的有效统一。异步教学法中教师和学生常用的教学和学习方式有以下两种。

1.五步指导法

五步指导法是指教师在异步教学的过程中，以异步教育学原理为基础，合理地实施"提出问题—指示方法—明了学情—研讨学习—强化小结"的教学指导流程，从而达到提高学生学习效率的一种组合式的指导方法，教师的指导形式包括全体指导、分类指导和个别指导。

2. 六因素学习法

六因素学习法又叫六步学习法，它是针对学生的学情理论而提出的，学生在课内外的学习过程中，针对个人情况合理地利用"自学—启发—复习—作业—改错—小结"的六步学习过程指导自己学习，从而达到提高学习效果的一种组合式的学习方法，学生的学习形式包括独学、对学和群学。

（二）异步教学法的创立及发展

异步教学理论的发展经历了以下三个研究阶段和过程。

1. 学情理论的创立

1979年10月起至1981年1月，当时就职于武汉师范学院的黎世法教授及其团队对湖北武汉地区的300名优秀中学生和大学生的学习情况进行了调查研究。通过对调查所获得的数据和材料进行综合分析，分析其中的特性和共性的因素，找出促使学生获得学习进步和成功的主要影响因素，根据这些影响因素的内在规律和逻辑联系，最终发现了学生学习的基本规律，并根据学习规律建立了学情理论，学情理论的内容主要包括学生学习的认识过程、思维过程、生理过程、学习心理规律、学习原则以及学习的方法类型等，反映这一阶段研究成果的书有《中学生科学学习方法》《中学生的最优学习方法》和《学生学习的科学方法》。

2. 最优化教学理论和异步教学理论

了解学生学习的规律后，接下来的任务则是针对学生的学习规律分析和研究相应的教学规律，建立有效的教学结构，目的要使教师的教和学生的学能够有效地结合起来，从而获得高效的、广泛的教学效益。探索教师的指导规律最重要的就是坚持以教为学服务的教学指导思想，将教与学结合起来研究，使教师的指导规律符合学生的学习规律。1981年的上半年到1984年的上半年期间，根据学生的学习规律，黎世法提出了最优化教学理论，通过大量的研究和实验，首先发现了教师的指导规律，即五步指导法，将教师的五步指导与学生的六因素学习综合起来研究，建立了六阶段的有效教学结构。反映这一阶段研究成果的书籍有《异步教学论》和《异步课堂教学的理论和方法》等。

3. 异步教育学

从教学理论向教育学的发展，是教育科学研究的必然。黎世法教授通过进一步论述现代学生的学习过程和异步教学过程的教育实质，进一步论述现代教育目的和现代教育内容与现代学生的学习过程和异步教学过程之间的关系，进一步论述异步教育规律、异步教育原则、异步教育方法以及它们之间的关系，进一步充实异步教学理论的内容之后，从而提出了《异步教育学》。《异步教育学》一书的问世，是继续深化异步教学改革的必需，是现代学生的学情理论、异步教学理论和异步教学管理理论综合发展的必然结果，它将随着异步教育科学的研究和实践的逐步深入而不断地发展与完善。这一阶段的研究成果主要是《异步教育学》一书。

（三）异步教学法的理论依据

1. 心理学依据

（1）学习心理学

学习心理学是教育心理学的一个组成部分，它是从学生学习的本质来进行论述的，即从学生的学习过程、思维方式、学习策略、学习类型、学习技巧、行为方式、认知理论、信息加工原理、记忆原理、学习迁移等领域进行的论述。著名学习心理学家桑代克认为，一切学习都是通过条件作用而形成的，在刺激和反应之间建立一种直接联结的过程。学习就是一种不断地刺激与反应的循环过程，作为教师就是要能根据个体对刺激的反应强度和大小，及时调整刺激源的刺激强度或改变刺激方法，便能取得良好的刺激效果，这种刺激源就是教师对学生所实施的教育，包括内容、方法手段等，而异步教学法就是针对这种差异提出来的，并且这种指导思想是符合学习心理学的规律的。

（2）差异心理学

差异心理学认为，一个人的心理差异代表了一个人的独特个性，它是在先天素质的基础上，通过后天的实践经验逐渐形成起来的不同于他人的、相对稳定的个体心理特点，主要表现为认知差异、智力差异、能力倾向性差异和学习动机差异等，学生在认知上的差异主要体现在记忆、思维、知觉和注意方面。不同的学生对一个新事物的认知程度和认知的方式是有所差异的，同时由于存在智能类型和智能表现早晚的差异，在认知深度上也会有所不同。而个性差异性对学生在学习过程的影响也是巨大的，外向型的学生敢于提出自己的看法和观点，敢于怀疑知识，遇到问题敢于请教教师和同学，这些都是有利于学习的性格特点。良好的学习动机也是取得良好的学习效果的重要前提，所以根据差异心理学的理论，教师必须要做到因材施教，而异步教学就是因材施教、差异性教学的具体的理论指导和方法手段。

2. 哲学依据

（1）矛盾存在的特殊性与普遍性

矛盾的特殊性和普遍性原理告诉我们，矛盾存在于事物发展的各个阶段，在事物发展的一个完整的过程中，往往又区分为不同的发展阶段，而不同发展阶段中的矛盾也具有其差异性。同理，学生在学习过程中也会表现出各自的矛盾和差异，每一个学生在自己不同的学习阶段中所要解决的学习矛盾是不一样的，并且伴随着教学的进行，学习的矛盾也是在不断地变化和发展的。由于受到差异心理学的影响，更是导致了每个学生在解决学习问题时所面临的矛盾是不一样的，需要的解决方法和手段也是不一样的，这就需要教师利用异步教学法对每一类学生、每一个学生的学习矛盾进行分类击破、各个击破。

（2）质变与量变

事物在发展变化过程中经历着量变和质变，量变和质变是可以相互转化的，学生获得知识的过程就是一个量变的过程，而人生观、价值观等观念的形成则是量变到质变的结果。质变和量变的观点体现在教学上，就是连续性和阶段性的统一。不同时期要学习不同的理论和实践知识，采用不同的教学方法和手段，体现出阶段性，同时整个学习的过程是连续性的，异步教学中的分类指导、个别指导、六步学习和五步指导就体现了阶段性和连续性的统一，在教学过程中教师既要了解部分学生发展的阶段性和连续性，也要掌握全体学生和个别学生发展的连续性和阶段性，从而更好地实施异步教学法，取得良好的教学效果。

（3）内因与外因

辩证唯物主义哲学认为，事物在其发展变化过程中，外因是变化的条件，内因是变化的根据，外因通过内因来起作用。在教学实践中，教师在课堂上通过使用相同的教学内容、教学方法手段和要求，以及试图达到同样的教学目标而对全体学生进行施教，结果是学生的成绩参差不齐，有优秀的、良好的，也有一般的和较差的，产生这种结果的原因就是外因和内因在学生发展的过程中所起到的作用是不一样的。教学的主要矛盾是学生已有的心理状态或已有的知识水平同教学大纲对学生提出的要求之间的矛盾。因此，教师在教学过程中要根据学生不同的内因施加不同的外因，不能千篇一律地使用一种外因条件，这就是异步教学法的长处所在。

（四）异步教学法的教学原则

1.因材施教原则

因材施教原则要求教师在教学中要根据学生的具体情况，科学地进行区别对待和差异教学，力求使每个学生都能够获得最佳的发展。教师要能够根据学生的具体情况制定相应的教学目标，选择合适的教学内容，采用合理的教学方法和手段，使教学内容能够得以完成并达到各自的教学目标。只有切实做到区别对待原则，才能避免"一刀切"的教学模式的出现，要时刻根据学生的需要加以施教。异步教学法明确地体现了因材施教的原则，教师的五步指导以及学生的六步学习步骤就是建立在区别对待原则基础之上的，教师采用全体指导、分类指导和个别指导的形式避免了单一的全体指导形式，充分地考虑了学生的具体情况和学生之间的差异性。对于学生的学习情况，教师要进行全面系统的调查研究，具体掌握所教班每个学生的知识基础、学习特点、能力和智力的状况。对大多数学生与部分或个别学生进行的教学工作，教师既要加以区别，又要有机地结合在整个教学过程中进行。

2. 热爱学生原则

热爱学生原则是异步教学法所有原则的基础，要想成为一名合格的教师，就必须热爱自己的学生；要想取得理想的教学效果，就必须热爱学生；要想使异步教学法得以较好地贯彻和实施，就必须热爱自己的学生。不热爱学生的教师是无法教育好学生的，也不可能做到及时地掌握每一个学生的学情，只有了解学生、认识学生、掌握了学生的基本情况后，才能真正地热爱学生。热爱学生与了解学生是相辅相成、辩证统一的过程。在异步教学中，教师必须及时了解学生的学情，根据具体的学情，制定相应的教学内容、教学方法和教学要求，若不热爱学生，有可能出现对学情的了解不够深入、不够具体细致，容易造成决策上的失误和误判，不能很好地提高学生的学习效率。对学生来说，他们也不会喜欢没有爱心和热情的教师，长时间则会形成反感和厌学的不良情绪。因此，在教学中，教师要高度负起责任，满怀极大的热情和爱心去教学，力求培养学生浓厚的学习兴趣和求知欲望，要关心每一个学生的点滴进步，做到全面关心，不偏爱一类或是个别。每位学生都有自己的优缺点，教师要进行全面衡量。教师自己有错误要敢于承认并及时地、坚决地改正，这样才能博得学生的尊敬，形成融洽的学习环境，促进教学效果的提高。

3. 系统控制原则

系统控制原则是要求教师在指导学生学习或是学生进行自学的过程中，要根据"六因素"的内在联系，充分发挥"六因素"的及时反馈和系统控制的作用，从整体上把握异步教学方法的原则，克服教学活动和学习活动中的无效劳动，不断提高学生的学习效率。"六因素"的教学过程不可以颠倒，它是知识学习的完整的认识系统。利用基本的教学形式进行直接的系统控制，即通过"自学—启发—复习—作业—改错—小结"六个因素进行直接反馈控制，并结合阶段反馈控制，从而能够及时地、准确地得到信息反馈，及时更正和修改教学过程中出现的问题，不断提高教学的效果。

4. 循序渐进原则

教学要按照学科的逻辑系统和学生认识发展的顺序进行，使学生系统地掌握基础知识、基本技能，形成严密的逻辑思维能力。人们对客观事物的认识，有一个由简到繁、由低级到高级、由直观到抽象的循"序"过程，人们对任何事物都不可能一步就达到对其本质的认识，同时，田径跨栏运动动作形成的阶段性变化，受人体生理机能的制约，受条件反射和分析、综合的逻辑思维规律的支配。掌握动作技术，也是一个由简单到复杂的渐进过程，异步教学法正是遵循了人们认识过程和动作学习过程的渐进性这一原则而实施的，其中学生学习的六个步骤和教师的五步指导无不透露出循序渐进的原则。

5. 个体性原则

个体性原则强调以学生的学习为主体、以教师的教为主导，每一个学生都是一个学习的个体，他们在学习中是一个独立于集体之外的个体，同时又是统一于集体的个体，每个人在学习时都是一个独立的过程，不能把一个学生学习的过程强加于另一个学生，每个人都有适合自己的独立于别人的学习步骤、学习方法、学习进度和学习习惯，要充分尊重学生学习的个体性，不能"一把抓"和"一刀切"。"六因素"的学习也是个体化的过程，教师的指导也要遵循个体化的原则，只有这样才能做到异步教学。

6. 微观决定原则

异步教育学的理论认为，学生学的"六因素"包括微观和宏观之说，在整个教学过程中，微观"六因素"决定宏观"六因素"，宏观下的"六因素"指出的是所有学生都必须遵循的学习方法和步骤，而微观"六因素"主要考虑的是学生之间的差异性，也是因差异性而提出的，即每个学生的学习条件、学习基础和学习能力等都不一样，所以学生在用"六因素"指导自己的学习时，所表现出来的学习进度以及学习效果并不一样。微观"六因素"是每个学生具体学情的反应；宏观的"六因素"是部分学生或全班学生一般学情的反映。微观"六因素"所要解决的问题是每个学生在学习过程中遇到的一系列具体的学习问题；宏观"六因素"所要解决的问题是全班或部分学生在运用微观"六因素"解决具体学习问题的过程中难以解决的共性问题。也就是说，宏观"六因素"所要解决的问题，是微观"六因素"中所存在的难以解决的问题的集中反映，微观"六因素"是宏观"六因素"的基础，它决定宏观"六因素"的内容，规范着教学活动的具体方式，是教师进行教学活动的依据。

（五）应用异步教学法应注意的问题

由异步教学法的理论所决定，在实施和应用异步教学法时，需要注意四个重要的问题：第一，异步教学法是建立在学情基础之上的，一切都是以学情为基础，没有学情就无从谈起异步教学。只有了解学生的基本情况，才有实施异步的可能性，才能对学生进行合理的分类，才能对学生施以"五步指导"和"六因素学习"，才能对各类学生施以相异的教学内容、教学方法和教学要求，采取不同步的教学进度。对于学情的调研并不能仅仅局限于异步教学的准备阶段，而是贯穿于异步教学的整个过程。第二，在组织形式上要注意各类学生之间的差异性，教师教学的组织形式要能适合不同学生的学习要求，同时要能够根据学生的具体情况和学习进度，因时因地地及时调整学习方法和教学要求，即要根据学生的发展而不断地发展变化。第三，教师在教学中要注意学生的心理变化和个性特征的发展，对于异步教学中的分类教学，要尽量保证教学的分类的隐秘性，以防止学生产生自卑心理。培养学生的个性特征是教改的一大目标，在教学过程中，要注意学生个性的培养和发展。第四，在教学过程中，教师要首先明确自己的位置。异步教学法是以学生的学为主，以教师的教为辅，一切教学因素都是围绕学生的学而设立的，一切为了学生的学，因此教师的工作过程必须符合学生的学习过程。

二、异步教学法在跨栏跑教学中的应用

（一）跨栏跑异步教学法的教学目标

教师在跨栏教学中，可以根据学生的学习能力，将其分为提高组、巩固组和基础组。对提高组、巩固组和基础组来说，每一个类别的教学目标和要求不一样，合理地制定并完成每个类目，各自的教学目标是一节课成功的关键。那么，针对各类学生的身体素质的情况，各类的教学目标分别如下。

1. 提高组

由于提高组的学生在身体素质和个性心理特征等方面比较优秀，因此这类学生在跨栏跑过程中除了要完成大纲的要求之外，还要进一步细化和分解跨栏跑技术动作，精雕细探，精益求精，反复练习，尽可能将跨栏跑技术发挥到个人理想水平。这一部分的学生是少数，对这一部分学生的总体要求是整个跨栏跑全程节奏感强，重心起伏差值小，后蹬要充分有力，摆动腿做到积极下压和起跨腿积极提拉到位并快速前摆上栏着地进入到栏间跑。

2. 巩固组

该组在一个教学集体中属于人数比较多的一类，对于该部分学生总的目标要求是掌握教学大纲所要求的教学目标，在掌握基本知识和基本技能的基础上，重点培养学生的情感目标，并且要鼓励一部分人朝着提高组发展。

3. 基础组

基础组在跨栏跑教学中属于特殊群体，首先这部分学生的身体素质和技能较差，其次这部分学生在心理上对栏架也有一定的恐惧感，这就需要教师在课上要尽量去帮助他们克服心理上的胆怯，利用一切办法调动这部分学生学习的积极性，树立学习跨栏跑的自信心，提高克服困难的勇气。根据此类学生的具体情况，该类学生总的目标是力所能及地完成教学要求，对于大纲所规定的目标及要求可以适当降低，考核期间不能仅仅以达标成绩和技术评定来硬性地去衡量学生的好坏，要结合学生在课堂中的努力程度和学习态度综合地评价，这样才能鼓励他们不断地努力学习。

（二）跨栏跑异步教学法的备课形式

在跨栏跑的教学中，备课的内容包括了解学生、钻研跨栏跑教材和制订跨栏跑的教学计划。学生是跨栏跑学习的主体，那么教师备课的重点则在备学生，即深入地了解学生的基本情况，包括学生的年龄、心理、身体素质以及学生掌握跨栏跑技术的情况，针对该年龄段的心理和生理以及体能、技能特点，做到心中有数，制定相应的方案，在充分调研和了解学情的基础上，接下来的任务就是认真地研究跨栏跑课程教材，了解跨栏跑课程的内容目的及要求，根据跨栏跑技术动作的特点和学情的要求，合理地划分和制定跨栏跑单元教学计划以及教案。制定跨栏跑单元教学计划的要求有两个：第一，要根据跨栏跑技术动作的特点，合理地划分单元教学计划，进一步确定每一节课所要教授的内容；第二，教学计划制订的起点要保证大部分学生都能接受，起点不能太高也不能太低，来满足大部分学生学的要求。

根据各类学生的具体情况，进行有针对性的备课，即备课要有类别性、差异性和层次性，针对各类学生的具体情况，合理地提出不同的教学要求，设计不同的教学方法和手段，除了关注那些优秀的学生外，更重要的是关注那些心理、意志、品质较差，对栏架具有恐惧感以及身体素质较差的学生的学习。因此，教师在备课阶段就要做到心中有数，并要提出相应的对策和解决办法。异步教学备课的重点和对象是备学生，而传统教学备课的重点是备教师，目的是能够保证按部就班地完成教学。

（三）跨栏跑异步教学法的指导形式

异步教学的指导形式是微观分类指导和宏观集体指导相结合。微观分类指导是在跨栏跑的教学中针对不同类别的学生采取不同的指导方式，与一般的集体指导不同，深入到各类学生中，在跨栏跑的练习内容上、对动作的要求难易程度上、在教学的侧重点上、在教学方法和手段上以及心理指导、心理暗示方面的方式方法上都有所区别，因此在教学中要注意以上几个方面的侧重点。与微观分类指导相对的是宏观集体指导，在教学中发现共性问题时，教师应采用宏观集体指导的形式，这样可以节省教学资源，提高教学效率，所以在跨栏跑异步教学的指导上是微观分类指导与宏观集体指导的辩证统一，辩证于不同类别之上，统一于整个教学之中。

教师在进行分类指导时，对于不同类别的学生在指导方法上要有所区别，把握侧重点，适时调整不同类别的教学进度，做到因人而异、因类而异，具体的指导手段包括讲解示范、语言提示、提问法以及合理的情绪调节法等，总的目标是使各类学生都能顺利地完成各组所制定的教学目标和要求。

（四）跨栏跑异步教学法的练习形式

学生在进行跨栏跑练习时，教师对不同类别学生的练习要求的侧重点不同，对于提高类的学生强调掌握跨栏动作的技术要领和技术细节，建立正确的技术动作表象，不断地巩固正确的跨栏技术动作，提高要求，适时调整跨栏跑教学的进度。对于巩固组的学生要合理安排跨栏跑技术教学和心理调节，做到两手都要抓、两手都要硬，在扎实推进技术动作正确的基础上，适当加大难度，并注意观察部分学生的进步状况，及时调整类别的变动，鼓励一部分学生进入提高组学习，注意保持良好的学习心理状态，戒骄戒躁。在遇到困难与挫折时，及时调整好心理状态，以积极、勇敢的精神去面对，培养学生坚定的意志品质。巩固组主要以分组练习为主、以帮扶练习为辅，重点是单个跨栏技术动作的练习。而对基础组的学生来说，要注重心理方面的调节，根据笔者的教学经验得出，基础组大部分学生学不好跨栏的原因除了身体素质的因素外，更重要的是心理因素，从内心深处就抵触栏架、惧怕栏架，那么针对此种情况，该类学生的练习要适当降低练习的难度，如降低栏架的高度和栏架间的距离，或是用其他器具代替栏架以消除心理上的恐惧。除了降低练习难度以外，还要结合合理的情绪调节法，并分析和认识人与栏架的辩证关系，多进行辅助和诱导练习。

（五）跨栏跑异步教学法的教学流程

一般跨栏跑教学的流程遵循"讲解—示范—学生练习—教师指导—学生改进—教师评价"，最好再进行总结这样一种流程，在此教学流程中，教师则以讲解和示范作为教学的重点手段，学生则在教师的指导下反复地练习和巩固技术动作，未能够充分发挥学生的主观能动性和学生学习的主体性与独立性。

在此教学法中，教师与学生通过异步教学方法很好地结合了起来，共同构成了跨栏跑异步教学的整个过程，教师根据学生的具体情况制定不同的教学计划，同时针对不同类别的学生设立不同的教学目标，各组学生在练习时合理地选择自己的目标并努力达到自己的目标，同时教师根据不同类别的学生设立不同的问题或是相同的问题，启发学生的思维能力。作为学生，要想很好地跟上教师的进度和思维以及更好地开发自己的思维能力，必须课前自学，做到心中有数，课前学习包括回忆以前的教学内容和动作技术等，教师根据学生对问题的解答予以纠正并向学生示范动作，学生根据教师问题的启发以及教师的示范动作，结合自己的思考合理地反复练习，在练习过程中，教师不断地指导、纠错和评价，并将评价的内容反馈给学生，而学生则要做出合理的调整与改变，最后教师布置作业并加以总结。总的教学思路是"学情了解—总体目标—合理分类—异步目标—异步教学—异步练习—异步指导—纠错改正—评价总结"，其中学情为重点。

（六）跨栏跑异步教学法的组织形式

异步教学法的教学模式决定了其独特的组织形式，通常教师所采用的组织形式包括以下四种形式。

1. 全体教学

对于学生出现的共性的问题，采取集体教学的形式，这样不仅可以节约教学时间，还可以提高教学效率。

2. 分类教学

在教学中将学生分成提高组、巩固组和基础组三大类，各类的目标、练习手段以及要求不同，必须采用分类练习的组织形式，这种组织式的练习针对性强，能够很好地做到区别对待、因材施教，充分认识到学生在技术和身体素质上的差异性，并进行针对性的教学和指导，才能取得很好的效果。

3. 个别教学

针对个别学生在技术或心理方面的问题，采取针对性极强的个别指导形式，做到一对一教学和辅导。这种个别指导的对象可以是来自提高组的学生，也可以是巩固组或基础组的学生，但大部分是基础组的学生，这是由技术、身体素质以及心理因素所决定的。

4. 独学、对学和群学形式

对于学生的练习形式，通常包括独学、对学和群学。独学就是指自己所能解决的问题独自进行解决，或是自己独自思考和分析问题，这种学习形式能够很好地促进学生学习的个体化，提高学生独立思考和解决问题的能力。当自己无法解决时，这时可以采用两两学习的形式，即对学或是群学的学习形式，这种学习形式可以很好地培养学生的交流能力和互帮互助的团队精神，在共同交流问题的同时，可以很好地集思广益、发散学生的思维能力，能够从不同角度去分析问题、解决问题。同时，在结伴练习时，同学之间的相互鼓励和加油可以大大提升学生的勇气和胆量，能够很好地使学生克服恐惧心理，为顺利越过栏架奠定了心理基础。

（七）跨栏跑异步教学法的教学手段

体育教学方法是在体育教学的过程中，教师指导学生为达到一定的教学目标所采用的一系列的活动方式、手段和途径的综合。科学合理的教学方法可以促进学生快速掌握技术动作，同时也能减少和避免运动损伤的事故发生，提高学生学习的效果。根据异步教学的原理，跨栏跑异步教学法的主要教学手段有自学法、启发法、体验法、小团体互助法和组合教学法等，其中教师教法主要是五步指导法，学生的学法是六因素学习法。

1. 自学法

自学法也称自主学习法，是学生在跨栏跑教学中，通过教师的指导，以自主学习为主，培养学生的自主学习能力和习惯的一种教学方法，学生在课前、课中和课下通过利用自己已有的跨栏跑知识结构和运动技能，独立获取知识和练习跨栏跑技术动作，从而解决一定的问题。自学必须做到想学、会学、能学和坚持学四个方面，并且要制定一定的计划，合理地安排学练时间；对学习内容提出问题，尝试解决问题；对学习过程和学习结果进行自我评价和检查；能够准确地找出自己跨栏跑技术动作的错误之处并能予以改正。

2. 启发法

在跨栏跑教学中，教师根据课的教学目标和教学内容，并且根据各个类别的学生的具体情况提出相应的问题，开发学生的思维，引导学生运用已有的知识框架和技术去分析和解决问题。学生在思考问题的同时，也是对技术动作的一种再现和再练习，建立清晰的神经动作脉络。通过学生的思考以及问题的回答，教师要及时予以纠正和肯定，并要说清问题的来龙去脉，知其然更要知其所以然，鼓励学生通过实践的方式去验证自己的结论，此方法能够很好地培养和发展学生的创造性思维能力。

3. 体验法

体验法教学是让学生在已经掌握的技术动作的前提下，不断地尝试和改进自己技术动作的不足之处，通过自己正误两种动作的体验后，能够更深刻地认识正确的动作和错误的动作，从中找出适合自身的动作方法并体验其中探索的乐趣的一种教学方法。例如，在跨栏跑教学中，对于学生的跳栏现象，教师可以先不说出原因，让学生自己去体验和摸索，从中发现适合自己的起跨距离。这种体验式教学手段能够加深学生对技术动作的印象。

4. 小团体互助法

在异步教学的组织形式中，有群学和对学的学习形式，这种学习形式从某种意义上说也是一种教学手段，即小团体互助学习法，就是以群学的学习形式，同一类别的团体内部、不同类别的团体之间的一种互帮互助的学习手段，这种方法在跨栏跑教学中能够充分发挥其特点优势。跨栏跑项目本身就是一个复杂的项目，那么在学习中必须借助和发挥小团体互助的形式开展教学。例如，提高组的学生可以深入到基础组的学生中去，帮助基础组的学生完成一定的教学任务，克服跨栏跑中遇到的困难和问题，指导基础组学生的技术动作，进行心理指导等，通过同伴的积极评价，能够鼓励和激发基础组学生的信心和斗志，同时能够很好地培养和发展学生间的交流与互动，使得基础组的学生能够在自己的能力范围内寻求进步，体会其中的乐趣，增进跨栏跑的学习兴趣。

5. 组合教学法

组合教学法是异步教学法独特的、核心的教学手段，即教师的五步指导法和学生学习的六因素学习法，具体的是指教师通过"提出问题—指示方法—明了学情—研讨学习—强化小结"五步骤来指导学生的学习，而学生则是通过"自学—启发—复习—作业—改错—小结"的学习方法来进行学习，这是一整套的教师指导的方法和学生学习的方法，是异步教学的系统的教学法，缺一不可。两者结合后便是"六段式"教学法，即"提出问题—指示方法—学生学习—明了学情—研讨学习—强化小结"。学生在跨栏跑的学习中遇到具体的问题和困难都可以利用此"六段式"教学法逐一解决。

（八）跨栏跑异步教学法的教学评价

教学评价是依据教学目标对教学过程及结果进行价值判断并为教学决策服务的活动，是对教学工作质量所做的测量、分析和评定。教学评价具有诊断、激励、调节和教学作用。在跨栏跑的异步教学中，诊断性评价、形成性评价和总结性评价三种类型并用。除了考虑学生的跨栏跑达标成绩、技评成绩和理论考试成绩外，更注重学生的过程性评价。

1. 诊断性评价

诊断性评价是在跨栏跑教学的开始阶段所进行的评价，包括学生的身体形态和素质的评价、兴趣、动机以及态度的评价等，目的是了解学生的具体情况，以便合理地对学生进行分类，根据各类学生的具体情况，确定相应的教学内容，并制定相应的教学方法、手段和要求，切实做到因材施教。同时，在教学实验开始前的诊断性评价的另一个目的和作用是确保实验对象在身体素质、情感态度等方面不存在差异性，保证实验对象的统一性，排除干扰因素，降低实验误差。

2. 形成性评价

形成性评价又称为过程性评价，就是在教学的过程中不断收集各方面的信息和资料，尤其是学生的发展变化情况，及时地调整教学策略。也就是说，在教学中要协调好教师的方法、手段的选择运用与学生的具体情况以及学习需要之间的关系。作为教师，在教学中要不断地主动发现学生在学习中存在的问题和学习进展的情况，及时地改进教学策略并帮助学生解决所发现的问题。跨栏跑异步教学形成性评价的方式包括定性和定量评价。跨栏跑异步教学的目的就是促进学生学习的个体化，培养和发展学生学习的积极性，提高学生跨栏跑的技术水平和运动成绩。客观、准确、全面的教学评价克服了传统的单一的仅仅依靠考核成绩的评价方式，使得无论是巩固组还是基础组的学生，都能找到自己进步的方向，以此提高了学生学习的积极性。

在跨栏跑的教学中，教师通过搜集和分析不同组的学生学习的具体情况，针对不同类型学生的具体情况提出不同的要求，调整相应的教学策略和行为手段，将问题反馈给学生，学生再结合教师的意见和建议不断地改进和发展。同时，学生的学习同样也来自自己的评价和同学的评价，或是同一类别的学生的评价或是不同类别的学生的评价，通过自我以及同学的评价再结合自己的情况选择改进或是强化学习，进一步反思总结，然后通过反思总结调整学习策略。总之，评价的目的都是为了更好地改进教学，适应学生学习的需要，从而更好地提高教学效果。

3.终结性评价

终结性评价是对某个教学阶段的总结和评价，注重的是教学的结果，判定的是最终的学习成果，并做出成绩或技术评定。跨栏跑异步教学的终结性评价包括跨栏跑的达标和技术评价以及跨栏跑的理论考试成绩。跨栏跑异步教学法利用诊断性评价、形成性评价和总结性评价，以形成性评价为主。

三、异步教学法在跨栏跑教学中的应用效果

异步教学法中的六步学习法，其中自学阶段是学生对跨栏跑教材的深入学习和基础理论知识的认识和发展，增加学生学习的资本，提高学生的认知能力；通过课堂中问题教学的实施，激发学生的思维能力，解决自学阶段存在的疑问和难题；复习则是对自学和启发阶段的内容进行梳理和再认识，以达到一个新的高度；作业则是对技术动作的强化和巩固，形成正确的神经肌肉感觉和动作定型，反复练习达到动作熟练化和自动化；改错则是纠正跨栏跑的错误动作，强化学生的正确技术动作，弥补动作的不足；最后对学生进行定性和定量的分析评价，为下一步教学提供依据。通过实施六步学习法，能够极大地培养和促进学生的个体化学习，保证了学习的独立性。所谓个体化学习，是指每个学生针对自己的学习情况和能力制定相对于自己的六步学习法，在自学的方法、内容、难易程度、启发的效果、认识程度、复习的范围和效果、练习的难易程度以及练习的效果、作业的针对性以及完成状况、对自己的总结评价等方面是与班级其他人不一样的，只有制定适合自己的六步学习法，才能取得良好的学习效果。任何人都不能去复制别人的过程，六步学习法造就了学生的个体化学习，同时在异步教学中的小组制教学，也强化了学生之间的合作学习，即任何学生的学习都不是一个人的学习，而是共同的学习与开发，相互学习、相互帮助、相互评价以达到共同进步。不同组别的学生之间的互动，能够增加学生的合作意识。

在教学中，除了教师的分类指导外，更重要的一点是要培养学生的团结、互助、合作的情感，发展学生相互协作、创新探索的精神。要增进学生之间的交流，提高组的学生可以在技术动作上去指导和帮助巩固组和基础组的学生，同时基础组的学生认真地观摩和学习提高组的学生的技术动作，不断地交流学习，发现问题、共同解决问题，

解决不了的问题请教教师，只有这样才能够使得整个课堂充满活力和积极向上的氛围，提高学生学习的个体化进程。

教师在异步教学中起到主导作用，通过全体指导、分类指导和个别指导形式，并利用提出五步指导法来指导和辅导学生的学习，通过提出问题来启发和发散学生的思维，能够促进学生积极思考的能力，带着问题去学习锻炼，会增强大脑的记忆力和神经肌肉的运动痕迹效应，提高技术动作学习的速度和准确性；利用指示方法纠正学生对于问题的回答，强化正确概念，促进对技术动作的理解与学习；对于学生技术动作的掌握情况要做及时的了解，针对以上问题和概念以及技术动作的掌握情况进行分析总结，并且与学生进行研究和探讨，进一步激发学生的思考和学习；最后再通过进一步的强化效应，提高学生的认知和技术动作的定型。通过教师的指导，提高学生学习的积极性，强化学生学习的意识和主观能动性，增强学生学习的自信心和成功感。

异步教学法在跨栏跑的教学中可以很好地改进和提高学生跨栏跑的技术水平，这与异步教学法的目的和原理是相符的。异步教学法在教学中能够很好地因材施教，针对每个学生的具体情况，制定合理的、切实可行的方法手段，避免同步教学中容易忽略部分学生的缺陷，从不同方面对学生进行深入的辅导。不断地练习改进强化技术动作，每一个动作的学习都要经过学生的六步学习，每一个学生的六步学习的具体内容方法和手段与其他学生又是相异的，这就是微观六步学习，做到了学生学习的个体性和独立性，同时教师又是通过相异的五步指导法指导各类学生，以提高他们的技术水平。

第二节　中长跑运动技能

在田径项目中，中跑和长跑称为中长跑，属于周期性速度耐力项目。自中长跑产生以来，人们便不断探索适合中长跑的训练方法，回顾中长跑的发展历史，可以看出其训练方法的变革、更新是中长跑运动发展的基本动力。现代田径运动的发展，新纪录的不断涌现与训练方法是分不开的。尤其是当今世界上的竞技体育强国，在培养运动员和实施科学化训练的各方面条件日趋接近的情况下，田径训练在很大程度上取决于训练方法的优劣和运用的正确程度以及新的更有效的方法的开发。中长跑训练发展到今天，比赛对中长跑的训练提出了更高的要求，对运动员整体水平、竞技能力的要求越来越高。

目前中长跑需要什么样的训练方法？是单一使用某一种训练方法，单独发展一个供能系统，通过多次课的积累来发展运动员的整体水平，还是综合运用多种训练方法，多个供能系统同时发展？笔者认为是后者。随着中长跑运动员训练水平的提高和训练的发展，训练应该以各种训练方法合理地组合运用，即训练的综合化是当今训练的方向。有些专家提出，我国中长跑训练的综合化程度不高是阻碍我国中长跑运动成绩进一步提高的障碍。比较中国与外国优秀运动员的训练安排，中国运动员是专项运动能力重叠强化积累的训练方法，而世界优秀运动员体现在训练过程的整体中逐步展开来提高专项运动能力的方法。例如，中国运动员全年的专项训练单独进行，即"专项课"，其他素质的改善和提高也采用这种办法，如速度训练、身体训练、一般耐力训练等。一次训练只强化一个因素，多次课形成多个因素的强化。而世界大部分的优秀运动员，依据不同因素与运动成绩的相关程度，把准备一次比赛作为一个整体来同步发展各因素，而不是将多种因素分开来训练。这对中国中长跑运动员有氧耐力、速度耐力和速度训练分开练习的方法，和重局部、轻整体的观念是一个巨大的冲击，也为我们提出"组合训练法"奠定了理论基础。

目前，运动竞赛对运动员的训练要求越来越高，在中长跑训练手段差别不大的情况下，如何提高训练效率，达到最佳化训练，成为一个摆在我们面前的课题。我国目前安排训练负荷的方法是否达到最佳化，通过我国与世界选手的成绩比较方便一目了然，因此提出了"组合训练法"。把影响中长跑训练效果的各个因素都纳入训练过程，以整体实力改善和提高的综合效应来检验评价训练的效果。其特点是在训练中，依据运动员的训练阶段、竞技水平等因素，科学地运用训练学的原理，合理地选择和安排不同性质和比例的训练内容，以求获得最佳整体效应的训练方法。通过文献检索，笔者发现目前国内外对组合训练法的研究不多，因此将组合训练法通过理论分析和实践验证，对中长跑的训练提出自己的观点，供教师参考。

一、组合训练法的概述

组合训练法是一次课使用多种训练方法，在能量代谢的安排上，既有有氧训练（耐力训练）又有无氧训练（速度训练），将有机体看作一个整体，以专项能力的多层次结构和能量代谢机制理论为基础，将影响运动成绩的各个因素都纳入训练课中，贯穿了有氧代谢和无氧代谢同时发展的思想。一次课同时训练多个能量供应系统，这样对单个系统的刺激不如单一训练的强度大，但多个刺激系统的总和比单一训练的刺激总和大，持续训练时间较长，总体负荷较大。组合训练法的内容变化灵活，不容易使学生产生疲劳，运动兴奋性较高，训练效率也比较高。

从另一方面来说，组合训练法是在一个或若干个训练单元中，依照运动员的训练阶段、水平、项目要求及个人特点等因素的差异，科学地运用训练学的原理，合理地选择和安排不同性质和比例的训练内容，以获取最佳整体效应的训练方法。因此，组合训练法不同于力量训练，更不同于持续训练法、间歇训练法、重复训练法等，它包含着这些训练方法的内容。组合训练法不是将各种单一训练方法简单地相加，而是以一定的间歇方式和交叉组合的方式，将各种单一训练方法有机地结合在一起，能灵活地调节运动负荷，有利于科学地安排负荷和间歇。组合训练法将几种训练方法的优点和功能集中在一起，起到放大效益的效果，是综合运用这些方法的功能的具体体现。在能量代谢的安排上，以有氧代谢和无氧代谢的均衡发展作为指导思想。在每次训练课中，既有有氧训练又有无氧训练，这样以来使有氧和无氧代谢能力同步提高。组合训练是以间歇训练作为基本体系，以全面发展的思想作为依据，多种手段互相结合，以达到最佳训练效果的训练方法。

二、中长跑训练的特点

第一，将中长跑定为速度耐力性项目，这样以来就可以把速度和耐力有机地结合起来，使中长跑训练重点重新定向。

第二，在训练负荷的安排上，以训练强度作为训练负荷的灵魂，超量恢复原理告诉我们，在适宜的可承受的生理范围内，负荷越大，刺激就越大，反应也越深刻，成绩提高也越明显。在目前的训练中，随着训练量的增大，训练强度也逐渐增强，两者同时增大，同时达到最大值。

第三，围绕专项来选择训练内容，更加重视运动员专项素质的培养。"水桶模型"强调了一个运动员竞技能力的提高必须是体能、技能及心理能力等各方面的同步提高。现代科研已表明，中长跑运动员要达到高水平，必须具备扎实的专项身体素质。

第四，将比赛作为训练的重要成分，以赛带练，以赛促练。参赛能力，尤其是在重大比赛中发挥出自己水平的能力，是十分重要的，这种能力只有通过多参加比赛才能获得。

第五，高度重视运动员的恢复及心理训练，并与专项训练有机地融为一体。训练后的恢复是整个训练的重要部分，"没有恢复，就没有训练"。

第六，周期理论得到突破。以一次重要的赛事划分周期。现在在全年的每一个季节都有大型比赛，要求运动员全年都保持较高的竞技状态。在全年各时期的训练内容差别不大，以周为单位来安排训练，在全年的各个时期保持较高的训练水平。

总而言之，目前的训练特点可归结为"一快、二多、三大"，即全年训练的节奏变化快，训练次数多，训练天数多，每天训练的密度大、强度大，专项训练的比重大。对训练内容进行多周期的同步训练，以加强训练与比赛更紧密地衔接。通过以上分析可以得出以下结论：随着运动员运动水平的逐步提高和训练次数、竞赛次数的增多，使用单一训练法不可能获胜，而应对各种训练方法加以区别，利用其优点，组合移植、互相借鉴。结合运动员的特点，不断完善中长跑训练方法。中长跑项目运动成绩本身是一个多素质的综合表现，只有通过采用多种手段，优化组合，才能达到训练的最佳效果。

三、组合训练法的策略

（一）训练负荷的安排

无论是单一训练法还是组合训练法，训练负荷主要都是在发展区、经济区和最大强度区。在训练时，运动员心率在170次/分以上。训练负荷的安排有节奏，大中小结合，波浪式增加负荷，大负荷后间以中小负荷，以增加恢复时间，有利于负荷的再增大。在每次训练结束前，都要进行冲刺能力的训练，最后进行放松跑。专项组合训练强度要求最后一组采用突出强度，其他组均注重一般强度来发展耐力，有利于克服以往专项速度耐力训练对重复某一段落距离的间歇跑所造成的不利心理因素。

（二）以心率作为控制指标

测量运动员训练前的心率，可以观测运动员训练前的准备情况和能否完成训练任务。测量运动员训练后即刻的心率即最大心率，判断运动员的训练强度。通过测量，运动员的最大心率在30～34/10秒。测量运动员跑完后5分钟、10分钟、15分钟的心率和放松后的即刻心率来判断运动员的恢复程度。在间歇训练时测量运动员的最高心率，运动员的心率恢复到117～120次/分，再进行下次训练，防止运动员过于疲劳。训练中不刻意追求最高强度，训练中的大强度一般控制在80%～95%，这样对机体有较深的刺激，又能反复多次训练，既有利于技术的改进与稳定，又能促进专项能力的提高。在大负荷后进行心率控制，看其疲劳及恢复情况。在训练刚开始，专项速度耐力的训练段落大多数短于专项距离，强度较低，间歇时间较长，总量较大。这样做是考虑到这些段落组合既有专项速度耐力成分，又有中长跑运动员所需要的速度训练成分，加之组合总量较大，使运动员具备了所需要的有氧耐力成分。随着运动员对负荷的适应，会逐渐增加一些专项速度耐力的训练手段，如上坡跑等。采用强化速度耐力的训练手段，并控制影响训练效果的各因素，如运动量、强度、间歇时间等，使专项训练手段更适合于专项训练。

（三）训练手段的选择

采用不同段落距离的专项组合训练手段是发展运动员专项速度耐力的主要方法。以同一段落距离或不同的段落距离组成组合训练手段。在训练中，手段选择的原则是专项速度耐力训练手段所产生的训练效果与运动专项的生理与生化特点相符合，其训练负荷与运动员的训练水平相适应。在手段的选择、设计和应用中，具体办法是在手段的段落距离上，一组组合训练的总距离或一次段落距离基本与专项距离相等或略长。采用的段落距离为：800 米运动员以 300 ~ 600 米为主；1500 米运动员以 600 ~ 1200 米为主；3000 米运动员以 1000 ~ 2000 米为主；5000 米运动员以 1000 ~ 4000 米为主；10000 米运动员以 1000 ~ 6000 米为主。

（四）组合训练的段落距离以短于专项距离的段落为主，以长于专项距离的段落为辅

在中跑运动员专项组合训练中，80% 的组合段落为 200 ~ 600 米，其余为 1000 米以上的段落。在长跑运动员的段落选择上，以 1000 米以上的段落为主，但每次长段落训练后都要进行 200 米到 600 米段落的冲刺练习，以提高运动员的冲刺能力。在训练实践中，这种专项组合训练手段具有两个方面的优点：第一，在每次专项组合训练中，由于既安排了一般强度的组合，又有突出强度的组合，因此既保证了专项训练的数量，又保证了专项训练的质量；第二，由于一般强度训练的量较大，在较小程度疲劳的多次积累后，最终造成较深疲劳之后的突出强度的刺激，使整个专项训练的效果更明显。在整年训练安排上，运动量逐渐增加，强度逐渐增大，大小强度交替进行。

四、组合训练的分类

（一）超主项距离的组合训练

超主项距离的组合训练，即超过比赛距离而低于比赛速度的组合训练，主要在中跑训练中。

（二）间歇训练

1. 慢速间歇组合训练

用低于比赛速度和不完全恢复的短的休息间歇，重复一定的段落，休息的时间比跑这一段落短。

2. 快间歇组合训练

它同慢间歇组合训练的主要区别是间歇时间较长，恢复较好，段落跑的速度快。

3. 依次缩短间歇时间的组合训练

在采用此法时，预先规定好间歇的缩短方法。

4. 包干组合训练

规定一个总时间，包括完成练习的时间和间歇时间一起包干。

5. 不等距离的间歇组合训练

间歇训练跑的距离不相等，距离可以由短到长，也可由长到短。

6. 喇叭形间歇组合训练

又称"上坡"形组合训练。间歇的距离由短到长递次上升，如 300 米—400 米—500 米等。

7. 锥子型间歇组合训练

又称"下坡"形组合训练。间歇的距离由长到短递次下降，如 1600 米—500 米—400 米等。

8. 梭子型间歇组合训练

又称"上下坡"形组合训练。间歇距离由短到长，又由长到短。

9. 不等距离的间歇组合训练

可以提高运动员的训练兴奋性。跑的节奏不断变化，运动员无法形成固定的慢速的动力定型，这样以来有利于提高速度，对战术训练也有良好的影响。

（三）负分段间歇组合训练

采用这种方法，间歇时间不变，跑的距离固定，但速度要求一个比一个速度快，到最后达到本人速度的 100% 的强度。

五、中长跑训练法的应用

（一）中长跑成绩的构成

运动成绩可以分解为许多单一的能力及条件，或被理解为由它们所构成，这些单个的因素不能被孤立地看待，而是彼此紧密地结合在一起，其集合则是运动成绩本身。中长跑需要运动员有较强的有氧和无氧能力，同时具备很好的力量素质、耐力素质、速度素质、灵敏协调素质等，其专项速度能力是以专项能力的多层结构训练方法和以能量代谢机制理论为基础。

（二）中长跑训练的生理基础

人体活动有三个能量供应系统：一是磷酸原系统，它是一切高功率运动的供能基础，此系统的能量在人体内含量较少，仅能维持 7 ~ 8 秒的时间。二是乳酸能系统，也称无氧糖酵解系统，是有机体处于氧供不足时的主要供能系统，是中长跑进行高速跑训练的重要的能量系统。此系统的能量合成率较有氧系统快，但产生乳酸等酸性物质，若不能很快消除，便在体内堆积，使机体产生疲劳，不能维持机体原来的运动状态。

三是有氧氧化系统，是当运动中氧气供应能满足机体的需要时，运动所需的能量即由糖和脂肪的有氧氧化过程再合成，此系统是进行长时间耐力活动的主要供能系统。

（三）中长跑训练的原则

1. 中距离跑训练的原则

从其能量代谢"以混合代谢为主、以有氧代谢为辅"的特点，可以看出其训练是以发展无氧代谢能量为主，全面带动其他代谢系统的发展，训练方法的选择有助于发展混合代谢能力。为了能在高水平状态下培养出具有中距离跑能量的代谢特点的高水平运动员，应注意有氧能力和乳酸代谢能力的培养，无氧代谢水平的最终发展取决于有氧代谢能力的发展。有氧代谢水平高，在进行无氧训练时产生的乳酸就能很快消除。有氧代谢与乳酸代谢交替供能的能力越强，保证运动员以较快速度运动全程的可能性就越大。发展有氧代谢能力是中距离跑项目达到高水平状态的基础，也是发展高水平中距离运动员的混合代谢能力的一种手段。

2. 长距离跑训练的原则

长距离跑的代谢是"以有氧代谢为主、以混合代谢为辅"，因此长距离训练以发展有氧代谢为主，兼顾混合代谢和无氧代谢。长距离跑的有氧训练、混合训练和无氧训练无论在哪一个阶段都要训练。

（四）不同素质同时发展

不同性质的训练组合带来不同的训练效果。在中长跑训练中，注意均衡发展运动员的各种素质，通过维持耐力、速度和力量的均衡发展，就能加快提高身体素质的总体水平。在日常训练课中，把速度、力量、耐力训练共同发展。实践证明，不同的训练手段，作用方向不同。不同性质的训练手段的合理组合，其作用方向发生了变化，能够产生新的训练效果，促进训练水平的尽快提高。卡斯科特博士通过实验，建议运动员力量和耐力同时进行训练。在一次课完成练习的顺序问题上，即力量耐力训练谁在前谁在后练习，取决于项目特征。中长跑训练耐力应先于力量训练。耐力训练后，运动员的心血管机能提高并使肌肉充分的活动开，为力量训练做好充分的准备。把训练因素结合成一个整体时，就会产生最佳训练效果，这是各种因素之间的协同作用。卡尔东博士在实验室用不同性质的定量负荷对动物进行实验性的训练，结果发现，肌肉的结构和机能部分会因提高耐力或力量的训练性质的不同而有选择地增加，证明训练耐力（采用持续长跑和间歇跑），那么肌肉的耐力将得到提高，而肌肉的力量将相对下降。机体的这种代偿性的适应会对中距离的速度产生不良影响。虽然单一进行短距离负荷的训练可以提高肌肉的力量和速度，但却不利于耐力和有氧能力的提高。由此可以看出，运动员必须在训练课和训练日将几种不同的训练方法结合起来。换句话说，中长跑运动员要提高成绩，必须将机体的各种功能的训练与改善有氧和无氧能力的训练同时进行。这符合均衡发展的原则。英国著名教练安德逊认为："速度、力量和耐力是可以同时提高的，我认为没有必要分几个阶段来分别提高这些素质。"

综合国内外优秀中长跑运动员的训练情况，其训练方法手段的安排是综合的。同时发展各种跑的能力和综合提高专项所需要的各种主要素质是可行的。我们知道，机体对连续刺激产生的反应表现出的适应过程对提高运动素质起着重要作用。运动员机体在适应一定的刺激和肌肉工作后，它就不会对该刺激做出进一步的反应。换句话说，跑步方式越千篇一律、越单调，机体对其适应也越快，运动机能提高的效果也越差。当运动员在一节训练课上，同时进行保持和提高有氧和无氧供能水平时，根据需要，有时进行有氧训练，有时进行无氧训练，这主要是看训练课是哪种训练负荷占主导，是有氧负荷还是无氧负荷。训练综合化是提高运动员整体竞技能力训练水平的要求所必需的。中长跑专家涅特的科学实验进一步为综合训练奠定了基础，其实质就是对各种训练手段和训练方法的合理组合运用。国外一些专家说："在一次训练课中，把各种训练方法有所侧重地结合在一起，就可以使运动员在一个阶段重点发展耐力，另一个阶段重点发展速度，这就好比运动员吃合成食品一样，他们都是和健康有关的最好必需品，缺一不可。"田径运动发展到今天，运动员身体的发展已不是任何一种单一的训练方法所能解决得了的，必须把它们综合地加以运用，才能培养出高级的运动选手。通过以上分析可以看出，组合训练法符合当今中长跑训练的趋势。

在综合训练法中可以同时发展的素质，主要包括以下三种。

1. 速度素质

速度素质对中长跑运动员有着重要的作用，尤其是中距离跑运动员。中长跑是以速度耐力为主的项目，发展速度应该结合专项特征，才能取得良好的效果。中长跑运动员发展速度应与发展耐力结合起来，提高速度才具有专项训练的意义。速度和耐力是训练过程中两个相互制约的因素，训练的目的就是把运动员获得的速度最大限度地转化为专项速度耐力。中长跑运动员的速度与短跑运动的速度是有差别的，其主要区别在于供能方式的不同。短跑运动员的能量供应主要是磷酸能系统，中长跑运动员的速度训练的供能方式主要包括两种：第一，应以克服体重的速度力量和速度力量耐力为主的力量训练，以改善神经肌肉系统快速、长时间的收缩能力来发展速度；第二，速度耐力是中长跑运动项目突出的特征，所需要的速度是运动员有机体在乳酸积累的条件下表现出的速度，即乳酸能速度。因此，中长跑运动员速度训练应在有机体乳酸堆积的条件下发展速度。

中长跑运动员的速度训练方法为：首先，在准备活动后，大量的组合速度素质练习及跑的速度练习；其次，速度耐力练习后，待运动员机体内乳酸尚未完全恢复时，进行短距离跑的速度练习；再次，在耐力跑后，突出频率快跑，以改善神经系统的"速度功能"；最后，耐力和速度耐力后，紧接着做速度力量和速度力量耐力的组合练习。速度训练坚持全年进行。英国主教练柯埃认为："春天再去考虑速度问题，已经为时已晚。如果主要目标是速度，那么任何时候也不要偏离这个方向。"英国安杰尔松认为："速度无论在哪个阶段，即使在寒冬或仲夏，也不能忽视，任何情况下，训练的意义都在于把夏天的速度转移到下一个冬季去。"

2. 耐力素质

速度训练导致糖酵解供能，随后是有氧与无氧系统联合供能。从这一点出发，在速度训练时，不仅仅只发展无氧能力，还要平衡发展无氧与有氧供能，同时强调两个基本供能系统的结合。速度训练后进行较长距离的持续跑，有助于消除乳酸堆积，加速机体恢复，赢得训练时间，互补训练能有效地弥补各自的不足，达到迅速提高成绩的目的。实验证明，在大强度训练后，进行30分钟慢跑，基本上能消除体内堆积的乳酸。运动员能及时恢复体力并保持大运动量训练。

3. 力量素质

力量性练习会使肌肉组织中的供血、供氧和肌肉组织自身的黏滞性、收缩舒张能力得到较好的变化，有助于恢复肌肉力量发展的平衡，能加速运动员力竭性耐力训练、逐步增量的速度训练和比赛后的恢复，因而是中长跑训练中不可忽视的环节。日本科研人员在进行生理指标测试时发现，腿部力量的不同是影响运动员成功与否的重要因素。运动员的主项距离越短，就越需要强壮的体魄，速度来自力量。具有按要求完成动作以及各肌肉群力量之间比例合理的力量水平，是人体运动能力的一个重要组成部分，力量较弱或发展不平衡会影响运动员成绩的提高。运动员在与比赛距离相当的多次重复动作周期中，仍需要投入较大量的速度力量。中长跑所需要的力量是动力性快速力量耐力，力量练习对发展局部肌肉的耐力能够起到良好的作用。在训练中，应立足于速度力量和速度力量耐力的改善和动作频率的提高，获得专项所需要的力量。在训练中采用中等重量的力量练习，强度不大、距离较长、持续时间较长的方法练习，发展运动员的力量耐力。在力量练习中，注意发展对速度提高有较大影响的肌肉群，如大腿后侧肌群、小腿肌群、踝关节和腹背肌群等。大量采用跳跃练习，如单腿跳、跨步跳、多级跳、台阶跳等。山坡跑是运动员采用的增加力量的训练手段，对下肢肌肉力量和踝关节的力量的增加有很好的效果。事实证明，采用山坡跑训练可以维持很高的有氧能力，保证心血管和呼吸系统的经济性。安排中长跑运动员力量训练的基本思想是将速度力量的训练效果与跑步训练结合起来，这样提高的力量才有助于中长跑专项速度的发展。我们在发展运动员的力量时采用循环训练，可以使运动员身体各部位接受不同的训练刺激，促进力量的全面发展。运动员在训练中保持较高的心率，交替使用不同的身体部位，可以延缓整个身体力竭的出现，这样训练课可以持续较长的时间，在进行力量训练的同时，获得最大程度的有氧训练效益。在力量训练中，应与专项技术结合，动作的结构、肌肉收缩的形式和用力顺序结合，这样有利于将获得的力量转化到技术动作上。

（五）不同性质负荷内容的组合训练

不同性质的组合训练，对运动员的机体结构变化和机能变化都产生着十分重要的影响。各种属性的练习对机体具有选择性的影响。超量恢复原理告诉我们，在一次大负荷后的超量恢复阶段，再次施予负荷，可以获得最为理想的训练效果。有关研究表明，在一次大负荷后的训练过后，负荷的主要方面要经过 48 ~ 72 个小时之后才出现超量恢复，但在进行系统训练的中长跑运动员中，每天坚持 2 ~ 3 次课的训练刺激并取得优异成绩，主要取决于不同的训练内容及不同性质负荷后的交替安排的原理。由于各种训练内容对机体的生理和心理过程提出的要求不同，机体接受负荷后，生理系统和心理系统的反应也不相同，恢复的时间也就不同。这就为交替安排不同的训练内容提供了重要的理论基础。小周期训练计划中，交替安排不同的训练内容，既能使运动员所需要的各种竞技能力得到全面综合的发展，又可避免过于集中而引起疲劳。现代科研成果表明，一次单一性质的大负荷训练课，对运动员机体的刺激很大，但范围很小。例如，中长跑运动员提高速度能力的大负荷后，速度能力受到抑制，而有氧能力则经过 6 个小时左右即可恢复到训练前的状态；无氧能力在 24 个小时后恢复到训练开始前的状态；速度能力要到 48 个小时后才能恢复到训练开始前的状态。提高无氧能力的训练课，有氧能力在 6 个小时后恢复到开始状态；速度能力在 24 个小时后恢复到训练的开始状态；无氧能力在 48 个小时后才能恢复到训练前状态。提高有氧能力的训练课，速度能力在 6 个小时，无氧能力在 24 个小时，有氧能力在 72 个小时后才能恢复到训练开始前的状态。据此，我们在安排中长跑运动员的训练计划时，要充分考虑到不同性质的负荷后，机体各个能量系统的超量恢复过程的不同。在减轻负荷总量的前提下，交替安排训练课时和训练内容。在单一目的的大负荷课后，采用同一目的（性质）的中小负荷训练，只会加深疲劳程度。若大负荷有氧训练课后，安排的训练内容主要由其他机能系统来承担，则大负荷有氧能力的恢复过程加快。例如，有氧训练后，进行速度训练和全面的身体训练，其训练性质发生了变化，恢复过程也就加快了。同样，提高速度能力和无氧训练课后，安排发展有氧能力的中、小负荷课就会加快恢复过程。小周期训练，每次课的训练内容要求不同，参与工作的肌肉群也不同。例如，各种距离的间歇跑、反复跑、节奏跑、越野跑等手段，主要由下肢肌群完成运动，而快挺、卧推、俯卧撑、引体向上、负重摆臂等练习手段，主要由上肢肌肉完成，所以我们在训练中，要依据上一次训练课负荷的性质及负荷的部位，交替安排下次课。

1.力量和速度的组合训练

中长跑的专项素质—速度耐力水平发展的高低，取决于速度储备的大小。运动员最高速度超过平均速度水平越高，速度储备也就越雄厚，提高成绩的潜力就越大。这个差数越小，表明运动员利用速度的水平就越高，速度耐力就越好。训练实践表明，当运动员的耐力和速度耐力发展到一定水平时，若速度素质得不到相应的提高，专项所需要的速度耐力就会停留在一定的水平上，约束着运动成绩的进一步提高。速度和速度耐力的关系是运动水平越高越明显。速度是形成耐力的基础，即什么样的速度决定什么样的耐力。一个中长跑运动员所获得的速度是不能100%地转化为专项所需要的速度耐力。

因此，长跑运动员必须重视发展速度。资料研究表明，速度储备不足是影响我国运动员进一步提高速度的障碍。我国优秀运动员与国外优秀运动员比较，其速度差距是明显的。其中，绝对速度的差距是根本原因。而且，良好的速度是影响运动员最后冲刺能力的关键。总而言之，中长跑运动员也需要绝对速度，并且绝对速度越好，其成绩提高的潜力就越大。实验已经证明，力量的发展与速度的发展相结合，是提高绝对速度和速度耐力很好的组合手段。

2.速度和耐力的组合训练

速度和耐力是中长跑运动员很重要的两项素质。两者的结合，即速度耐力是中长跑运动员的专项素质，也是影响中长跑成绩的关键因素。

（1）速度和耐力能同时发展的原因

运动生化成果研究认为，发展一般耐力和速度的训练手段均可以导致其对应素质的生化因素一定程度的改变。耐力和速度训练不仅对身体素质起主要作用的酶有作用，而且在某种程度上还刺激了对其他素质起主要作用是酶的活性。运动生理学认为，不论何种动作速度，都在一定程度上取决于中枢神经系统的某些生理活动，主要是动力定型理论的作用。动作速度具有专门性，这一专门性与大脑对动作的支配与组织有关，而不是不同类型运动单位有选择地被动员所造成的。运动实践告诉我们，一般耐力与速度同时发展，对于对应素质的发展有积极的作用。近年来，中长跑运动员出现的全能化就是证明。

（2）速度和耐力的结合

速度和耐力怎样结合才能很好地提高运动员运动成绩是我们比较关注的问题，也是目前世界研究的热门话题。笔者认为，首先要依据目前的训练任务，即首要的是发展哪种素质。若发展速度素质，则速度素质的训练放在训练课的开始，后进行耐力训练，即长距离的持续跑。速度训练的主要手段是短距离的快速冲刺、短距离的快速跑、重复跑，如60米、100米、200米等。若首要问题是发展乳酸耐力，则长距离的训练放在开始，速度训练放在耐力之后进行，这样的训练既能训练运动员的耐力，又能发展运动员的最后冲刺速度和冲刺能力。其理论基础是速度训练是无氧训练，耐力训练是有氧训练，有氧训练和无氧训练能够同时进行训练，这符合马俊仁提出的全面发展的思想。以短促长、以长补短的互补训练，即用较短距离跑训练来弥补糖酵解系统供能不足的缺点，用长跑训练来弥补中跑训练的缺陷，来发展中长跑运动员保持速度的能力。随着相关学科知识的渗入，长跑训练走出了过去的误区—长跑训练以发展运动员的呼吸系统、循环系统和提高有氧能力为主的训练为目的。而应该以充分发展长跑运动员的糖酵解系统供能能力，提高乳酸速度能力的训练。在训练和比赛中，体内有大量的乳酸堆积，若体内乳酸得不到及时的缓冲和清除，就会使体内的酸性增强，降低磷酸果糖激酶的活性，减少能量生成，导致肌肉产生疲劳。长距离跑能提高体内血红蛋白的含量，血红蛋白在血液中对某些酸是缓冲剂，有利于肌细胞的酸性物质的消除，使肌细胞接近适宜的 pH 值，以保证磷酸果糖激酶的活性，有利于能量的生成和速度的保持，达到提高运动成绩的目的。在恢复与训练相提并论的今天，尽快消除体内的乳酸，使运动员得到及时的恢复，赢得宝贵的时间就显得更为重要。实验表明，在周期中，必须采用一体化训练（即有氧无氧同时训练），同时要遵守一定的原则。例如，在准备活动后不能马上安排 400 米或 600 米等达到极限速度的段落跑，这种安排能导致运动员出现很大的氧债，因为接下来还要进行其他内容的训练，势必导致过度负荷。正确的做法是，把这种段落跑放在一体化训练的结束部分，这样一来，在无氧训练后，可以有更多的时间用于恢复。综上所述，速度和耐力相结合的训练能协调有氧氧化系统和无氧糖酵解系统的能力，达到中长跑中生成能量、提高速度的目的。

3. 力量和柔韧性的组合训练

柔韧性对中长跑运动员发挥速度、速度耐力和速度力量水平至关重要，柔韧性会限制动作幅度，从而导致移动速度的下降，而且还会使神经肌肉协调性减退。据研究表明，增加关节部位的柔韧性，可增加其周围弹性和力量的能力，较高的肌肉弹性可以使力量增加，从而提高力量储备。肌肉伸展与收缩能力的提高能使肌肉速度力量增大。澳大利亚的专家对柔韧性进行实验，结论是柔韧练习不仅能提高关节周围的灵活性，而且能增加肌肉力量。由于肌肉弹性和张力的增加，使肌肉能更好地发挥速度力量的能力。中长跑运动员需要肌肉的速度力量，中长跑运动员的柔韧性需要动力性伸展。运动员的技术动作越有效，柔韧性越好，受伤的可能性越小。因此，运动员都要利用良好的跑步技术进行动力屈伸练习，提高速度力量，提高专项速度。力量和柔韧性的组合练习，可以在准备活动后或训练后结束前进行，同时要进一步提高技术。合理地利用力量柔韧性的组合练习，有利于有效地解决综合性问题。

不同性质的负荷交替安排训练内容，与当今部分教练员在小周期中，用同一目的的大负荷给运动员有机体连续施加刺激并不矛盾。连续安排负荷必须具备严格的条件。例如，具有良好训练水平的高水平运动员需要提高某个较落后的运动素质，并尽可能地使其形成超量恢复；借助于现代科学仪器和测量手段，对运动员机能状态进行有效的控制和监督；掌握科学、独特的恢复手段和制定合理有效的恢复手段和措施。

（六）影响组合训练的因素

1.不同性质练习的间歇时间

把不同性质的练习组合起来进行训练，各练习之间的间隔时间的长短将影响练习相互之间的联系程度，进而影响训练效果。第一天进行耐力练习，第二天进行专项速度练习，虽然每天都能进行大负荷训练，但是每天的训练都独立存在，两天的练习相互转化和利用的程度很低，存在脱节现象。运动员力量素质的提高能够通过技术表现出来，如果力量的利用率较低，说明训练的效果不好，无效劳动太多。在一次训练课中先练习耐力，紧接着练习速度，使训练的两部分衔接紧密，训练效果会更好。因此，不同练习之间的间隔时间越短（在一定范围内），相互之间的联系越紧密，相互转化的程度越高。相反，不同练习的间隔时间越长，相互之间的联系和相互转化的程度越差。

2.各练习之间的大小搭配

在采用组合训练时，各训练内容负荷的搭配要尽量合理。如果负荷不够，达不到好的效果；负荷过大，运动员过度疲劳，会影响后面的练习。组合训练强调的是训练的整体效果，从整体角度出发来安排各部分训练负荷的大小，才有可能使训练负荷搭配合理。若过分强调局部训练效果，组合训练中的负荷就容易出现不合理的现象，影响到整体的训练效果。

各练习安排的顺序不同会产生不同的训练效果，组合训练就是在一个训练单元（训练课）中将几种不同的训练内容，按照不同的顺序来进行训练。在一堂课中，若采用不同的段落，则它的安排顺序具有特别重要的意义。顺序不同，效果亦不同。在一节课中，当运用各种不同距离的分段跑时，分段的安排顺序有着重要的作用。在选用短于专项距离的分段跑，如在选择100米到800米的距离时，先跑较短的距离，后跑较长的距离，会使运动员血液中的乳酸含量不断增加。相反，先跑较长距离，后跑较短距离，在前2～3个分段跑的影响下，乳酸浓度就会达到最高。而后随着跑步距离的缩短，乳酸浓度逐渐下降。为了尽快动员运动员机体糖酵解潜力的能力，先适当安排较长的距离跑，然后安排较短距离的分段跑。为了提高机体长时间保持糖酵解高度活性的能力，分段距离应以相反的方向安排。

综上所述，组合训练具有多样性的特点，有利于提高运动员的兴奋性，促进运动员内在潜力的充分发挥，确保运动员身体素质全面而又有所侧重地发展，有利于培养出"多面手"运动员。

在实际教学中，教师应对组合训练法及其在中长跑中的应用进行深入的分析和研究，使其依据不同对象，应用更合理、更科学，以此取得良好的教学效果。

第三节　短跑运动技能

短跑运动是最古老的运动项目之一，在公元前 776 年，第一届古代奥运会就有了短跑比赛。短跑运动是最能体现运动员体能的速度性项目，比赛过程极短，争夺极为激烈，并且比赛结果又最难以预测。短跑运动可谓田径所有比赛项目中最刺激、最激烈、最精彩、最具观赏价值的竞技运动项目，历来都被看作世界田径大赛的重头戏。随着竞技体育的发展，世界短跑水平也在不断提高，每一次的提高可谓对短跑运动员的又一次极限的挑战。最具代表性的百米—作为短跑项目之一，它在竞技场上的水平最能反映一个国家短跑项目的发展水平。百米世界纪录的频频打破，让人们重新思考世界短跑水平的极限及训练方法和手段的创新。纵观世界短跑的发展历程，世界的短跑水平日益提高，但是我国短跑运动水平在此大环境下却没有相应的进步。世界田径竞技场上百米运动员的表现极其具有代表性，世界短跑水平在提高，而我国短跑水平出现下滑，这个现象促使我们思考影响我国短跑运动竞技水平提高的因素。

竞技体育运动的实践告诉我们，在运动训练中任何竞技项目的专项训练都是为了更好地挖掘和提高专项运动员的竞技能力。运动员的竞技能力主要包括体能、技能、智能和心理能力四个方面。世界短跑水平的飞速发展，主要依靠的是体育科技的进步，特别是现代科学体能训练方法的创新与发展。短跑运动，属于典型的体能类速度—力量型竞技项目，运动员体能水平的高低是比赛能否获胜的重要决定因素。力量素质是体能中的重要组成部分。力量能力是一切人类生命活动和目标行为的动力基础，更是人们达到休闲健身和高水平竞技运动目标的首要载体。许多运动项目涉入了人体力量、速度、耐力、柔韧、灵敏和协调等多种基础性综合运动能力，而不同的运动项目又对专项训练提出了许多个性化的特殊要求，因此当今各级水平的运动员的力量训练体现高度的综合性和专门性的和谐统一。科学系统的力量训练是竞技体育发展的基石。因此，在现代的短跑训练中，教练员要非常重视运动员的力量训练，尤其要加强运动损伤发生频率较高的肌肉群的力量训练。

一、力量训练的发展动向与趋势

力量是人体运动的动力源泉，力量训练是提高竞技体育运动成绩的关键因素，是现代竞技运动训练中教练员最关注的问题。全面系统地理解和掌握短跑运动力量训练的理论和方法，了解各种力量练习手段的优缺点，以及力量训练效果的诊断和评定方法，是竞技体育运动训练的基础，是力量训练有效性和针对性的保证，是运动训练创新和突破的前提。然而，就目前而言，我国的力量训练状况不容乐观，主要表现为：力量训练理论和应用的研究比较匮乏，力量训练发展的动向趋势缺乏深入的了解，此外受传统力量训练理念和方法的影响，使得力量训练的质量和效果大打折扣。因此，了解力量训练的发展动向和趋势对科学运动训练的实施尤为重要。

（一）专项力量训练是核心

在竞技体育领域，具备良好的专项力量素质是运动员取得专项优异成绩的关键因素之一。力量训练备受关注，尤其是专项力量训练。发展专项力量是世界力量训练的主要发展趋势之一。所谓专项力量，是指运动员在完成专项技术时神经肌肉系统表现出的力量。不同项目所需发展的专项力量也就不同，一方面体现在对某一种力量素质或能力需求的"优先性"，如快速力量或力量耐力等，另一方面更多地体现在参与运动的肌肉和肌群用力的"协调性"，根据专项技术的用力特点和顺序，参与涌动的各肌肉和肌群在运动中枢的支配下形成特定的工作"程式"，也就是说，专项力量的发展必须是紧密结合专项技术而进行的力量训练，只有这样才能达到力量训练的目的—即使那些参与专项运动的肌肉和肌群的力量有效发展的同时，在工作上也要符合专项技术的特点，从而形成以专项为核心的完整的力量素质系统。

从运动生理学的角度分析，要想打造出良好的专项力量素质，我们必须做到以下三个方面，满足或尽可能接近"专项"：首先，"募集肌肉"，也就是力量训练所采用的方法和手段必须能积极调动参与专项运动的肌肉，只有这样肌肉才能得到训练；其次，肌肉的工作方式（离心工作或向心工作）和其收缩的速度必须与专项技术一致，只有这样才能使肌肉的力量专项化；最后，参与运动的肌肉或肌群之间的配合必须与专项技术特点相一致，只有这样才能全面整合机体各环节的肌力，形成符合项目技术动作特征的正确的"用力顺序"。从训练的"适应"原理而言，肌肉力量主要是通过负重抗阻训练得到提高，但是我们必须认识到，专项力量的训练并不是在负重情况下对专项技术进行的简单模仿。一方面，负重的专项技术练习不能在运动速度、肌肉的协调用力等方面真正达到专项技术的动作要求，仅仅是在练习形式上和专项一致。另一方面，为了保证正确技术动作的形成，负重的专项技术练习在负荷重量或阻力上因受练习特点的限制，而不能给运动员施加大的负重重量，这会影响肌肉横断面的发展，进而还会影响到肌肉"最大力量"乃至"快速力量"的提高。但目前我国力量训练多采用的是"杠铃房"负重抗阻训练，这些传统的力量练习方法和手段对运动员神经肌肉系统的刺激程度大，训练效果也相对较好，但是"杠铃房"的力量训练缺乏与专项技术动作的结合，不能形成各专项技术所需要的力量体系。因此，在运动训练中，教练员和运动员必须很好地把握运动训练的专项化动向和趋势，权衡参与运动的各肌肉群练习手段的多样化趋势和力量素质的均衡化趋势。不能完全否定传统的力量训练方法和手段，过分地强调和盲目地追求薄弱环节的练习负荷及强度，寻找各肌肉群训练量和强度的平衡点极为重要。

（二）专项力量、专项速度与专项技术的辩证关系

运动训练的专项化趋势，要求我们必须了解并掌握各项目专项素质在决定运动成绩中的地位。在影响短跑运动成绩的相关因素中，速度是决定运动成绩的直接相关因素，专项速度是短跑的关键所在，但是专项速度的发展必须以专项力量为基础，专项速度与专项力量的发展必须以专项技术为链接。短跑的专项速度主要包括专项反应速度、专项动作速度和专项位移速度。快速力量是短跑专项力量的核心，主要包括起动力量、反应力量和爆发力。短跑的成绩是由短跑各阶段的成绩决定的，各阶段速度加快了，成绩也就相应的提高了。力量是速度的基础，所以短跑的专项素质中，起动力量的大小决定了短跑起跑的专项反应速度；肌肉的爆发力和反应力量决定了短跑的专项动作速度；肌肉的快速力量耐力决定了短跑的专项位移速度。由此可见短跑的专项力量的发展尤为重要，随着快速力量的发展，短跑的专项速度也就提高了，结合短跑完整的专项技术，短跑成绩也将得到提高。

二、短跑项目的相关概述

短跑是一项体能主导类快速力量性的周期性项目，主要特点是距离短、速度快、强度大。在短跑运动员机体中，快肌纤维所占比例较高，有资料表明，高水平运动员快肌与慢肌的比例是 70% ~ 90% 和 30% ~ 10%，快肌纤维的功能在短跑运动中表现为大强度工作时肌肉的最大收缩力量、最快收缩速度和快速力量耐力。在竞技体育中，任何一个项目的供能过程都是一个动态变化的综合供能过程，短跑运动的能量供应特点是依靠 ATP-CP 和糖酵解供能，但是短跑项目中距离和运动时间不同，主要的供能系统也就不同：100 米主要是以 ATP-CP 供能为主、以糖酵解供能为辅的项目；而 200 米和 400 米则是以糖酵解供能为主、以 ATP-CP 供能为辅的项目，因此教练员在制定训练计划时，要在了解项目主要供能特点的基础上，选择有利于发展该项目主要供能系统的力量训练方法和手段。

三、现代短跑运动技能的技术特点

在竞技体育领域，技术的不断完善和发展是成绩得以提高的关键。从 2008 年至今，

尤塞恩·博尔特一直是短跑世界纪录的保持者，在 2009 年柏林世界田径锦标赛上，这位牙买加飞人将世界纪录定位在 9 秒 58，远远超过了专家预测的 9 秒 70 的人类极限。纵观短跑技术的发展历程，再结合专家对现代短跑技术的研究成果，我国学者总结分析出现代短跑技术呈现的四大特点，发展趋势呈现规范化、个体化及最优化。

（一）快速摆动型技术

对短跑技术的研究一直是体育领域的焦点之一。对短跑技术中快速摆动的作用，张文耀同志早在 1978 年的全国短跑教练员训练班上就曾提出要注意摆蹬结合、以摆促蹬的技术概念。有研究表明，优秀短跑运动员一侧腿的支撑时间仅占一个复步的时间的 22.1%，而摆动时间则占 77.9%，两者之比为 1：3.5，很明显证明了摆动技术在短跑技术中的重要性。在经过近几十年各位专家和学者对世界优秀短跑运动员技术动作的分析发现，现代短跑技术在由传统的后蹬型技术向快速摆动型技术发展，快速摆动技术受到重视，同时更加注重蹬摆动作的协调配合。手臂与腿的摆动速度越快、幅度越大，运动员跑地向前性就越好，最高速度就越快。

据研究表明，快速摆动技术是短跑技术中不可忽视的一个重要环节，是短跑的关键技术之一，是短跑运动员提高短跑成绩的重要因素。竞技体育训练中尤为讲究动作的经济性和实效性，要把握好体育动作的经济性和实效性的程度，对提高运动成绩非常重要，尤其是田径中跑的项目。短跑中的快速摆动型技术强调手臂和腿的充分折叠、快速摆动，主要是为了缩小摆动半径、提高摆动速度，更有利于步频的提高；还要强调蹬摆结合、以摆带蹬的摆动动作，是在加大支撑腿对地面的压力的基础上，获得较大的摆动反作用力，从而提高后蹬的效果，最终达到提高跑的经济性效果；强调以摆带动髋部的大幅度前摆，利用缩小后蹬角度、增大步幅，从而减少身体重心的起伏，提高跑的水平速度，最终达到提高跑的实效性目的。

（二）屈蹬式技术

所谓屈蹬式，是指在跑的后蹬阶段，支撑腿髋、膝、踝三关节（特别是膝关节）不充分伸展的后蹬技术。屈蹬式技术是随着竞技体育场的变化和运动员素质的变化等因素而出现的，与传统的后蹬式技术相比，它更能体现出竞技体育的经济性和实效性特点。世界优秀运动员均采用屈蹬式后蹬技术，对比我国短跑选手与美国短跑选手膝关节的角度变化可知，美国运动员在短跑各个时相的膝关节平均角度都较小，从着地缓冲时膝关节变化的角度看，美国减小幅度为 10.2°，中国仅为 3.2°；从缓冲到后蹬膝关节变化的角度看，美国增加幅度为 17.3°，中国仅为 11.8°。我们知道在跑的支撑阶段人体运动的实质是以支撑点为支点的由后向前的转动，高水平短跑运动员正是通过膝关节角度的变化，有效地降低了运动员跑动过程中的身体重心，减少了绕支点的人体转动惯量，从而加快身体重心前移的速度。我国运动员正是因为膝关节角度变化较小，致使跑动中身体重心高，转动惯量大，从而不利于身体重心的前移，所以速度就慢。屈蹬式技术的经济性和实效性表现为：支撑腿后蹬时膝角变化小，支撑后蹬时间短，有利于提高步频；小腿倾角及后蹬角小，有利于加快向前水平速度，减小重心波动差，增大步幅，提高跑的实效性；蹬摆动作转换自然、连贯、迅速，有利于提高蹬伸动作速度。

（三）放松跑技术

美国著名短跑教练温特说过，教会任何一个田径运动员如何掌握放松，会取得好的甚至惊人的效果，特别是对短跑运动员的成绩起很大的作用。放松技术是运动员综合能力的体现，是运动员各项身体素质和心理共同作用的结果。运动员具备良好的放松能力是掌握正确技术动作的前提和基础。短跑作为一项极限强度的运动，运动员在生理和心理上都承受极大的刺激和负荷，因此要在高速跑中高效完成技术动作并取得优异成绩，必须使肌肉的收缩和舒张协调进行，既包括了不同肌肉在完成同一阶段动作时的工作状态，也包括了不同阶段同一肌肉的工作状态。

（四）短跑全程跑有序的节奏

在体育运动项目中，各个项目的比赛节奏各不相同，控制、统治、左右比赛节奏是运动员比赛能力强弱的主要标志之一。控制了全程比赛节奏，就等于把握了比赛的主导权。所谓全程跑有序的节奏，是指运动员百米跑全程各段速度变化有明显的节奏和规律。其目的是使运动员在全程跑中能以最少的能量消耗，最佳的步频、步幅配合，最短的时间，获得最佳的运动效果即获得全程整体最佳化。在短跑比赛中往往因对短跑项目认识的偏差，简单地认为短跑距离短，只要拼命加速就能取得优异成绩，也就是因为没有认识到短跑项目的速度节奏，而导致前程的过分加速丧失多半的体力和能量消耗。因此，认识掌握整个项目有序的节奏是取得成功的基础和保障。世界优秀的短跑运动员全程速度变化呈现有序的节奏和规律，整个过程中加速跑节奏极为明显，最高速度出现在 60 ～ 80 米处，出现的时间和距离相对传统的节奏而言都较晚些。现代短跑有序的节奏有利于运动员节省体力，降低能量消耗，在最短的时间内获得步频、步幅的最佳配合，使得短跑全程跑最优化，最终达到提高短跑最高速度的目的。

四、短跑力量训练的原则

（一）全身各环节肌肉力量发展的相对均衡性和关键部位肌肉力量提高的根本性

全身肌肉力量发展的相对均衡是运动员动作稳定的基础。人类在不断进化及适应自然的过程中，全身各个环节肌肉的绝对力量本质上就存在着差距，为了使人体在运动中各个环节运动速度达到同步化及身体动作达到平稳化，就必须全面同步发展人体全身各个环节的肌肉力量，只有这样才能使身体各个环节的肌肉力量达到相对均衡、同步发展的最佳状态。在短跑项目中，运动员要合理快速地完成技术动作，必须在上下肢原本相对平衡的基础上，同步发展它们的力量素质。对比国内外短跑优秀运动员全身肌肉形态的均衡性状况，最为明显的差距就是上肢的肌肉形态，这是导致短跑运动中动作不稳定的原因之一。身体各环节肌肉均衡发展是以关键部位的肌肉力量提高为前提的。所谓身体的关键部位肌肉力量，是指对人体运动能直接产生动力效应的肌肉收缩力量。在短跑运动中，人体运动的主要动力源泉是支撑腿、摆动腿和骨盆转动等各个关节肌肉的快速收缩产生的力，作用于地面进而使人体获得支撑反作用力。人体其他部位肌肉的快速收缩对关键部位肌肉的快速收缩起协同和强化作用，二者缺一不可，这些都旨在保证人体运动中支撑腿的用力方向的合理性，同时还保证人体运动中动作的稳定性，进而使人体运动能力得到最佳的发挥状态，这种效果将远远大于二者效果相加之和。

（二）前后群肌肉力量提高的同步性

人类在由爬行到直立行走的自然进化过程中，人体全身的前后群肌肉力量大小就存在着差距。在竞技体育的运动训练过程中，我们传统习惯是采取的力量训练的方法和手段都是易于收缩力量本身就相对较强的肌群，还需要采取特殊力量训练方法和手段进行训练的，收缩力量本身就相对较小的肌肉群却被忽视。在短跑技术中，其关键细小环节技术往往是那些收缩力量相对较小的肌肉群发挥着重要的作用。

运动员实际运动能力的停滞不前，是由于在运动技术的发展过程中，采取的训练方法过于发展大环节技术，关键细小环节技术因训练手段匮乏进而更加相对滞后，这些多为受传统的常规力量训练方法和手段的影响。当强的肌肉群更加强大，弱的肌肉群也相对更弱时，前后肌肉群在协同工作时，弱的一方受伤的频率就更高。局部的肌肉力量的过分提高，身体前后肌肉群做克制性收缩时应有的平衡点就会遭到破坏，运动损伤也就随之发生。因此，在短跑力量训练中，我们要在增强股四头肌等肌肉力量的同时，同步发展大腿后群肌肉的力量，使之永远达到运动所需的平衡点。这就要求我们在传统力量训练方法和手段的基础上，还要针对前后群力量的差异性以及训练的难易程度，采用创新的力量训练方法和手段。

（三）按比例协调发展，作退让与克制性收缩的肌肉力量

所谓肌肉的退让和克制性工作，是肌肉动力性工作的两种形式，即离心工作和向心工作。肌肉收缩克服阻力，肌力大于阻力，使运动环节朝肌肉拉力方向运动的工作叫作向心工作，这时肌肉作克制性收缩；肌肉在阻力的作用下逐渐被拉长，阻力大于肌力，是运动环节朝肌肉拉力相反方向运动的工作叫作离心工作，这时肌肉作退让性收缩。在肌肉作退让性收缩时，因肌肉收缩的阻力臂增大，需要肌肉的加速拉长产生由小到大的肌肉，保证肌肉收缩产生的动力矩能克服阻力矩；在肌肉作克制性收缩时，因肌肉收缩的阻力臂减小，肌力的加速缩短自然产生由大到小的肌肉，所产生动力矩能克服阻力矩。在力量训练中，我们必须协调发展做克制性收缩和做退让性收缩的肌肉力量，这样才使得技术动作发展合理化。

在短跑途中跑的支撑和后蹬阶段，大腿后群肌肉主要是配合股四头肌等完成伸膝动作，配合臀大肌完成伸髋动作。在此阶段中，大腿后群肌首先由退让性工作瞬间转入克制性工作，并始终参与髋关节和膝关节的伸展活动，它所承受的负荷也明显增大，存在着原动肌的功能性不足。在此过程中，大腿后群肌和臀大肌共同收缩，促使了身体重心迅速前移和髋关节骨盆后倾送髋；同时，大腿后群肌和股四头肌在膝关节的伸膝过程中共同收缩完成膝关节的伸膝动作。通过研究结果表明，提高肌肉作退让与克制性收缩时产生的肌拉力，是增长肌肉作退让与克制性收缩时的长度的前提，在此基础上进而增大短跑运动员支撑腿的膝关节和踝关节运动幅度，尤其是肌肉收缩高速转换（也就是肌肉由退让性转为克制收缩时）时产生的肌拉力。

在短跑运动员支撑时合理的落地缓冲与后蹬动作幅度比例的形成，要求在发展短跑力量训练中，按短跑项目肌肉运动的特点，在结合生物力学基础，同步发展和提高肌肉作退让与克制性收缩时的力量。现阶段对肌肉作退让与克制性收缩力量的合理比例研究结果为1.4：1，我们在训练中必须对力量练习的负荷量及练习频率进行很好的把握，只有这样才能避免肌肉速度力量发展的不均衡状态，最终达到了技术动作的最优化状态。

在短跑中，膝关节肌肉是加强退让与克制性收缩力量训练的主要肌肉。支撑腿的膝关节肌肉作退让收缩结束时的力量，以及肌肉转为克制快速收缩开始的力量大小，是决定支撑时支撑腿着地缓冲与后蹬动作幅度大小及比例、支撑与腾空时间比例的关键因素。所以在短跑力量训练中，必须要遵循按比例协调发展作退让与克制性收缩的肌肉力量的原则，在此原则上进行的力量训练是运动员形成合理技术动作的必要条件。

（四）限制局部肌肉最大力量的超前发展

力量是人体运动的动力源泉，短跑运动员的力量训练是提高短跑运动成绩的关键因素之一。随着技术水平的提高，短跑力量训练的方法和手段也在不断增多，并且更加趋于科学化水平。任何运动项目的力量训练都应避免局部肌肉的最大力量的超前发展，即不能盲目地根据动作特点及用力动态所需一味地追求局部肌肉的最大力量，从而导致人体整体肌肉群的力量比例越来越不平衡，强的更强，弱的更弱，这种片面的力量训练方法和手段是运动员在竞技体育中造成运动损伤的重要原因之一。

受传统力量训练方法和手段的影响，以及最大力量是发展快速力量的基础理论的影响，短跑运动实践着重采用的是负重训练来发展肌肉的最大力量，也就是多采用深蹲杠铃训练法。这种力量训练方法使运动员负荷杠铃的能力日益提高，并且在很大程度上对短跑起跑后的加速跑起到很大的促进作用，但从肌肉用力的方向上分析，对比短跑运动员途中跑步态的动态特点以及动态力量所需，我们就可以知道深蹲负荷杠铃力量训练方法和手段，对提高途中跑最快的运动能力所起的作用很不明显，甚至使快速运动能力的提高停滞不前或使运动损伤的频率大大提高了。主要原因是传统的深蹲杠铃负荷练习仅仅是固定在一个练习走向和速度方面进行局部肌肉最大力量的发展。所以采用深蹲杠铃力量训练方法，在很大程度上发展的是大腿前群肌肉和小腿后群肌肉的最大收缩力量，大腿后群肌肉及小腿前群肌肉的处于停滞状态，这就使在进行短跑专项力量训练时，处于停滞状态的大腿后群肌肉和小腿前群肌肉力量相对薄弱，不能很好地适应相对超前发展的大腿前群肌肉和小腿后群肌肉，这就造成了肌肉力量不协调，不能很好地发展专项技术动作，甚至极易造成薄弱肌肉的运动损伤。因此，在运动训练力量训练中，我们必须在深刻理解和明白不同姿势力量训练负荷的方法手段和功效的基础上，争求均衡发展各个肌肉的最大收缩力量，才能保证运动员的专项技术在动态过程中与所需肌肉收缩力量相匹配、协调进行，最终达到发展最大力量促进动态过程中的快速力量发展的目的。

（五）力量训练效果向专项能力转化

力量训练的专项化趋势决定了任何项目的力量训练都必须是结合专项技术特征的力量训练，只有将力量训练的方法和手段与专项技术相结合，才能使训练的效果很好地转换到专项能力中。在短跑运动中，当人体各个环节肌肉进行克制性收缩时，不仅仅是对肌肉收缩的初长度为最长和肌肉收缩阻力矩为最大，同时也对肌肉收缩的初速度要求要快，并且收缩时的速度要在初速度的基础上继续加快。对比我国短跑运动员和美国运动员的技术动作，二者不仅在运动速度上存在差距，而且我国短跑运动员在支撑时髋关节、膝关节角度增大的初始角和变化角度上都分别比美国运动员的同类情况小，从某种程度上说明我国短跑运动员在肌肉关键部位进行克制性收缩时的收缩速度和肌力都相对美国运动员而言表现得较慢和小。所以在力量训练中，根据肌肉收缩的力学规律，对参与运动的各环节肌肉进行不同负荷的抗阻力量练习，使肌肉在这些不同负荷的练习方法和手段中的收缩速度和力量同步得到提高，达到将力量训练效果转化到专项能力中去的目的，使肌肉在充分被拉长的状态下还能克服肌肉快速收缩时产生的阻力，避免过分追求某一固定动作的大负荷力量训练，从而忽视肌肉不同收缩速度条件下的力量训练，致使肌肉最快收缩速度停滞不前。

我们知道，运动员在某一训练水平阶段，肌肉收缩的速度和力量的变化始终是按照肌肉收缩的特定力学规律进行变化的，表现为大负荷的速度与力量同小负荷的速度与力量、小负荷的速度与力量同跑速中的速度与力量存在着速度与力量的绝对值的差距。肌肉缩短的速度下降的张力同肌肉长度变化速度之间存在着反比关系，在退让状态下，肌肉的张力也以速度为转移，如果肌肉伸长的速度较大，它所发挥的力在激发程度相同的情况下也比较大。

五、大腿后群肌肉在短跑途中跑技术动作中的用力特点及功能

大腿后群肌肉从解剖学的角度分析，是由股二头肌、半腱肌和半膜肌三部分构成，大腿后群肌肉是双功能肌肉，具有屈膝和伸髋的作用。在大腿后群肌肉组成中，股二头肌和半膜肌主要对髋关节起作用，是髋关节的有力伸肌，相对而言对膝关节的作用较小；半腱肌对髋关节和膝关节的作用同等重要。我们知道，跑是由一连串的破坏平衡、维持平衡的动作构成的。从力学的角度分析，人之所以能跑，是由于人体各环节肌肉的收缩，并把这种力量的收缩加之于地面，破坏了平衡而形成的。跑是一项不断重复的周期性的运动，每条腿都是依次交替经过前摆、下地、前蹬、后蹬的反复运动，进而使身体前进。由于短跑项目是一项高速度的极限强度的运动，在短跑比赛的整个跑的过程中，大腿后群肌肉的爆发力量力度极强。在短跑途中跑技术动作的周期性运动中，大腿后群肌肉在支撑、后蹬、摆动和着地整个过程中，大部分时间是处于收缩做功的状态，它在短跑中的收缩形式和工作性质比较复杂。深入了解大腿后群肌肉在短跑途中跑技术动作中的用力特点及功能，是进行短跑专项力量训练的前提，是减少运动损伤以及提高短跑运动成绩的关键所在。

（一）支撑与后蹬阶段：大腿后群肌肉地向心收缩伸髋功能

短跑运动的后蹬阶段起于支撑腿的膝关节角度为最小的支撑时相，止于脚离地时

相。在该阶段骨盆的转动特点是以支撑腿的髋关节为轴，在盆带肌收缩产生肌拉力矩的作用下，协同摆动腿的摆动使围绕髋关节转动。在短跑运动技术动作中，我们特别要强调"送髋"技术，其本质实际上是指后蹬阶段骨盆的转动幅度的大小，其"送髋"技术的好与差，就是指脚离地时相骨盆转动幅度的大与小，骨盆转动幅度的大小直接影响到步长，骨盆转动幅度与步长成正比，即骨盆转动幅度大，步长相对就较长，相反，骨盆转动幅度小，步长就相对较短。所以，在运动训练中要加强影响骨盆转动幅度的肌肉群的力量训练。

在短跑途中跑的支撑与后蹬阶段，大腿后群肌主要是配合股四头肌、腓肠肌等继续充分伸膝，与臀大肌等配合继续充分伸髋，良好的"送髋"技术对跑中步幅的增大至关重要。有关研究指出，两个关节在同时完成伸直运动时，相关肌肉会受到极大拉伸，此时所产生的张力可达到最大，从而导致同时收缩的弱方肌肉撕裂。大腿后群肌和股四头肌在做整个后蹬送髋动作的过程中，均以双关节肌收缩做功。因此，假如大腿后群肌肌力较股四头肌肌力差距过大，就易造成肌肉拉伤现象，同时导致在跑的过程中送髋不积极和伸髋用力速度慢等，影响跑速。

（二）前摆动作阶段：大腿后群肌肉向心收缩，折叠小腿加快摆速的功能

在短跑途中跑的前摆动作阶段，大小腿折叠前摆，当大腿摆到极限时，大小腿夹角最大。在此过程中，主要是股直肌、髂腰肌收缩以高抬大腿和充分屈髋，大腿后群肌在髋膝两个关节处被拉长，存在对抗肌功能性的不足。此时大腿后群肌肉的作用是快速、急剧收缩使小腿折叠，因此大腿后群肌肉力量的大小，会直接影响小腿的折叠效果。根据运动力学原理，球体半径越小，运动速度越快，在短跑技术动作中，摆动腿的前摆动作半径大小直接影响到摆动速度的快慢。我们要想提高摆动的速度，就需要缩小运动员向前摆动作的半径。根据肌肉工作特点，只有大腿后群肌肉的屈收力量增大了，大小腿的折叠才能越充分，进而使得摆动腿前摆过程中的摆动半径缩短，这样就有利于屈髋肌群的快速收缩和摆动腿的快速摆动，使身体重心快速前移并加快后蹬速度，最终达到了加快跑速的目的。

（三）摆动与着地缓冲阶段：大腿后群肌肉离心收缩，加快"扒地"的功能

短跑技术动作的着地缓冲阶段，起于着地时相，止于支撑腿的膝关节角度为最小的支撑时相。由于着地缓冲阶段支撑腿的膝关节肌肉是进行退让收缩，人体重心与支撑面的方位有前方、上方、后方等位置的变化，所以着地缓冲阶段的支撑腿的支撑特点包括体前支撑、支撑面的脚上方支撑以及着地缓冲阶段的体后支撑（从人体重心在着地点的垂直上方时相起，至膝关节角度为最小支撑时相止）。

在短跑途中跑的摆动与着地缓冲阶段，前摆到极限的大腿积极下压，膝关节放松，

小腿依惯性向前方摆出，紧接着向后下方做快速回摆动作，也就是通常所说的"扒地"动作。在此过程中，大腿后群肌肉随着股四头肌的收缩伸膝动作，使得在髋关节处被动拉长，同时与臀大肌共同收缩，促使大腿在髋关节处伸，小腿在膝关节处快速后屈。在极限速度的短跑运动中，如果运动员的大腿后群肌肉力量强大，就能很好地配合大腿前群肌肉有效完成正确的技术动作。在某种程度上说，前后群肌肉力量的按比例协调发展也降低了在运动中薄弱肌肉损伤的概率。大腿后群肌肉在摆动与着地缓冲阶段的工作特点是首先作退让性工作，然后在"扒地"时配合臀大肌等展髋，配合腓肠肌共同协助股四头肌等伸膝，从而防止膝、髋关节缓冲时过分屈曲。大腿后群肌肉在着地瞬间受力加大，主要是由于受重力矩和股四头肌收缩拉力的作用，以及摆动腿在下压伸膝过程中，大腿后群肌被拉长做离心收缩的作用。如果在短跑运动员的力量训练中忽视了大腿后群肌肉的力量训练，此时大腿后群肌肉力量相对较差，很容易被拉伤。就短跑技术的角度而言，大腿后群肌在摆动腿积极下压及着地时的"扒地"的力量和速度直接影响到跑的速度，换言之，大腿后群肌肉力量在"扒地"这个技术动作中起关键性的作用。

六、短跑运动员大腿后群肌肉力量训练方法设计的原则

（一）依据肌肉结构特点的设计原则

肌肉生理特点和解剖特点是进行力量训练方法设计的重要原则之一。我们根据肌肉跨过关节数目将肌肉分为单关节肌和多关节肌。多关节肌由于跨过的关节多，工作时会出现多关节肌"主动不足"和多关节肌"被动不足"。当多关节肌作为原动肌工作时，其肌力充分作用于一个关节后，就不能再充分作用于其他关节的现象，这种现象叫作多关节肌"主动不足"（其实质是肌力不足）。在体育运动中应注意发展该群肌肉的力量。多关节肌作为对抗肌出现时，已在一个关节处被拉长后，在其他的关节处不能再被拉长的现象，叫多关节肌"被动不足"（其实质是肌肉的伸展不足）。在体育运动中针对容易出现的多关节肌"被动不足"，要注重发展其伸展性，这对提高成绩和预防运动损伤的发生有着重要的意义。

大腿后群肌肉是双关节肌，在短跑运动中该肌群与其他协同肌一起辅助屈髋、伸膝。双关节肌在体育运动中容易出现"主动不足"和"被动不足"。从解剖结构特点看，大腿后群肌肉与股四头肌相比，一方面大腿后群肌肉体积小，肌力弱；另一方面其腱性部分长，肌腱由致密的胶原纤维束构成，强韧而无收缩功能，所以大腿后群肌肉的伸展性相对较差，肌力不平衡使得肌力弱的肌肉在大强度运动中容易损伤。因此，在短跑运动中，为了克服大腿后群肌肉"主动不足"和"被动不足"，避免运动损伤，我们必须加强大腿后群肌肉的肌力和伸展性。

（二）依据运动中肌肉收缩特点的设计原则

肌肉在各项目技术动作中的工作形式不同，肌肉的收缩特点也就不同，力量训练的方法和手段也就不同，所以依据运动中肌肉的收缩特点进行力量训练方法的设计非常重要，这也正是力量训练专项化、多样化的体现。肌肉的工作性质有动力性工作和静力性工作。动力性工作分为向心工作（克制工作）和离心工作（退让工作）。静力性工作分为支持工作、加固工作和固定工作。在肌肉的力量训练过程中，我们可以依据肌肉工作性质及其功能，设计形式多样的训练方法和手段。在方法上我们主要"以静为主，动静结合"，手段上采用"远固定"或"近固定"等方式进行训练。在短跑技术动作的不同阶段，大腿后群肌肉的收缩形式和工作性质是：在支撑后蹬阶段，大腿后群肌肉为向心收缩伸髋功能，作克制工作；在前摆动作阶段，大腿后群肌肉为向心收缩，折叠小腿加快摆速的功能，作克制工作；在摆动与着地缓冲阶段，大腿后群肌肉为离心收缩，加快"扒地"功能，作退让工作。因此，在进行力量训练时，我们必须要依据肌肉收缩的特点进行力量训练方法和手段的设计。

（三）依据项目技术特点的设计原则

在竞技体育中，各个项目的技术动作的创新和发展都是成绩提高的关键，所以在运动训练中，我们所进行的力量训练必须是符合当前最新技术动作特点的方法和手段。世界短跑纪录刷新预示着教练员以后的任务更艰巨，责任更重，对力量训练的要求更严格。当前短跑的技术特点主要包括快速摆动型技术、屈蹬式技术、放松跑技术和全程跑有序的节奏。快速摆动型技术强调手臂和腿的充分折叠、快速摆动，主要是为了缩小摆动半径，提高摆动速度，强调蹬摆结合，强调以摆带动髋部的大幅度前摆，使得跑的动作更加经济性和实效性。屈蹬式技术使得支撑腿后蹬时膝关节的角度变化小，支撑后蹬时间就会缩短，有利于提高步频，小腿倾角及后蹬角小，还有利于增大向前水平速度，减小中心起伏，进而增大步幅。放松跑技术被称为"当代短跑技术发展之精华"，此外必须要注重全程跑的节奏。只有很好地把握了短跑项目的技术特点，我们才能使得力量训练的效果达到最优化状态。

七、发展短跑运动员大腿后群肌肉力量的策略

随着竞技体育的发展，结合运动项目特征进行力量训练的研究越来越多。众所周知，在体能的各要素中，力量是速度、耐力、柔韧、灵敏的基础。在竞技体育中，拥有良好的力量能力是运动员掌握和运用好技术，从而完成教练员布置战术的保证。力量训练是体能训练的重要内容。在传统地发展短跑运动员大腿前群肌肉力量能力的同

时，还要重视短跑运动员大腿后群肌肉力量能力的发展，这是短跑运动员力量水平整体化协调发展的重要举措。

（一）发展大腿后群肌肉协同伸髋力量的策略

以下这些力量练习的方法和手段所达到的训练效果主要是发展大腿后群肌肉的伸髋力量，同时对提高短跑运动员在跑的过程中的送髋能力有很好的效果。

1. 动作 1：体后屈伸（俯卧背起）

（1）练习方法

身体俯卧在垫子上或凳子上，髋部支撑，双脚固定，两臂前举或者交叉置于背后，上体快速向后上抬起成背弓姿势，然后再慢慢放下成原俯卧状态，快速连续做。

（2）练习要求

上体向后上方屈时要尽可能抬高，屈动作要快，伸相对较慢。主要发展伸髋肌的力量，同时对脊柱伸肌的力量提高也有作用。练习的难度可以根据运动员的具体情况安排，随着训练阶段水平的变化，可以用变化方式进行练习，具体包括三种：一是俯卧，两腿伸直，两臂屈肘抱于头后，连续做体后屈动作；二是俯卧在跳箱上，两手抱于头后，两脚由同伴扶着，连续做大幅度的体后屈伸动作；三是俯卧在木马上，两臂伸直，两脚勾住肋木，连续做大幅度的体后屈伸动作等。随着力量能力的增强，可以是身体负重（如穿沙背心）做以上动作。

2. 动作 2：俯卧背腿

（1）练习方法

练习者俯卧在垫子上，两腿并拢伸直，髋部支撑，两臂自然伸直置于体侧，连续做两腿向后上振动动作。

（2）练习要求

两腿尽量向上振起，这些练习是发展髋关节伸肌力量的有效手段，同时也发展脊柱伸肌力量。若增加练习难度和效果，可变换练习方式进行，如俯卧在山羊上，两臂伸直，手扶肋木固定上体，连续做两腿向上振起动作。教练员可以根据运动员现有的力量素质以及所处训练阶段改变练习的负荷，随着能力的增强可以在腿上负重进行练习，支撑物可以由固定的变换为不稳定的（如瑞士球），可以很好地发展运动员的平衡能力。

3. 动作 3：单脚支撑送髋蹬伸练习

（1）练习方法

练习者单脚支撑（屈膝角度约130°），双手扶住两侧支撑架，确保摆动腿在无阻挡条件下做前后的自由摆动。摆动腿做屈膝向前送摆的动作，同时支撑腿做同步蹬伸送髋的协同用力动作，在充分送髋和蹬伸动作后还原。两腿可交替进行练习。

（2）练习要求

摆动腿屈膝向前送摆的动作要快，支撑腿蹬伸要有力。若要增加难度，可用橡皮胶带系在腰间增加练习阻力，或者在摆动腿上进行负重练习。

4.动作4：单腿高支撑仰卧挺、送髋练习

（1）练习方法

练习者仰卧在垫子上，单腿屈膝支撑在40cm的支撑物上，摆动腿屈膝上提进而带动支撑腿顺势协同用力蹬伸，使得髋部充分向前上方挺送。

（2）练习要求

向上挺、送髋速度要快。若要增加难度，可以在练习者的腹部增加负重物以加大阻力进行练习。也可以变换为双腿屈膝仰卧于垫子上，做挺髋动作，要求单脚支撑一样。

（二）发展大腿后群肌肉屈收力量的策略

以下列举的力量练习的方法和手段侧重点在于加强大腿后群肌肉的屈收能力，通过屈收力量训练进而有效地发展大腿后群肌肉的最大力量。

动作1：杠铃提拉

（1）练习方法

练习者站立于杠铃前，两腿自然开立。两膝稍弯曲，上体前屈，两手正握杠铃，握距约同肩宽，两臂伸直，调整好呼吸后，吸气用力慢慢提拉杠铃，此时头部及背部须保持平直，至直立再行放下，连续6～10次为一组，做3组。

（2）练习要求

臀部低于肩膀，头、背保持平直，杠铃重量应逐渐增加。

动作2：抗阻力收小腿

（1）练习方法

练习者俯卧于垫子上，小腿弯曲（约120°），同伴双手要握住练习者踝关节，用力往下按压，使得小腿尽可能固定住，练习者对抗发力尽量屈收小腿，使得大腿后群肌肉始终处于最大用力状态。

（2）练习要求

练习者要尽可能用最大力对抗同伴压力屈收。

动作3：阻力快收

（1）练习方法

练习者俯卧于垫子上，双脚各套一个橡皮胶带，橡皮胶带的另外一端固定，练习者小腿做快速交换用力屈收动作，尽可能使脚跟触到臀部。

（2）练习要求

练习者屈收小腿的速度要快，屈收幅度尽可能大。若想增加练习的难度，可以使小腿负重，或者增加橡皮胶带拉力等进行练习。

动作4：原地站立负重后踢小腿

（1）练习方法

练习者站立跑道上，小腿负沙袋，上体保持直立，做原地快速后踢腿跑的动作，也可以双手扶着肋木做该练习。

（2）练习要求

后踢的速度要快，并且上体始终保持直立状态。

（三）发展大腿后群肌肉在做前摆动作时的快速收缩力量的策略

下面所列举的力量训练的方法和手段主要是提高大腿后群肌肉在跑的前摆下压着地（"扒地"）过程的快速收缩力量，此种力量训练所达到的效果使得着地时前支撑阻力减小，进而加快身体重心的前移，并加快跑的频率。

动作1：单脚支撑阻力"鞭打"

练习者双手扶两侧的支撑物，同时保证摆动腿能不受限制地做伸腿动作。在练习者摆动腿小腿上套上橡皮胶带，并将橡皮胶带的另一端固定在正前方水平的固定物上，连续快速地做屈膝抬腿和伸膝"鞭打"动作。

动作2：垫步支撑"鞭打"

练习者双手扶两侧的支撑物，上体稍向前倾，一只脚屈膝抬脚，另一只脚支撑。动作过程是前抬腿做伸膝"鞭打"，支撑腿后撤垫步，"鞭打"腿着地，支撑腿做后折叠，双脚依次交替连续做"鞭打"与垫步动作。为了增加练习难度，可采用腿部负重进行练习，所加重量要循序渐进。

动作3：高姿抬腿弓步走

练习者肩膀负重（沙袋或杠铃，负重量约为体重的三分之一），上体要保持正直，支撑腿伸直提踵，同时摆动腿屈膝高抬，踝关节背屈，做向前迈步弓步走，摆动腿落地时脚跟先着地，顺势打开膝关节，每组走30～60米即可。为增加难度，可以使练习者处于悬空状态，摆动腿悬拉橡皮胶带，做屈膝高抬，勾脚尖向前迈，脚跟用力踩放置在前上方的海面垫，落地时膝关节顺势用力打开，连续做高抬踩垫的弓步迈腿动作。

动作4：负重体前屈抬上体

练习者肩负杠铃直立，上体向前屈成90°后迅速抬上体并挺髋提踵。注意动作衔接的连续性。

动作5：仰卧阻力车轮摆

练习者仰卧在40cm高的跳箱上，支撑腿后伸触地支撑，摆动腿的踝关节处套上橡皮胶带，橡皮胶带的另一端固定在摆动腿上方的固定物上，将摆动腿屈膝悬吊充分上抬位置。摆动腿用力做向前、向下、向后伸膝打腿动作，然后再做屈膝抬腿的车轮摆动作。

总而言之，在力量训练中，教练员要避免单一地进行专门的某肌肉群的力量训练，还要注意控制训练过程。过多地进行牵拉或收缩大腿后群肌肉，极容易导致局部肌肉过度疲劳，从而使局部肌肉不容易恢复，大大地降低了力量训练的效果。进行薄弱肌肉群力量训练的同时穿插些其他部位肌肉力量的训练，注意训练的量与强度安排的合理性，在每组练习之后注意适度地间歇和放松练习，这样既有利于肌肉的快速恢复，更能提高训练的效果。可以适度地降低动作速度，降低运动量和强度，当运动员一旦感觉大腿后群肌肉在训练过程中的不适或者有很明显且较为严重的酸痛感时，教练员要根据实际情况来进行调整。

第四节　跳远运动技能

跳远作为田径的主要项目之一，绵延至今已有数百年历史，目前仍作为运动会的主要项目，说明能突出人类的潜能。从古希腊奥运会到现在，跳远形式已发展为多种多样的形式，如挺身式、走步式等，在现代体育的教学中，我们摆脱最古老的跳远方式，开始教授较为先进且易学的跳远方式。跳远是在高速助跑中起跳、腾空、落地，其空中动作尤为不好掌握，涉及各方面的先天素质。在现代体育教学中，挺身式跳远不断推广并得以发展。

一、挺身式跳远

（一）跳远技术分析

跳远技术由助跑、起跳、腾空、落地四个技术环节构成，而起跳前又分为助跑、踏板技术、缓冲技术以及蹬伸摆动腿动作四个方面，可以说是一个整体连贯的、环环相扣的动作，一个方面出现失误，那么对起跳效果都会产生不同的影响。从起始进行分析，助跑速度较慢时，比较容易起跳，对于跳远的后续动作有更多的准备时间，而助跑速度较快时，对起跳的技术和能力要求较高；正确的起跳动作是起跳腿积极下压踏板，尽量减少因为起跳而引起对速度的制动，同时摆动腿积极、大幅度地快速前摆，带动身体向前上方移动，在带动髋移动时控制好身体重心，为空中动作做好准备。跳远学生不光要具备快速助跑和快速起跳的能力，还要有良好的踏板技术。影响跳远的主要因素不仅有助跑速度，还有腾起角度，踏板技术的好坏直接影响了腾起角度，腾起角度过大会导致对水平速度的制动较大，不仅影响水平向前的速度，而且不利于身体向前移动，可能还会导致身体后倾；腾起角度过小虽然能使身体高速向前移动，但影响身体在空中的滞留时间，时间过短影响跳远成绩，而且可能会使身体前倾，无法做出空中挺身动作，适当的腾起角度可以把速度的利用率和腾空时间发挥到最大。缓冲技术是在助跑踏板后助跑速度和身体重量对起跳腿造成压力，迫使起跳腿各关节快速弯曲来减少对地面的冲力，髋关节先增大后减小。学生在学习起跳时，在积极踏板后急于做出挺身动作，往往缓冲不够充分，起跳后不能很好地控制身体，缓冲阶段是为完成爆发性蹬伸起跳腿动作做准备，摆动技术主要是"蹬""摆"的协调结合。

起跳离地后，人体向空中腾空，由于起跳后使身体产生使向前的旋转，不仅与起跳脚着地的制动力大小有关，还因为起跳腾空后不同的空中动作而有差异。起跳腾空后，摆动腿的大腿积极下放，小腿随之向下、向后方摆动，留在体后的起跳腿与向前的摆动腿靠拢。当达到腾空最高点时，身体充分前伸形成"挺胸展髋"姿势，两臂上举或后摆。然后收腹举腿，双腿前伸，完成落地动作。

挺身式跳远能充分拉长肌群，有利于完成收腹举腿和落地时前伸双腿的动作。在腾空后，旋转力矩也较大，易于保持身体的平衡。空中动作的形成与助跑起跳动作的衔接也是不可分开的，所以说跳远的四个环节是密不可分的。

（二）挺身式跳远教学设计

一、第 1 次课

1. 教学内容

简要介绍跳远技术及发展史；初步学习跳远起跳技术；课堂常规教育；初步学习跳远腾空步放腿练习。

2. 教学重点

明确完整跳远技术动作概念；跳远起跳动作的正确技术；步助跑腾空步的正确动作；起跳后保持身体正直。

二、第 2 次课

1. 教学内容

进一步学习跳远起跳技术；学习短程助跑起跳技术。

2. 教学重点

腾空起跳后的下放并腿练习。

3.教学难点

助跑后积极起跳；起跳腾空后自然下放并腿。

三、第3次课

1.教学内容

复习短程助跑起跳技术；初步学习挺身式跳远技术；初步培养学生观察、分析技术的能力。

2.教学重点

踏板起跳后，摆动腿前摆下放。

3.教学难点

助跑后，积极踏板起跳，保持身体上部正直，做出前摆下放腿练习。

四、第4次课

1.教学内容

学习中程助跑与起跳技术；进一步学习挺身式跳远技术动作；进一步培养学生观察、分析技术的能力。

2.教学重点

踏板起跳后，摆动腿前摆下放，空中上体保持正直，形成挺身动作。

3.教学难点

踏板起跳后，摆动腿积极下放，做到空中上体正直。

五、第5次课

1.教学内容

初步学习全程助跑技术；复习巩固挺身式跳远技术动作；完善空中挺身动作。

2.教学重点

踏板起跳后，摆动腿积极下放，上体保持正直，形成挺身动作。

3.教学难点

踏板起跳后，摆动腿积极下放并做出空中挺身动作。

六、第6次课

1.教学内容

进一步学习全程助跑技术；初步学习全程助跑挺身式跳远技术；提高学生观察和

分析技术的能力。

2. 教学重点

在助跑距离确定后做到正确助跑并与起跳的结合。

3. 教学难点

学生能够做到正确助跑。

七、第 7 次课

1. 教学内容

复习全程助跑起跳技术；学习全程助跑起跳成空中挺身动作，形成正确的挺身式跳远技术；按个人特点区别对待，有针对性地进行指导；通过教学比赛来提高学生跳远技术的完整和适应比赛、考试的能力。

2. 教学重点

学生能够做到正确助跑，在助跑距离确定后做到正确助跑并顺利做出挺身式跳远。

3. 教学难点

学生做到正确助跑与起跳的结合，在空中形成"挺身式"。

八、第 8 次课

1. 教学内容

技术评定与达标考试，巩固跳远的完整技术；有两名专家对学生进行考核，通过考试进一步强化完整挺身式跳远技术；按个人特点对待，有针对性地进行指导。

2. 教学重点

调整学生的心态，发挥最佳运动水平。

3. 教学难点

考试的组织。

（三）挺身式跳远正确动作要领及错误动作分析

挺身式跳远动作技术要领是助跑后单腿起跳进入腾空步后，要摆动腿的膝关节伸展，小腿自然由向前、向下到向后方而成弧形摆动，此时留在体后的起跳腿与后摆腿靠拢，挺胸展髋，成展体姿势。快落地时，双脚、双手向身体前方合拢落地。

在跳远技术教学中，笔者通过调查发现，学生在学习跳远技术动作的过程中容易出现错误动作，具体包括以下四个方面。

1. 在助跑中出现的主要错误

第一，助跑步点不准，节奏性差，其中出现此现象的学生占总人数的 83%。

第二，助跑断续，加速前期加速到最高速度，到中间开始减速，最后继续加速，出现此现象的学生占总人数的33%。

第三，为准备起跳而在助跑过程中人为调整，拉大步或搞小步，助跑节奏错误现象较为明显，出现此现象的学生占总人数的67%。

第四，助跑最后几步开始减速，积极加速的冲击力差，出现此现象的学生占总人数的50%。

2. 在起跳过程中出现的主要错误

第一，踏板不积极，用力不集中，出现此现象的学生占总人数的83%。

第二，盲目追求过高的腾空高度，出现此现象的学生占总人数的20%。

第三，缓冲不积极，蹬伸不充分，出现此现象的学生占总人数的90%。

3. 在助跑与起跳结合过程中出现的主要错误

第一，起跳腿前伸，采用制动式起跳，出现此现象的学生占总人数的67%。

第二，助跑和起跳的衔接有脱节，出现此现象的学生占总人数的50%。

第三，蹬摆结合不协调，出现此现象的学生占总人数的34%。

4. 在空中动作中出现的主要错误

第一，起跳后身体前旋失去平衡，出现此现象的学生占总人数的83%。

第二，身体前倾，无法做出挺身式跳远，出现此现象的学生占总人数的34%。

第三，急于做落地动作，空中未充分下放摆动腿就准备收腿落地，出现此现象的学生占总人数的90%。

第四，挺腹式代替挺身式，出现此现象的学生占总人数的60%。

（四）跳远教学中常出现的错误动作的纠正方法和纠错手段

1. 助跑步点不准，节奏性差

（1）纠正方法

固定助跑的起动方式，正确使用助跑标志；固定加速方式，确定和掌握助跑节奏；反复进行起跳练习，着重改进和掌握起跳时的攻板放脚练习；进行多种练习手段，培养学生的适应能力，提高助跑的稳定性。

（2）纠错手段

做助跑标志练习，距离由4步逐渐增大到12步，多次练习可改善助跑节奏并做到准确踏板；固定起动方式，调整标志物；反复跑步点，在高速助跑中可以固定步长和加速方式；反复做30米加速跑，起动方式和加速方式一旦确定下来就不容易改变，形成一种动力定型；在学生进行直线助跑时可以通过击掌的方式来调节助跑节奏，多次练习来固定助跑步长和加速方式；在学生进行前 10 米大步幅的高抬腿跑，后 10 米逐渐加速进行高频率的助跑节奏练习。

2. 助跑最后几步开始减速，积极加速的冲击力差

（1）纠正方法

应进行多次助跑练习，助跑起跳要果断；体力不佳可缩短助跑距离或平稳加速，保证加速上板的能力；可进行短距离的助跑起跳，让学生体会加速踏板的感觉。

（2）纠错手段

加宽起跳板，让学生易于做到快速助跑起跳并准确踏板，逐渐减少起跳宽度，直到准确踏上标准板；做助跑标志练习，距离由第 6 步开始，每次增长，逐渐增大到助跑距离，多次练习做到积极踏板起跳；连续做不同步数的助跑起跳；遮住起跳板，反复进行 30 米加速跑，提高短距离助跑速度和攻板意识；反复在跑道上进行三步助跑起跳；在跑道上进行 100 米跨步跑练习，改正临近起跳板时身体重心降低而降低助跑速度；起跳腿前伸，采用制动式起跳。

3. 助跑和起跳的衔接有脱节

（1）改正方法

强调助跑起跳的连续性，多做连续的助跑起跳或连续起跳练习。

（2）纠错手段

取 4 个 40 厘米栏架，间距为 4 米，做三步助跑连续跳栏架；做往返 20 米跨步跑练习；3～4 步助跑起跳自然登上 80～90 厘米的跳箱；在沙坑中放入约 40 厘米的栏架，做助跑起跳；多次做 12 步助跑起跳，身体放松跳入沙坑；30 厘米距离行走中连续完成起跳模仿练习，可以做连续步起跳的练习。

4. 踏板不积极，用力不集中

（1）纠正方法

强调快速上栏起跳；多练习攻板技术。

（2）纠错手段

在坡度为 5° 的向下斜坡上进行助跑起跳；增加起跳板，可以减小踏板时间；多次练习三步助跑踏板起跳进坑；30 厘米距离行走中连续完成起跳模仿练习，可以做连续三步起跳的练习；加入起跳板，去掉弹簧，进行三步助跑踏起跳板练习，提高摆动腿前摆速度，助于积极踏板。

5. 缓冲不积极，踏伸不充分

（1）纠正方法

强调助跑最后几步提高身体重心的起跳练习；还要强调起跳着地瞬间保持上体正直；做跳跃练习，改进动作的协调性和腿部力量。

（2）纠错手段

连续多次在跑道做行进间三步助跑腾空步练习，保持上体正直；多次做 20 米的单腿跳练习；做 12 步助跑起跳摸标志物的练习；从高约处 80 厘米往下跳，双腿落地，再进行单脚跳；学生做原地模仿起跳动作练习；增加起跳板，加快起跳脚着地，进行充分蹬伸起跳。

6.起跳后身体前倾失去平衡

（1）纠正方法

反复进行起跳腾空步的练习；加大空中动作幅度以加长旋转半径；注意起跳时头和上体的姿势。

（2）纠错手段

多次练习行进间三步助跑腾空步练习；做原地空中放腿模仿练习；在跑道上放两个距离 30 厘米的标志物，进行三步助跑起跳，看第一个标志物，尽量落到第二个标志物上；学生观看教学视频，了解错误动作与正确动作的区别，强化动作意识；减小摆动腿幅度，做三步助跑起跳进沙坑并腿练习。

7. 挺腹式代替挺身动作

（1）纠正方法

行进间三步助跑腾空步空中并腿练习，要求上体正直；多进行原地模仿练习。

（2）纠错手段

做助跑单腿起跳腾空摸高练习；从跳箱上往下跳，做出完整的挺身动作；加起跳板，增加起跳高度；双臂支撑单杠，做挺身式模仿动作练习；在起跳点正上方悬垂标志物，助跑起跳后头部接触标志物做空中动作练习。

二、三级跳远

（一）三级跳远项目概述

三级跳远是学生经过助跑，沿直线连续进行由单足跳、跨步跳和跳跃三次水平跳跃的田径项目。三级跳远的成绩也是取决于助跑时所获得的水平速度和起跳产生的垂直速度，同时还与每一个动作完成的标准程度、维持身体平衡的能力和三跳的比例有关。

在 20 世纪 30 年代，日本运动员第一个跳到了 16 米，其技术特点是第一跳跳得高而远，起跳有力，动作灵巧，但第二跳起跳迟缓，远度较短，第三跳的节奏不均匀。巴西的一名运动员在 1955 年跳出了 16.56 米的新纪录。20 世纪 50 年代中期，苏联运动员改进了"单脚跳"的技术，其特点是腾空抛物线高，交换腿的时间晚，用高摆腿的落地方式使成绩又有了新的提高。20 世纪 60 年代初，波兰的跳远技术特点是助跳速度快，腾空抛物线低，身体的向前性好，第三跳跳得远。人们在不断的运动实践中加深了对三级跳的认识。近些年来，三级跳远的技术和成绩发展较快，世界各国的优秀运动员不断总结经验，改进了落地起跳的技术，使三跳远度的比例更加合理，目前男子三级跳远的世界纪录是英国运动员爱德华兹的 18.29 米。

（二）三级跳远项目的技术结构

1. 助跑

助跑的目的是获得最大的向前水平速度，并顺利为了提高起跳效果和三跳水平速度创造条件。三级跳远的助跑一般采用 16 至 22 步助跑，助跑距离和技术近似于短跑 50 米启动跑的技术，跑动时身体重心高而平稳，上体适当前倾，后蹬充分有力，前摆积极抬腿，两臂协调配合大幅度摆动。助跑的整个过程应有明显的加速性和较强的节奏感，尤其是最后 6 步逐渐加快，最后上板两步最快。

2. 踏跳和摆臂

由于从助跑中获得的水平速度在三跳的过程中不断降低，所以如何减少水平速度的损失而能获得合理的垂直速度，是三级跳远技术中要解决的主要问题。踏跳的目的在于使助跑最大的水平速度迅速转变为水平向前上运动的速度，使身体能充分地向前上方腾起，并为落地和后两次跳跃做好准备。起跳动作可分为起跳腿的着地、缓冲和蹬伸三个阶段及摆动腿与双臂摆动的配合。起跳腿的着地、缓冲和蹬伸技术为加快起跳的速度，起跳腿应大幅度蹬伸和屈膝前摆，快速地下压，平稳地以脚前掌滚动式着地，身体重心并迅速从后向前移动。这时由于迈步踏跳放脚时髋关节的积极快速前送和迅速的助跑，形成了身体向前的姿势。在起跳的缓冲阶段，为了提高起跳的速度，还应减小屈膝的幅度，以利于保持水平速度。迅速有力地充分向前蹬直起跳腿的踝、膝、髋三个关节，躯干在离地前瞬间基本垂直地立于起跳脚之上。这时起跳腿的蹬伸方向应在身体重心的后侧，从而产生了向前所必需的冲力。在起跳时摆动腿与手臂的协调摆动配合技术，有单臂摆动和双臂摆动两种，学生可根据自身的情况选择适合自己的手臂摆动技术，笔者建议用单臂摆动技术，能够最大限度地利用助跑速度。

3. 支撑和起跳

三级跳远有三次落地支撑与起跳，支撑起跳动作主要由起跳腿落地、缓冲与蹬伸和摆动腿摆动组成，而起跳腿的支撑力量和再次起跳的动作速度是影响三级跳远成绩的因素之一，其中垂直速度更是在起跳过程中起跳腿支撑、缓冲与再次起跳蹬伸以及摆动腿互相配合下完成的。三级跳远的三个跳跃阶段都是经由下肢腿部动作来完成落地与起跳动作的，支撑和起跳阶段过程中由下肢踝、膝、髋三个关节完成强烈的肌肉收缩，而摆动腿动作和摆动腿速度将是有助于减少助跑水平速度的损失和获得较大的垂直速度的关键。

（三）三级跳远项目中 50 米跑的方式概念

50 米跑是一种非常有效地提高速度素质能力的训练手段。50 米跑分为 50 米起动跑、行进间 50 米跑以及斜坡（上下坡）加速跑和 50 米计时跑。

1. 50 米起动跑

50 米起动跑，由原地站立姿势进入行进间跑动状态。主要是提高学生的反应速度及移动速度能力。

2. 行进间 50 米跑

行进间 50 米跑，由站立姿势进入行进间跑动状态，根据学生的个人能力情况，由大约 30 ~ 50 米左右的由慢到快的预跑，在 50 米起点处站有另外一名学生进行起始手势的操作，此时跑动学生全力冲刺 50 米的距离。

3. 斜坡（上下坡）加速跑

斜坡跑道由站立姿势进入行进间跑动状态，根据学生的个人能力情况，由大约 30 ~ 50 米左右的由下往上、由慢到快的有节奏的加速跑，体会专项助跑时途中跑和最后六步踏跳加速的感觉。

4. 50 米计时跑

50 米计时跑包括起动 50 米计时跑、行进间 50 米计时跑，由教师进行选择性、针对性的计时。

（四）三级跳远项目中全程助跑速度的训练方式概念

全程助跑速度是决定三级跳远取得什么样的成绩的重要因素，全程助跑计时是指让学生体会从启动的（加速跑）到途中的（放松加速跑）再到最后 4 ~ 6 步的上板起跳（冲刺加速跑），让学生体会把从 50 米启动跑中的"启动加速—途中放松加速—最后冲刺加速"转换为在全程助跑技术中的"启动加速—途中放松加速—最后上板起跳加速"的感觉。技术方式具体包括以下三个方面。

1. 起动方式

助跑起动有两种方式，即定点式助跑和走动式助跑。走动式助跑的特点是加速自然，助跑的节奏感较强，而且自我放松感好；定点式助跑的特点是加速有力，能在较短的时间里获得较快的速度，并且步长变化不大，比较稳定，踏板的准确高。笔者认为，青少年学生稳定性相对较差，在训练中应多采用原地定点式起动的方式。

2. 助跑加速的方法

助跑加速的方法有两种，即全程加速和逐渐加速。采用全程加速跑，步频和步长的增长较为稳定，最后几步以及攻板是靠惯性向前跑进的，所以上板的准确性较高。但因比赛强度大，学生每次试跳时体能损失多，这种方法只适合有较高身体素质训练水平旳学生，对一般青少年学生来说，可以采用逐渐加速的方法，更容易控制好最后几步的稳定性和踏板的准确性。

3. 助跑的距离

对学生来说，助跑的距离要根据每名学生体能的情况来定，学生助跑的距离一般在 10 ~ 16 步。随着训练能力的不断提高，助跑的距离可逐渐增加，直到最佳距离为止。速度发挥快的学生，助跑距离和步数可相应减少；反之，应适当增加。

（五）三级跳远项目中负重单腿支撑力量的训练方式概念

负重单腿支撑跳跃是非常有效地提高单腿支撑力量和腿部爆发力、弹跳能力的训练手段，它要求下肢与髋部肌肉协调并快速发力，此外还要与上肢的摆动相互配合，因此它需要一定的协调性和灵巧性。可以说单腿的支撑力量与三级跳远成绩是紧密相关、密不可分的。因此，我们在日常的训练中应加大对单腿支撑力量的训练，只有这样紧扣三级跳远项目的特点进行训练，才能事半功倍，早出成绩，出好成绩。

在发展学生的腿部快速支撑力量的跳跃能力时，应注意四个方面的问题：第一，在进行快速跳跃方面的练习时，一般应采用 5 ~ 6 步助跑，随着学生训练水平的逐步提高，可以适当增加助跑步数以及助跑速度。第二，在训练的开始阶段，应先在松软的地面上练习，有条件的话最好在沙滩上进行锻炼，经过一段时间的适应性练习之后，逐步过渡到跑道上进行练习。第三，训练时要按照循序渐进的原则，负重量要由小到大，在进行各种负重跳跃练习时，都要先注重练习的数量，也就是练习的重复次数，然后再强调练习的强度。第四，在进行任何一种跳跃练习时，都要先强调动作的幅度，当学生能够大幅度且能正确地完成各个动作时，就应该相应地要求动作速度等。

（六）三级跳远项目中立定三级跳远的训练方式概念

立定三级跳远是指不用助跑，从立定姿势开始的连续三次双单腿连续跳跃。起跳时学生双脚站立的位置不限定。在进行立定三级跳远时，只能离地三次，如双脚离地后，后面的起跳都是单腿支撑和起跳，落下后再起跳，即为连续离地两次落地支撑和起跳，在田径训练中经常采用这种练习。

1. 立定三级跳远的技术结构

立定三级跳远跳时两腿稍分与肩同宽，膝微屈，身体前倾，然后两臂自然后摆两次，两腿随之屈伸，当两臂从后向前上方做有力摆动时，两脚用前脚掌迅速蹬地，膝关节充分蹬直，同时展髋向前跳起，身体尽量前送，身体在空中成一斜线，过最高点后屈膝、收腹、小腿前伸，两臂自上向下向后摆，腾空，第二次落地时单腿支撑接单腿跨步跳，接第二次落地单腿支撑和第三次跳跃和落地，在落地时脚跟由后向前带全脚掌着地，落地后屈膝缓冲，上体前倾。要提高立定三级跳远的成绩，腿部支撑力量和爆发力量的发展是基础，特别要提高腰、膝、踝、髋四个关节的协调用力及爆发用力的能力。

2. 立定三级跳远的特点与训练作用

立定三级跳远是发展下肢爆发力与弹跳力的运动项目。它要求下肢与髋部肌肉协调快速用力，并与上肢的摆动相配合，强有力的蹬摆腿和摆臂及蹬摆的有机结合都可以促进立定三级跳远的成绩。所以它需要有一定的灵巧性。

立定三级跳远的训练作用主要表现在四个方面：第一，可以提高小肌肉群的力量，特别是对下肢肌群的爆发用力能力，而且对踝关节的力量提出了较高的要求。立定三级跳远的最后用力点是在前脚掌，甚至是脚尖，经常练习可以使踝关节的弯曲用力有相当大的提高。第二，可以提高学生的协调性，让学生在练习的同时，还可以提高身体各部分的配合协调能力。第三，可以练习臂的带动能力，立定三级跳远是直臂摆动，摆幅越大，带、领、提拉动作越强。这一点恰在三级跳远运动中适用。第四，可以提高学生能量的转换能力，从站立状态到下缚状态，势能转化为动能，每次落地支撑和每一次跳跃，都和三级跳远技术中的三次跳跃极为相似，从而可以更有效地提高初速度，增加立定三级跳远的远度。

（七）我国三级跳远专项能力训练的研究现状

1. 助跑的研究

从 20 世纪 70 年代到 90 年代，许多教练员、研究人员和一些专家学者对三级跳远的助跑进行了大量深入的研究，在这些研究中，助跑速度和助跑节奏占了很大部分，并且把重点放在了助跑后六步的研究上，助跑距离和助跑节奏等方面的研究也取得了很大的成绩。

相对来说，较有代表性的研究如下：湖南老将邹四新在对平跳型和速度型三级跳远助跑技术的研究中，把研究重点放在如何解决助跑速度、助跑节奏与起跳相结合的技术上，助跑技术直接影响着起跳技术和三级跳远的成绩，正确、完美的助跑技术和助跑节奏应该保持一个良好的、稳定的且与上体自然正直相协调的身体姿势、与起跳技术相符合的速度和逐渐加快的节奏。世界纪录保持者爱德华兹的整个助跑过程用了20 步完成，体现出了平跳型、速度型的助跑距离趋于加长以获得更大的速度的发展趋势。为了获得更好的水平位移效果，获得最大的水平速度，在其助跑中应突出高步频，贯穿"蹬摆"和积极"扒地"的落地跑法为主线等。

2. 助跑和起跳结合的研究

在我国三级跳远技术的分析中，大部分的研究主要集中在助跑的倒数四至六步和起跳技术上，几乎达到了 80%，这是三级跳远助跑技术研究中的重点。速度是田径运动的核心，而在各项田径技术中，速度是关键因素，特别是在跳跃运动里。在影响三级跳远成绩的各种因素中，专家的一致观点是，助跑速度所起到的作用大约占到70%。因此，多数专家和学者都把助跑和起跳一起来研究，大部分研究主要是通过学生日常训练或比赛时的高速影像拍摄，从三级跳远技术的运动学角度来进行分析和研究。在整个助跑距离、节奏等方面都进行了深入的研究：助跑最后四六步的速度、节奏以及身体重心的水平高度变化，最后一步的上板起跳动作，蹬、摆动腿的方向、离地时的身体重心向前移动时角度的变化规律，最后一步的步长和身体重心向前移动等问题的讨论都很多，起跳前以及起跳开始阶段的水平速度，在起跳过程中支撑腿的踝关节、膝关节和髋关节这三个关节支撑、蹬伸是否充分的问题；蹬伸距离、蹬伸角度、蹬伸幅度、摆动腿角度和速度；起跳阶段支撑腿踝关节的平均角速度，起跳时身体重心前移的角度等问题的讨论也非常激烈。代表研究有：罗陵等学者运用生物力学的原理分析了我国优秀男子三级跳远运动员李延熙三级跳远时的助跑、起跳技术，得出了李延熙助跑倒数第6步至起跳腿着地时这一区间的水平速度损失较小，在起跳前和起跳开始阶段的水平速度损失较低，起跳过程中支撑腿的髋、膝和踝关节蹬伸较充分。罗陵在我国优秀男子三级跳远运动员起跳技术的研究中，提出起跳时的垂直速度较低是影响我国优秀男子三级跳远运动员运动成绩的主要因素，在起跳的一瞬间身体重心的垂直速度较低，起跳腿的膝、髋和踝三个关节的蹬伸不充分，摆动腿的摆动速度较小，高度较低，助跑水平速度没有合理有效地转化成起跳时的水平向前速度。

3. 支撑、起跳、蹬、摆动腿的方面的研究

在起跳缓冲阶段时，学生应尽力加大摆动速度，在最大缓冲瞬间加速度值应达到最大值，这也符合运动生物力学原理以及人体肌肉收缩力学性质。关于蹬伸腿的膝、髋和踝三个关节是否充分，摆动腿的摆动方向、摆速和摆幅，摆动腿是自然摆腿还是屈腿摆，平跳型三级跳远学生为什么要采用自然屈腿摆动等问题进行了分析。

美国著名运动学专家波列特提出，60%的踏跳力量是来自摆动腿，20%才是起跳腿本身所具有的力量，而助跑最后一步两大腿之间的夹角、在起跳阶段摆动腿膝关节的角度以及手臂的摆动都是影响摆动效果的因素。苏斌等人通过训练实验法、运动生物力学研究法，分析了三级跳远运动助跑起跳过程中的身体重心和水平速度的变化，得出了"起跳时的水平速度是在摆动腿和起跳腿支撑下的'双动力'起跳中获得的"的结论。

参考文献

[1] 樊文娴，马识淳，王冬枝著. 高校体育教学与大学生体育运动管理 [M]. 长春：吉林出版社 , 2022.06.

[2] 李景丽著. 创新教育背景下的体育教学发展探索 [M]. 南京：南京出版社 , 2022.04.

[3] 李建春著. 基于素质教育视角的高校体育教学改革与发展探索 [M]. 北京：中国书籍出版社 , 2022.01.

[4] 高慧林，耿洁，张丽著. 现代体育教学创新与运动训练发展研究 [M]. 北京：中国华侨出版社 , 2021.11.

[5] 舒佳作. 核心素养视域下的学校体育教学研究 [M]. 天津：天津社会科学院出版社 , 2021.08.

[6] 王智勇，刘宁，胡思博著. 大学体育教学方法与管理研究 [M]. 北京：中国华侨出版社 , 2021.03.

[7] 张琴丽，丰文宇，张林. 高校体育教学与管理模式创新 [M]. 吉林出版集团股份有限公司 , 2021.

[8] 李海英作. 新时代高校体育教学的多维研究与运动教育模式探索 [M]. 北京：人民体育出版社 , 2020.12.

[9] 江林美. 转化体育教学策略 发展体育核心素养 [J]. 体育视野 ,2022,(第 12 期)：58-60.

[10] 孙艳秋. 体育核心素养视域下高校体育教学的管理模式研究 [J]. 现代商贸工业 ,2022,(第 10 期)：189-191.

[11] 李金玲著. 新时期体育教学管理探究与实务 [M]. 北京：新华出版社 , 2020.04.

[12] 苑莎著. 新时期体育教学管理与教学质量提高综合研究 [M]. 北京工业大学出版社有限责任公司 , 2019.11.

[13] 陈敏著. 大学生体质健康与当代体育教学管理 [M]. 哈尔滨：哈尔滨地图出版社 , 2019.10.

[14] 牛昕童. 高校体育教学综合管理系统的研制与实现 [J]. 羽毛球 ,2023,(第 4 期)：194-196.

[15] 王芳，谢明正，魏灿，张周扬. 智慧校园建设下的课外锻炼与体育教学融合创新研究 [J]. 全体育,2022,(第 A1 期)：70-73，94.

[16] 许赛赛著. 体育教学实践探索 [M]. 北京：中国经济出版社,2020.09.

[17] 蒋明建，左茜颖，何华主编. 高校体育教学体系的建设与发展 [M]. 长春：吉林大学出版社,2020.07.

[18] 孙静著. 高校体育教学与训练研究 [M]. 北京：现代出版社,2020.05.

[19] 马洪涛著. 体育教学管理与思维创新 [M]. 长春：吉林文史出版社,2020.04.